U0554477

权威·前沿·原创

皮书系列为
"十二五""十三五"国家重点图书出版规划项目

北京市哲学社会科学研究基地智库报告系列丛书

平安中国蓝皮书

BLUE BOOK OF
SAFE CHINA

平安北京建设发展报告
（2019）

ANNUAL REPORT ON THE DEVELOPMENT OF SAFE BEIJING
(2019)

主　编／王建新
副主编／张小兵　周延东

社会科学文献出版社
SOCIAL SCIENCES ACADEMIC PRESS（CHINA）

图书在版编目（CIP）数据

平安北京建设发展报告. 2019 / 王建新主编. -- 北
京：社会科学文献出版社，2019.12
（平安中国蓝皮书）
ISBN 978 - 7 - 5201 - 5803 - 9

Ⅰ. ①平…　Ⅱ. ①王…　Ⅲ. ①社会治安 - 治安管理 -
研究报告 - 北京 - 2019　Ⅳ. ①D631.4

中国版本图书馆 CIP 数据核字（2019）第 256785 号

平安中国蓝皮书
平安北京建设发展报告（2019）

主　　编 / 王建新
副 主 编 / 张小兵　周延东

出 版 人 / 谢寿光
组稿编辑 / 恽　薇　颜林柯
责任编辑 / 颜林柯

出　　版 / 社会科学文献出版社·经济与管理分社（010）59367226
　　　　　 地址：北京市北三环中路甲 29 号院华龙大厦　邮编：100029
　　　　　 网址：www. ssap. com. cn
发　　行 / 市场营销中心（010）59367081　59367083
印　　装 / 天津千鹤文化传播有限公司

规　　格 / 开 本：787mm × 1092mm　1/16
　　　　　 印 张：23.5　字 数：351 千字
版　　次 / 2019 年 12 月第 1 版　2019 年 12 月第 1 次印刷
书　　号 / ISBN 978 - 7 - 5201 - 5803 - 9
定　　价 / 158.00 元

本书如有印装质量问题，请与读者服务中心（010 - 59367028）联系为贯彻落实中共中央和北京市委关于繁荣发展哲学社会科学的指示精神，北京市社科规划办和北京市教委自 2004 年以来，依托首都高校、科研机构的优势学科和研究特色，建设了一批北京市哲学社会科学研究基地。研究基地在优化整合社科资源、资政育人、体制创新、服务首都改革发展等方面发挥了重要作用，为首都新型智库建设进行了积极探索，做出了突出贡献。

　　围绕新时期首都改革发展的重点热点难点问题，北京市社科联、北京市社科规划办、北京市教委与社会科学文献出版社联合推出"北京市哲学社会科学研究基地智库报告系列丛书"，旨在推动研究基地成果深度转化，打造首都新型智库拳头产品。

本书为北京社会科学基金研究基地重点项目"平安北京建设发展报告2019"（项目编号：18JDGLA051）的研究成果。

《平安北京建设发展报告（2019）》
编 委 会

主编简介

王建新　法学博士，中国人民公安大学治安与交通管理学院副教授，硕士研究生导师，首都社会安全研究基地副主任。研究方向为治安法治、治安防控、应急警务。中国法学会行政法学研究会理事，公安部警用装备管理专家。主持国家重点研发计划子课题、北京社科基金等科研项目，在《行政法学研究》《中国人民公安大学学报》等发表学术论文20余篇，出版专著《英国行政裁判所制度研究》。

副主编简介

张小兵　政治学博士，中国人民公安大学治安与交通管理学院教授、博士生导师，城市安全研究中心主任，首都社会安全研究中心学术委员会副主任。研究方向为治安防控、城市安全与国外警察制度。主持多项部级项目，发表学术文章50余篇，著有《美国联邦警察制度研究》《中美警察制度比较研究》等。

周延东　博士，中国人民公安大学治安与交通管理学院副教授、硕士生导师。研究方向为治安学理论与应用、社区警务、社会治安研究方法。主持国家社会科学基金、北京市社会科学基金、北京郑杭生社会发展基金等科研项目，发表学术论文30余篇，多篇论文被《中国社会科学文摘》《人大报刊复印资料》转载，出版专著《乡村秩序的裂变与重建》。博士论文曾获"2015年余天休社会学优秀博士论文提名奖"。

主要撰稿人简介

（按撰稿顺序排列）

张李斌 管理学博士，中国人民公安大学治安与交通管理学院讲师，主要从事社会治理与公共政策研究。

戴 锐 法学博士、博士后，中国人民公安大学治安与交通管理学院副教授。曾获德国巴登弗腾堡州政府奖学金，在德国弗莱堡大学交流访问1年。发表学术论文10余篇，参编各类著作、教材5部。主持国家社会科学基金、国家自然科学基金、北京社会科学基金项目多项。主要研究领域为社会治安防控。主要讲授治安案件查处、治安管理处罚法、治安管理学概论、派出所工作等课程。

刘晓栋 工学博士、博士后，中国人民公安大学治安与交通管理学院讲师，研究方向为公共安全与应急管理、大型活动突发事件的人群疏散。发表SCI、EI等学术论文20余篇，授权国家发明专利2项；主持国家自然科学基金青年项目、中国博士后科学基金项目、国家重点研发计划子课题等科研项目多项。

刘 艺 博士后，中国人民公安大学副教授、硕士生导师，美国哈佛大学肯尼迪政府学院访问学者。主要研究方向为公共安全与决策支持方法等。主持、参与国家级、省部级课题10余项（包括国家自然科学基金项目、国家重点研发计划项目、公安部项目、博士后基金项目等），发表学术论文20余篇，其中SCI/EI检索16篇，参与著作5部，获得软件著作权授权2项。

刘　蔚　法学博士，中国人民公安大学国家安全与反恐怖学院讲师，主要从事国家安全、社会治理与法律社会学等方面的研究，参与教育部人文社会科学重点研究基地重大项目、国家社会科学基金项目、北京市社会科学规划基金项目、中国红十字会总会青年智库等多个研究项目。在《国家行政学院学报》《人文杂志》《中国社会科学报》等报刊发表多篇论文。

邹湘江　博士，中国人民公安大学治安与交通管理学院副教授、硕士研究生导师，首都社会安全研究基地人口管理研究中心主任，研究方向为社会治安与人口管理。主持国家社会科学基金项目1项，发表学术论文20多篇。

于小川　法学博士。中国人民公安大学治安与交通管理学院副教授、硕士研究生导师，首都社会安全研究基地社会治安理论研究中心主任。研究方向为刑法学、治安学基础理论。主持国家社会科学基金项目、北京市社会科学基金项目、北京市法学会重点项目等科研项目，出版专著1部，发表学术论文10余篇。

李江涛　法学博士，中国人民公安大学治安与交通管理学院讲师，首都社会安全研究基地校园安全研究中心主任。主要研究方向为安全风险评估、安全管理，多次参加关键场所风险评估实务工作。先后发表多篇论文、译文，参编教材两部，参与多项关于安全风险管理的横向、纵向课题研究，参与起草多部行业规范性文件。

摘　要

平安北京建设是平安中国建设的重要组成部分，首都稳，国家稳。在全面深化党和国家机构改革的背景下，面对新形势、新要求，北京市委、市政府率先成立市委平安北京建设领导小组，创新完善平安建设工作协调机制，深化推进平安北京建设，推动形成问题联治、工作联动、平安联创的良好格局。通过对平安北京建设发展情况进行评估，能够客观反映首都平安建设的实际，找出薄弱环节，并提出有针对性的完善建议。在 2019 年的评估中，课题组在科学性、规范性、系统性和易操作性的原则指导下完善了平安北京建设发展评估指标体系，更新了调查问卷，继续采用随机抽样的方法在北京市 6 个城区的 60 个社区完成了 1200 份入户问卷调查，并进行了 13 次访谈，使用问卷数据、统计数据和网络抓取数据共同完成了对 3 个层级 149 项指标的评估工作。

本书由总报告、分报告、专题报告及附录四部分组成。总报告主要对平安北京的新发展、评估指标体系的完善和评估的总体情况进行了介绍，并提出了有针对性的建议。分报告主要对北京市的社会治理、社会治安防控、安全生产、矛盾纠纷化解、人口服务管理、平安建设保障和安全感 7 项内容进行评估分析。专题报告主要对美国、日本、英国 3 个国家的首都安全维护情况进行比较研究。附录为指标体系得分情况表和调查问卷。

评估结果显示，平安北京建设发展评估 2019 年总得分为 85.12 分，处于"优秀"等级，说明整体上平安北京建设扎实有力，无论是建设内容还是建设效果，无论是客观数据还是主观感受，都较为优秀，得到了北京市民的认可和接受。具体而言，"安全生产""平安建设保障" 2 项指标得分处于"优秀"等级。与 2018 年度相比，"安全生产"指标得分有了较大提升，

反映出 2019 年度北京市安全生产工作成效显著。"社会治理""社会治安防控""矛盾纠纷化解""人口服务管理""安全感" 5 项指标处于"良好"等级。同时评估也显示，矛盾纠纷化解和基层社区治安治理是 2019 年度平安北京建设的短板。平安北京建设在下一步要着重提升共建共治共享能力，加强社会动员机制创新，重塑与人民群众的血脉联系，提高社会治理各领域的公众参与度，提升平安北京建设品牌的辨识度和认可度，重点加强基层社区治安防控，防范重点领域安全风险，拓宽群众利益表达渠道，加强矛盾纠纷源头化解，提升安全生产隐患排查、风险评估和应急管理能力。

本书是中国人民公安大学首都社会安全研究基地承担的 2018 年北京社科基金研究基地项目"平安北京建设发展报告 2019"（项目编号：18JDGLA051）的研究成果，由北京市哲学社会科学规划办公室资助出版。首都社会安全研究基地（以下简称"研究基地"）成立于 2004 年，在总体国家安全观的指引下致力于打造社会安全领域新型高端智库，为维护首都安全稳定提供决策咨询和智力支持。研究基地在 2018 年入围 CTTI "全国高校智库百强"，本书即研究基地长期关注研究首都社会安全的标志性成果。

本书研创得到了多方的关心和帮助，北京市社科联、北京市哲社规划办智库工作处给予大力支持，社会科学文献出版社给予出版指导，诸多社会安全领域专家学者给予专业指点，中国人民公安大学 2018 级治安学专业硕士研究生帮助完成社会调查，晏楠、张嘉玲、姚朝君、王凯通、范佳华、范冠中等同学也为问卷设计和书稿校对付出了辛勤的劳动。在此向所有参与本书编写的作者、数据收集和社会调查的研究生以及为本书顺利出版辛勤审校的编辑们一并表示衷心感谢。

关键词： 平安北京　指标体系　社会治理　治安防控　安全感

目　录

Ⅰ　总报告

Ⅱ　分报告

Ⅲ 专题报告

Ⅳ 附录

皮书数据库阅读**使用指南**

总 报 告

General Report

B.1
平安北京建设评估报告（2019）

王建新*

摘　要： 评估结果显示，平安北京建设发展评估（2019）总得分为
85.12分，处于"优秀"等级，说明整体上平安北京建设扎
实有力，无论是建设内容还是建设效果，无论是客观数据还
是主观感受，整体表现都较为优秀，得到了北京市民的认可
和接受。具体而言，"安全生产""平安建设保障"2项指标
得分处于"优秀"等级。与2018年度相比，"安全生产"指
标得分有了较大提升，反映出2019年度北京市安全生产工作
成效显著。"社会治理""社会治安防控""矛盾纠纷化解"
"人口服务管理""安全感"5项指标处于"良好"等级。
2019年度一级指标得分最低的为"矛盾纠纷化解"，说明矛

---

* 王建新，法学博士，中国人民公安大学治安与交通管理学院副教授，首都社会安全研究基地
副主任。

盾纠纷化解是 2019 年度平安北京建设的短板。

关键词： 平安北京　指标体系　社会治理　治安防控　安全感

一　平安北京建设新发展

（一）平安中国建设新要求

习近平总书记高度重视平安中国建设，近期对平安建设的发展做出了一系列重要指示，为新时代平安中国建设指明了方向，也为平安北京建设与发展提供了指引。

2019 年 1 月，习近平在省部级主要领导干部坚持底线思维着力防范化解重大风险专题研讨班开班式上发表重要讲话，强调提高防控能力，着力防范化解重大风险。习近平强调，要推进社会治理现代化，坚持和发展"枫桥经验"，健全平安建设社会协同机制，从源头上提升维护社会稳定的能力和水平①。

在 2019 年 1 月 15 日召开的中央政法工作会议上，习近平总书记对平安中国建设提出了新要求。习近平强调，要善于把党的领导和我国社会主义制度优势转化为社会治理效能，完善党委领导、政府负责、社会协同、公众参与、法治保障的社会治理体制，打造共建共治共享的社会治理格局。要创新完善平安建设工作协调机制，统筹好政法系统和相关部门的资源力量，形成问题联治、工作联动、平安联创的良好局面。各地区各部门主要负责同志要落实好平安建设领导责任制，履行好维护一方稳定、守护

---

① 习近平：《提高防控能力着力防范化解重大风险　保持经济持续健康发展社会大局稳定》，http://www.xinhuanet.com/politics/leaders/2019-01/21/c_1124021712.htm，2019 年 9 月 1 日。

一方平安的政治责任。要深入推进社区治理创新，构建富有活力和效率的新型基层社会治理体系①。

2019年5月7~8日，全国公安工作会议在北京召开。中共中央总书记、国家主席、中央军委主席习近平出席会议并发表重要讲话。他强调要坚持打防结合、整体防控，专群结合、群防群治，把"枫桥经验"坚持好、发展好，把党的群众路线坚持好、贯彻好，充分发动群众、组织群众、依靠群众，推进基层社会治理创新，努力建设更高水平的平安中国②。

（二）平安建设领域党和国家机构改革

2018年3月，中共中央印发了《深化党和国家机构改革方案》（以下简称《方案》），以加强党的全面领导为统领，以国家治理体系和治理能力现代化为导向，以推进党和国家机构职能优化、协同、高效为着力点，改革机构设置，优化职能配置，深化转职能、转方式、转作风，提高效率效能，积极构建系统完备、科学规范、运行高效的党和国家机构职能体系。与平安建设领导和参与主体有关的改革事项主要有两项：一是中央政法机构改革中不再设立中央社会治安综合治理委员会及其办公室；二是国务院组建新的应急管理部，整合国家应急管理力量。

1. 不再设立中央社会治安综合治理委员会及其办公室

根据《方案》要求第十八项规定：为加强党对政法工作和社会治安综合治理等工作的统筹协调，加快社会治安防控体系建设，不再设立中央社会治安综合治理委员会及其办公室，有关职责交由中央政法委员会承担。

调整后，中央政法委员会在社会治安综合治理方面的主要职责是，负责组织协调、推动和督促各地区各有关部门开展社会治安综合治理工作，汇总掌握社会治安综合治理动态，协调处置重大突发事件，研究社会治安综合治

---

① 《习近平出席中央政法工作会议并发表重要讲话》，http://www.xinhuanet.com/politics/leaders/2019-01/16/c_1123999899.htm，2019年9月1日。

② 《习近平出席全国公安工作会议并发表重要讲话》，http://www.gov.cn/xinwen/2019-05/08/content_5389743.htm，2019年9月1日。

理有关重大问题，提出社会治安综合治理工作对策建议等。

根据《方案》要求，中央和国家机关机构改革要在 2018 年底前落实到位；省级党政机构改革方案要在 2018 年 9 月底前报党中央审批，在 2018 年底前机构调整基本到位；省以下党政机构改革，由省级党委统一领导，在 2018 年底前报党中央备案；所有地方机构改革任务在 2019 年 3 月底前基本完成。

平安建设工作主要由中央综治委及其办公室领导负责，政法机构改革后，平安建设工作将由中央政法委领导。目前，中央与地方的机构调整已经完成，协调推动社会治安综合治理、平安建设的相关职责已经由各级政法委员会承担。本次政法机构改革加强了党对平安中国建设的领导，通过党委的权威有助于提升平安中国建设工作的领导力和协调力，更有利于推动平安中国建设迈上更高的台阶。

2. 组建应急管理部

为防范化解重特大安全风险，健全公共安全体系，整合优化应急力量和资源，推动形成统一指挥、专常兼备、反应灵敏、上下联动、平战结合的中国特色应急管理体制，将国家安全生产监督管理总局的职责、国务院办公厅的应急管理职责、公安部的消防管理职责、民政部的救灾职责、国土资源部的地质灾害防治职责、水利部的水旱灾害防治职责、农业部的草原防火职责、国家林业局的森林防火职责、中国地震局的震灾应急救援职责以及国家防汛抗旱总指挥部、国家减灾委员会、国务院抗震救灾指挥部、国家森林防火指挥部的职责整合，组建应急管理部，作为国务院组成部门。中国地震局、国家煤矿安全监察局由应急管理部管理，不再保留国家安全生产监督管理总局。改革后，安全生产、消防管理均由应急管理部负责。

应急管理领域的改革有利于提高国家应急管理能力和水平，提高防灾减灾救灾能力，确保人民群众生命财产安全和社会稳定。

（三）机构改革后平安北京建设工作新模式

平安北京建设是平安中国建设的重要组成部分，面对新形势、新要求，北京市委、市政府以习近平新时代中国特色社会主义思想为指导，在党中央的坚强领导下，率先成立市委平安北京建设领导小组，创新完善平安建设工作协调机制，深化推进平安北京建设，推动形成问题联治、工作联动、平安联创的良好格局①。

北京市委平安北京建设领导小组重在研究确定平安北京建设重大原则和方向政策、重大事项和重要工作，研究审议重要工作意见，研究解决重大问题以及统一部署重点任务，统筹协调全市各级各部门共同防风险、保安全、护稳定。领导小组下设办公室，设在市委政法委，负责领导小组日常工作。

2019 年 3 月，北京市委召开平安北京建设领导小组第一次会议，蔡奇任组长，陈吉宁任副组长。会议提出平安北京建设要着力强化风险预测、预警、预防，着力构建共建共治共享社会治理格局，着力提高社会治理现代化水平，着力加强基层基础工作。平安北京建设新的工作模式在目标任务、组织体系、工作机制等方面形成了一系列规范化、制度化的内容，为各地方平安建设工作的创新和发展提供了示范和指引②。

1. 明确了平安建设的目标任务

按照党的十九大精神和中央关于加快推进社会治理、开创平安中国新局面的部署要求，立足首都定位和首善之区的首善目标，将事关首都政治安全、社会安全、公共安全及其他方面安全稳定的工作纳入领导小组议事协调范畴，在全面统筹确保首都安全稳定职责的基础上，聚焦新时期、新任务，明确了平安北京建设要以确保政治安全为首要、以维护社会安全为根本、以强化公共安全为重点，为深化平安北京建设明确了方向。

北京市委平安北京建设领导小组研究确定了《2019 年平安北京建设工作要点》，紧密结合中央工作要求、首都面临的安全稳定形势任务和首都人民群众对平安北京的新需求新期待，以中华人民共和国成立 70 周年安保为主线，以维护首都政治安全为重点，提出维护首都政治安全、社会安全、公

---

① http：//static. nfapp. southcn. com/content/201904/21/c2140681. html？from = groupmessage& isappinstalled =0，2019 年 9 月 1 日。

② 《北京市委成立平安北京建设领导小组》，《长安》2019 年第 3 期。

共安全以及加强科技信息智能化建设、创新基层社会治理、建立健全平安北京建设体制机制六大方面32项重点工作任务并明确了职责分工。

2. 组织模式创新

平安建设要坚持党的领导，更要做好社会协同，吸收各方主体与资源参与其中，形成最大合力。北京市委平安北京建设领导小组吸收了与首都安全稳定工作任务密切相关的在京中央国家机关和军队相关单位、中央垂直管理在京单位以及市属部门、群团组织等78家成员单位。

通过加快形成市、区、街道（乡镇）、社区（村）四级上下贯通以及各部门齐抓共管、联动融合的平安建设工作体系，统筹好平安北京建设各方面的资源力量，形成共建平安北京的强大合力。

3. 工作机制创新

建立会议制度，以领导小组全体会议、专题协调会议、办公室成员会议、成员单位联络员会议等搭建起各层面统筹议事、协调沟通的工作平台。

建立请示报告制度，要求领导小组各成员单位和各区定期向领导小组报告平安建设方面的主要举措、工作成效、经验体会、存在的问题及工作计划。

建立调查研究制度，开展重大课题研究、实地调研、召开座谈会等，加强议事决策的科学性，提高工作指导的精准性。

健全督导考核制度，对各级各部门落实平安建设工作情况开展全面督查和专项检查，并开展平安北京建设考核，以建立健全激励和制约机制，调动各方力量积极开展工作。

二 评估指标体系的完善

（一）新增指标体系的设立依据

平安北京建设发展评估指标体系设立的主要依据是平安建设领域的规范性文件，包括中央层面的依据和地方层面的依据。在2018年度依据的《关于加强社会治安防控体系建设的意见》等 6 项中央层面规范性文件和《关于全面深化平安北京建设的意见》等 8 项地方层面规范性文件的基础上，2019 年度评估新增以下依据：《关于全面加强首都政治安全工作的意见》《市委平安北京建设领导小组工作规则》《2019 年市委平安北京建设工作要点》。

（二）完善指标体系层级

2019 年平安北京建设发展评估指标体系分三个层级 149 项指标，其中一级指标 7 项，二级指标 35 项，三级指标 107 项（见图 1）。与 2018 年评估指标体系相比，主要变化有以下三个方面。

一是统一指标体系的层级，由四级指标调整为三级指标。原指标体系中只有"社会治安防控"一级指标下设了四级指标，其他 6 项一级指标均无四级指标。2019 年度指标体系取消了"社会治安防控"一级指标中原二级指标"社会治安防控网建设情况"，并将其下设的 6 项社会治安防控体系建设网三级指标上升为二级指标，将原 6 项防控网下设的 18 项四级指标上升为三级指标。二是"安全生产"一级指标下原二级指标"安全生产应急救援能力"和"安全文化建设"调整为"安全生产应急管理"和"安全宣传教育"，下设的三级指标分别由 4 项和 2 项调整为 7 项和 4 项。三是调整后的指标体系层级统一为三级，二级指标数量增加 5 项，三级指标数量增加 21 项，总指标数量增加 8 项。二级指标主要是对一级指标的内容进行分解，分解的主要依据是各领域的权威文件。三级指标侧重于对二级指标的评测与考核，设置时强调易操作性原则，尽可能选择能够用统计数据或者调查数据直接评测的指标。

（三）指标体系观测来源侧重问卷调查数据

2019 年度平安北京建设发展评估指标的观测来源主要有问卷调查数据、统计数据和网络抓取数据。相对而言，问卷调查数据和统计数据可信度更高，也更加科学规范，特别是通过学生入户调查、一对一填读得到的问卷数

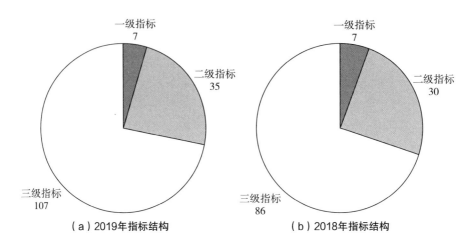

图1　平安北京建设发展评估指标结构（2018年和2019年）

据更加可靠。因此，在设计2019年度平安北京建设发展评估指标体系时，尽量增加能够用问卷和统计数据反映的指标数量，以此来保证评价结果的科学公正。2018年平安北京建设发展评估中，能够用调查问卷数据观测和评价的三级、四级指标有29项，能用统计数据观测和评价的指标有16项，两类指标占比为43%。完善后的2019年度平安北京建设发展评估指标体系中，能够用调查问卷数据观测和评价的指标有37项，能用统计数据观测和评价的指标有16项，两类指标占比约为50%。

（四）调查问卷的完善

2019年平安北京建设发展评估调查问卷的问题数量为69个，相比2018年度调查问卷的问题增加10个。调查问卷主要内容包括个人基本信息，首都社区安全状况，社会公共空间安全状况，学校、单位安全状况四个部分。其中，第一部分"个人基本信息"中增加1个与居住证相关的问题；第二部分"首都社区安全状况"中增加"矛盾纠纷定期排查化解""矛盾纠纷化解的方式""社区责任主体""社区工作人员礼貌程度"等问题；第三部分"社会公共空间安全状况"中增加"歌舞厅纠纷""在北京面临的主要困难""在北京居住的感受"等问题；第四部分"学校、单位安全状况"增加"是否了解安全生产举报投诉电话""是否了解本单位应急预案"等问题。新增调查问卷的问题主要配合指标体系中三级指标的调整而设立。整体上看，2019 年度的调查问卷设计科学合理，问题呈正态分布，指标覆盖度高，问卷填答时间适中。

（五）问卷调查方法

本次评估沿用 2018 年的问卷调查法。采取分层、多阶段、与规模成比例的 PPS 方法进行抽样。根据国家统计局发布的 2018 年统计用区划代码，从北京市 16 个区中随机抽取 6 个区（见表 1）作为抽样区域，抽取的结果为东城、丰台、石景山、通州、大兴和平谷，既有城市核心区，又有城市副中心，也有生态涵养区和远郊区，按照各区人口数占北京人口总数的比例确定每个区的样本量，在社区层面采用画图法随机抽取北京社区居民住户，确保每个社区居民都有被抽到的可能性，抽样过程严格、覆盖面广、代表性强。

与 2018 年相比，抽样城区东城区和石景山区 2 个城区在随机抽样中出现了重复，但是在上述两个城区选择抽样社区时，2018 年抽过的社区不再进行抽样。因此，虽然在城区抽样方面有重复，但在抽样社区方面没有重复，对问卷调查的质量和结果没有影响。

表 1　平安北京建设发展评估（2019）问卷调查抽样情况

抽样城区	样本量（份）	抽样社区
东城	200	正义路社区、北新仓社区、总院社区、朝内头条社区、清水苑社区、前门东大街社区、西花市南里东区社区、龙潭北里社区、金鱼池西区社区、革新西里社区
丰台	400	玉林西里社区、太平桥南里社区、西罗园第三社区、彩虹城第二社区、东新华社区、梅源社区、蒲黄榆第三社区、五里店第二社区、东大街社区、富丰园社区、东南街社区、云西路社区、苏星园二区社区、宛平城社区、晨宇社区、和义西里第二社区、西局村、纪家庙社区、东河沿村、魏各庄村

续表

抽样城区	样本量（份）	抽样社区
石景山	100	玉泉西路社区、八角北路特钢社区、天翔社区、西福村社区、久筑社区
通州	140	星河社区、五里店社区、运河东大街社区、李老公庄村、南许场村、东店村、玉甫上营村
大兴	160	九龙社区、双高花园社区、饮马井社区、罗奇营二区社区、善台子村、后苑上村、西辛庄村、上长子营村
平谷	200	滨河社区、乐园东社区、南定福庄村、三福庄村、坨头寺村、寅洞村、西寺渠村、西高村村、马各庄村、齐各庄村

本次调查计划样本量1200份。按照各区2018年实有人口数量占北京市实有人口数量的比例分配问卷数量。其中，东城区随机抽取10个社区完成200份调查问卷，丰台区随机抽取20个社区完成400份调查问卷，石景山区随机抽取5个社区完成100份调查问卷，通州区随机抽取7个社区完成140份调查问卷，大兴区随机抽取8个社区完成160份调问卷，平谷区随机抽取10个社区完成200份调查问卷。最终收回1200份有效问卷，问卷回收率达到100%。

本次调查采取入户调查的方式，由调查员携带纸质问卷到抽样社区入户一对一进行调查。为了保证问卷质量，课题组组建了由63名公安大学研究生组成的调查团队，课题组教师对其进行专门培训，在具体调查过程中，调查员采用一对一式的问卷填答方式，并尽力避免其他人员（如社区民警、社区居委会干部等）对调查对象形成压力式干扰，有效保证了问卷的填答质量。

（六）访谈情况

为了保证研究方法的科学性和研究结果的说服力，课题组在评估过程中设置了访谈环节，访谈结果不计算得分，主要目的是对评估指标的得分情况进行验证。通过访谈，了解某一问题的实践运行情况与网络抓取、数据统计及问卷调查得出的结果是否相符，如果得分情况与实践运行差距较大，需要分析其中的原因。课题组共进行了13次访谈（见表2），21个访谈问题涵盖所有一级指标内容，访谈方式以现场访谈和电话访谈为主。访谈对象既有相关政府部门公务人员，也有企业及科研院所工作人员；既有社区主任、工作人员，又有普通村（居）民，还有高校教师、学生。访谈的问题涉及群防群治力量、社区网格化管理、安全生产举报投诉、重大决策社会稳定风险评估、流动人口信息采集、出租房屋管理、信息安全防护、社区服务工作、社区居民熟悉程度、乡镇变化对安全感的影响等内容。总体而言，2019年度的访谈次数及问题数量充分合理，访谈对象随机性强、涵盖领域广泛，访谈内容覆盖面广、针对性强，为2019年度评估结果的科学公正提供了保障。

表2 平安北京建设发展评估（2019）访谈信息

访谈次数（次）	相关指标	访谈方式	访谈问题数量（个）	访谈对象
2	社会治理	网络访谈	3	北京市某区公务员 市属高校研究生
1	社会治安防控	现场访谈	2	西城区某派出所民警 海淀区公安分局某支队民警
3	安全生产	电话访谈 现场访谈	3	"12350"客服人员 北京市应急管理局工作人员 北京市安全生产科学技术研究院工作人员
1	矛盾纠纷化解	电话访谈	3	西城区某高校教师
1	人口服务管理	电话访谈	4	朝阳区某派出所民警
2	平安建设保障	电话访谈	2	某大型国有企业法务主管 某科研院所研究员
3	安全感	现场访谈	4	石景山区某社区居民 平谷区东某村村民 丰台区某派出所民警 丰台区某社区居委会主任

三 评估结果及分析

（一）总体得分情况

平安北京建设发展评估（2019）总得分为85.12分，处于"优秀"等级。与2018年度相比，总得分下降了3.67%，考虑到抽样对象和指标评价来源的变化，此下降属于正常合理的浮动。从连续两年的抽样城区看，已经覆盖了北京市16个区中的9个，2019年度得分仍然处于"优秀"等级，说明整体上平安北京建设扎实有力，无论是建设内容还是建设效果，无论是客观数据还是主观感受，整体表现都较为优秀，得到了北京市民的认可和接受。

从一级指标得分情况看，"安全生产""平安建设保障"2项指标处于"优秀"等级（见图2），优秀率29%（见图3），相比2018年（43%）有所下降。"社会治理""社会治安防控""矛盾纠纷化解""人口服务管理""安全感"5项指标处于"良好"等级，占比为71%，相比2018年（57%）有所上升。得分最高的指标为"平安建设保障"，得分最低的指标为"矛盾纠纷化解"。说明在2019年度平安北京建设过程中，平安建设保障最为完善，而矛盾纠纷化解是平安北京建设的短板。与2018年度相比，"安全生产"部分得分有了较大提升，反映出2019年度北京市安全生产工作成效显著。其他6项指标均出现下降，但是降幅均在4%以内，考虑到指标体系及指标评价来源的调整，该变化处于正常合理范围。

从二级指标的得分情况看，"党委领导治理"等16项指标处于"优秀"等级，优秀率为46%，高于一级指标优秀率；"社会面治安防控"等16项指标处于"良好"等级，占46%；"人民团体、社会组织、企事业单位参与社会治理""首都群防群治"2项指标处于"中等"等级，占5%；"乡镇（街道）和村（社区）治安防控"1项指标处于"较差"等级，占3%（见

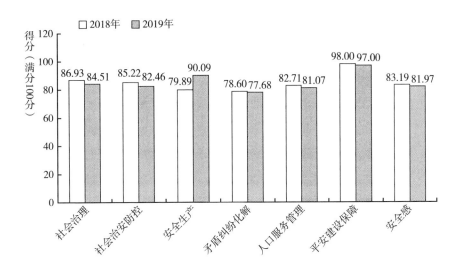

图2　平安北京建设发展评估一级指标得分情况

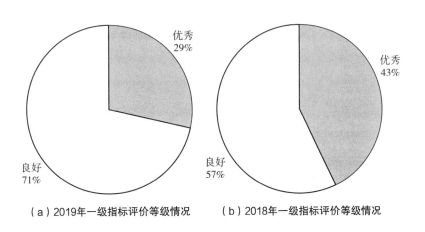

（a）2019年一级指标评价等级情况　　　（b）2018年一级指标评价等级情况

图3　平安北京建设发展评估一级指标评价等级情况（**2018 年和 2019 年**）

图4）。说明平安建设中的公众参与，尤其是基层社会治安防控亟待加强和完善。与 2018 年度相比，得分处于"较差"等级的指标由 3 项减少为 1 项，占比由 10% 下降到 3%，说明北京市在"安全生产指标完成情况""重大决策社会稳定风险评估""出租房屋治理"这 3 项 2018 年度短板方面取得了较大进步，摘掉了"较差"的帽子。

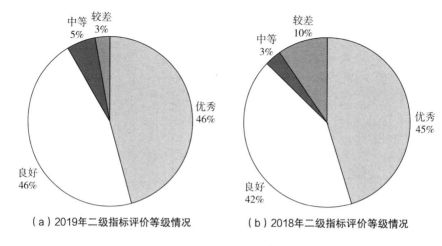

（a）2019年二级指标评价等级情况　　　　（b）2018年二级指标评价等级情况

图4　平安北京建设发展评估二级指标评价等级情况（2018年和2019年）

从三级指标得分情况看，"是否建立党委领导责任制"等65项指标处于"优秀"等级，优秀率为62%；"人民团体参与社会治理情况"等25项指标处于"良好"等级，占比为23%；"企事业单位参与社会治理情况"等5项指标处于"中等"等级，占比为5%；"群防群治品牌建设情况""物流寄递业安全管理情况""综合管理服务平台建设情况""社区警务实施情况""个人信息安全保护情况""道路交通万车死亡率""铁路交通事故死亡人数""是否定期开展矛盾纠纷排查化解""矛盾纠纷多元调解覆盖范围""重大决策社会稳定风险评估落实情况""信访地方性立法情况"11项指标处于"较差"等级，占比为10%（见图5）。反映出未来平安北京重点建设的内容为：加强群防群治品牌建设，加强物流寄递业安全管理，加强综合管理服务平台建设，完善社区警务实施，加强个人信息安全保护，降低道路交通万车死亡率，减少铁路交通事故死亡人数，加强矛盾纠纷定期排查化解，扩大矛盾纠纷多元调解覆盖范围，注重重大决策社会稳定风险评估的落实，推动信访地方性立法。与2018年度相比，"较差"等级的占比下降了3个百分点，"优秀"等级的占比下降了5个百分点，"良好"等级的占比增长了6个百分点，这与平安北京建设发展评估2019年总得分的变化是相一致的，也说明三级指标得分对总得分的影响最大、最直接。

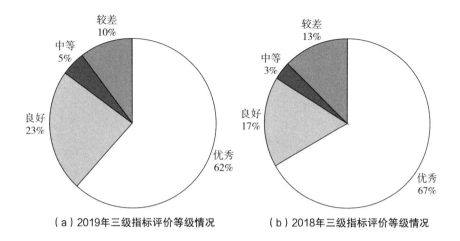

（a）2019年三级指标评价等级情况　　　　（b）2018年三级指标评价等级情况

图5　平安北京建设发展评估三级指标评价等级情况（2018年和2019年）

（二）各部分得分情况

1. 社会治理

"社会治理"一级指标的得分为84.51分，低于2018年得分（86.93分），处于"良好"等级。从下设的4项二级指标得分来看，"党委领导治理"和"政府主导治理"2项二级指标得分没有变化，"人民团体、社会组织、企事业单位参与社会治理"二级指标得67分，高于2018年得分，"首都群防群治"二级指标得70.38分，低于2018年得分（见图6）。一级指标得分低于2018年的主要原因在于"首都群防群治"二级指标。

从"首都群防群治"二级指标下设的3个三级指标看，"群防群治参与力量情况""群防群治品牌建设情况""群防群治成果"3项指标得分均出现不同程度的下降，得分下降幅度较大的指标是"群防群治品牌建设情况"和"群防群治参与力量情况"，同比2018年度分别下降了9.3%和15.96%（见图7）。这说明不同城区之间群防群治参与力量和品牌建设情况差异较大，根据两次调查抽样城区的不同，房山区、昌平区、延庆区的群防群治参与力量和品牌建设情况要好于大兴区、通州区、平谷区。

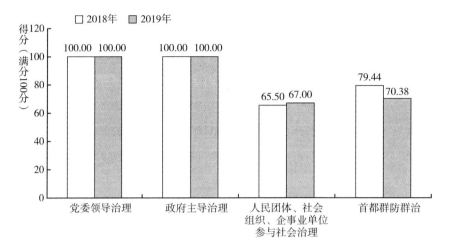

图6 "社会治理"二级指标得分情况

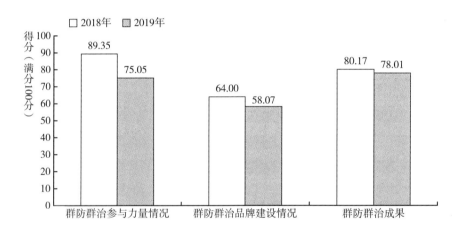

图7 "首都群防群治"三级指标得分情况

总体来看，首都社会治理在党委领导、政府主导层面连续两年得到满分，说明党委、政府对社会治理高度重视，工作扎实而稳定，制度保障健全有力，通过定期召开会议推动工作落实，并且用专门的绩效考核方式来推动平安建设工作。这与北京市长期坚持"首善之区"的标准是一致的，随着党和国家机构改革的推进，政法系统的机构改革不断向纵深发展，一些领域发生了前所未有的变革，面对这一形势，北京市委、市政府不等不靠，敢为人先，率先破题，在全国省级层面第一个成立市委平安北京建设领导小组，创新完善平安建设工作协调机制，深化推进平安北京建设，推动形成问题联治、工作联动、平安联创的良好格局，起到了示范引领作用。人民团体、社会组织、企事业单位参与社会治理的得分虽然有所提升，但是得分仍然处于"中等"水平，特别是企事业单位参与社会治理的工作仍然滞后，长效体制机制尚未建立，影响了整体得分。群防群治品牌建设仍需要加强。问卷调查发现，虽然北京市在群防群治品牌建设方面投入很大，但是受访者对品牌建设认可度较低，品牌认可度得分最高的"朝阳群众"得分为58.60分，也尚未超过60分。群防群治成效也有待进一步提升。从问卷调查看，治安志愿者开展维护社会治安工作的效果主要集中在巡逻防控、提供破案线索和矛盾纠纷化解三个方面。这三个方面2019年度的得分相比于2018年度均呈现小幅度下降（见图8）。巡逻防控的得分连续两年均高于另外两项的得分，说明群防群治成果更多地体现在巡逻防控领域，而在提供破案线索和矛盾纠纷化解方面发挥的作用相对不明显，需要加强。

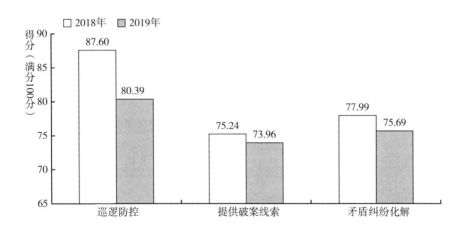

图8 "群防群治成果"三级指标得分情况

2.社会治安防控

"社会治安防控"一级指标的得分为82.46分，处于"良好"等级，相比2018年得分（85.22分）有所下降。下降的原因有三个：一是本部分指

标体系层级及权重发生了变化，取消了四级指标设置，各社会治安防控网建设的权重下降；二是不同抽样城区的受访对象不同，对同一问题的主观感受有所差别；三是"社会面治安防控""重点行业治安防控""乡镇（街道）和村（社区）治安防控""机关、企事业单位内部安全防控"4项社会治安防控网建设指标得分下降（见图9），拉低了总体分数。

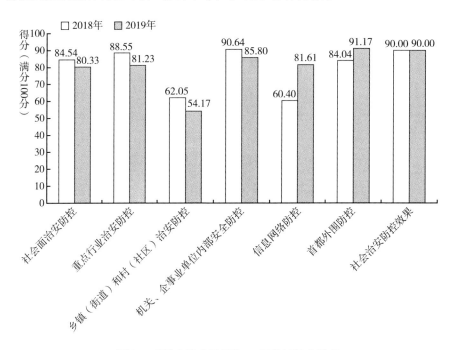

图9 "社会治安防控"二级指标得分情况

首都社会治安防控总体上处于"良好"等级，虽然在社会治安防控网建设方面出现轻微浮动和差别，但社会治安防控效果与2018年持平，仍处于"优秀"等级，这说明北京市的社会治安防控扎实有力，对于社会治安的防范和控制达到预期效果，无论是核心区还是远郊区，无论是人口密集区还是人口松散区，无论是经济发达区还是经济欠发达区，社会治安状况没有明显的差别，整体上社会治安持续稳定有序，居民感受到的安全状况是相同的。与2018年度相比，"信息网络防控""首都外围防控"的得分有较大提升，这说明北京市过去一年在网络信息安全、首都护城河建设、外围安全检查方面投入较大，效果显著。例如，个人信息经常泄露的情况减少了近40%，使用过综合管理服务平台的居民占比提升了21.5个百分点。

但同时也应当看到，部分指标得分较低，尤其是基层社会治安防控还有较大的提升空间。例如，"乡镇（街道）和村（社区）治安防控"指标连续两年得分偏低，说明基层社会治安防控网建设还存在不足。从调查问卷情况看，针对问题"是否设有网格长"，回答"没有"和"不清楚"的达到72.97%。针对问题"是否设有业主委员会"，有超过一半（54.95%）的受访对象回答"没有"或"不清楚"。这说明居民对网格化管理和业委会自治熟悉程度不高，发展尚不充分。64.28%的受访群众表示没有通过政府网络平台办理过相关业务，说明政府网络服务平台还没有深入社区，尚未充分发挥便民服务的功能。社区警务实施情况效果不佳，接受过社区民警入户调查或者走访的受访者占比不足三成（26.48%），这反映出社区警务工作在走访入户方面仍需大力加强。

物流寄递业安全管理物品检查力度不足，居民在邮寄快递时接受全部检查的比重仅为25.58%，居民在邮寄物品时全部被要求提供身份证件的比例仅为25.42%。个人信息保护仍然任重而道远，在被问到"最近一年个人信息是否发生过被泄露的情况"时，29.77%的受访者回答"经常被泄露"。这说明居民对个人信息泄露仍然担忧，缺乏安全感。值得注意的是，该比例相比于2018年度（40.46%）已经大幅下降，这说明过去的一年中，个人信息保护力度在逐步加大，效果提升明显。

3. 安全生产

"安全生产"一级指标总得分为90.09分，处于"优秀"等级，相比于2018年度得分（79.89分）有长足进步。"安全生产责任体系""安全生产风险防控机制""安全宣传教育"3项指标相比2018年度变化不大，且都处于"优秀"水平（见图10）。说明北京市安全生产责任体系已基本建成，在安全生产责任落实、追究方面有较为完善的制度。安全生产风险防控机制基本完善，安全生产评估与论证机制、生产安全事故隐患分级和排查治理标准、企业定期开展风险评估和危害辨识、企业安全生产标准化创建等方面运行保障良好。

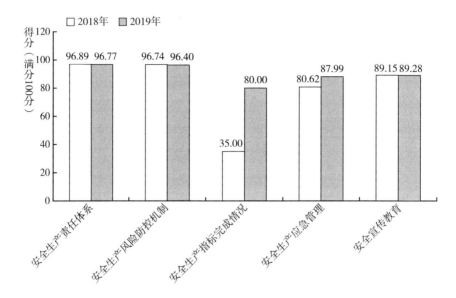

图10 "安全生产"二级指标得分情况

"安全生产指标完成情况"和"安全生产应急管理能力"2项指标得分进步很大，特别是"安全生产指标完成情况"相比2018年得分增长128.57％。说明2018年北京市安全生产形势持续稳定好转，扭转了2017年安全生产事故上升态势，实现了安全生产事故起数和死亡人数的双下降。具体来说，安全生产事故起数、安全生产死亡人数、亿元地区生产总值安全生产事故死亡率、工矿商贸从业人员十万人生产安全事故死亡率、火灾（消防）十万人口死亡率等指标明显下降，完成预计目标，安全生产举报投诉机制已经建立，发挥作用明显。

安全生产应急管理能力相比2018年也得到加强，得分增加了9.14％。特别是安全生产应急救援队伍建设和安全生产应急保障能力得到较大幅度提升，说明安全生产领域的机构改革已经初见成效。

但是，也应当看到安全生产领域仍然存在一些问题。

一是部分地区和行业领域的安全生产事故形势依然严峻，部分安全生产指标没有完成，例如，道路交通万车死亡率和铁路交通事故死亡人数2项指标，都没有达到预计目标。部分地区工矿商贸生产安全事故较为多发，大兴区、朝阳区、海淀区、昌平区 4 个地区事故起数占到全市工矿商贸生产安全事故总起数的 52%、死亡人数的 53%。建筑行业事故依然多发，共发生死亡事故 53 起、死亡 55 人。2018 年底，北京多所高校发生火灾火情，12 月 26 日北京交通大学发生实验室爆炸事故，3 名研究生不幸遇难。这说明高校实验室在安全管理机制、危险源管理等方面存在很多隐患。

二是部分企业的安全生产应急管理能力存在不足。部分企业的主体责任落实不到位，安全生产应急管理能力建设重视程度不够。调查显示，尚有 36% 的受访者回答"所在的单位没有建立应急救援队伍"，38.77% 的受访者不了解本单位的应急预案，40.18% 的受访者没有听过安全生产（"12350"）举报投诉电话。这表明，目前有很多企业在应急救援队伍建设、应急预案制定、安全知识教育等方面存在不足，亟待完善。

三是城市安全隐患排查治理不全面、不彻底。2018 年已经完成 4000 余项挂账隐患治理，取得了初步成效。但在道路交通、建设施工、城市运行等行业事故多发易发领域存在隐患排查治理不全面、不彻底的问题。城乡接合部地区安全隐患问题突出，安全生产管理相对混乱，部分地区和行业部门在隐患挂账时存在避重就轻的现象。

四是安全监管部门的监督执法检查力度不够。在日常检查工作中，部分地区存在只查人员培训、消防器材、标识标牌等表面问题的现象，对责任制度落实、隐患排查治理、应急管理能力建设等深层次隐患问题重视不够，发现隐患问题的能力不足，存在很多只检查不处罚以及处罚避重就轻的现象。

4. 矛盾纠纷化解

"矛盾纠纷化解"一级指标 2019 年度的得分为 77.68 分，处于"良好"等级，相比 2018 年度得分（78.6 分）略有下降。从"矛盾纠纷化解"涵盖的 4 个二级指标得分情况看，均没有超过 80 分，没有一项达到"优秀"等级，全部处于"良好"等级（见图 11），说明北京市整体上矛盾纠纷化解能力和水平仍有很大的提升空间。与 2018 年度相比，4 项指标得分呈现"一升两降一平"。

1 项指标"重大决策社会稳定风险评估"得分上升，增幅 51.55%，说

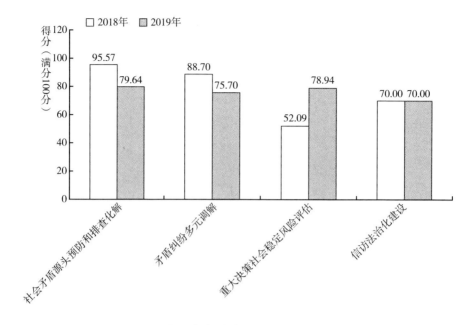

图11 "矛盾纠纷化解"二级指标得分情况

明北京市建立了较为完善的重大社会稳定风险评估体系，并且将风险评估作为重大决策出台的前置程序和刚性门槛，注重重大风险的源头防范。特别是《重大行政决策程序暂行条例》的出台，使得该领域的法治化进程向前迈进一大步。但是也应当看到，重大决策社会稳定风险评估的落实情况不够理想。调查显示，有84.25%的受访者未曾参加过社会稳定风险评估听证会，这说明重大决策社会稳定风险评估群众的社会参与度明显较低，亟待提高。"社会矛盾源头预防和排查化解"和"矛盾纠纷多元化解"2项指标得分下降，降幅分别为16.66%和14.66%。前者得分下降的主要原因是"定期开展矛盾纠纷排查化解"三级指标的考评方法由网络抓取调整为问卷调查，超过半数（58.05%）的受访者表示不了解"本社区定期开展矛盾纠纷排查工作"。后者得分下降的主要原因是"矛盾纠纷多元调解覆盖范围"三级指标的考评方法由网络抓取调整为问卷调查，部分受访者不了解矛盾纠纷多元调解情况。"信访法治化建设"得分与2018年持平，仍然没有在地方性立法方面实现突破。

从问题角度看，矛盾纠纷类型中基层传统纠纷与社会新型矛盾纠纷均需关注，矛盾纠纷信息收集、分析与研判机制仍待完善，矛盾纠纷群众利益表达渠道仍然不够多元和畅通，矛盾纠纷多元调解队伍发展区域不平衡存在，矛盾纠纷多元调解激励机制有待健全，专业性、行业性重大决策社会稳定风险评估标准体系有待完善。

5. 人口服务管理

"人口服务管理"一级指标得分为81.07分，处于"良好"等级，与2018年度处于同一水平。整体上看，北京市人口服务管理工作发展相对稳定，常住人口调控持续有力，常住人口总量和增速的变化均在预期可控范围内，非首都功能疏解的效果明显。2019年度北京市在出租房屋治理方面成效最为突出，得到70分，相比2018年提升了64.17%（见图12）。这一变化也与实际情况相符，说明北京市政府在2019年度下大力气整治出租房屋乱象，陆续出台《北京市住房租赁合同》《北京市房屋出租经纪服务合同》《北京市房屋承租经纪服务合同》等系列合同示范文本，进一步规范住房租赁市场，合理引导住房租赁行为。

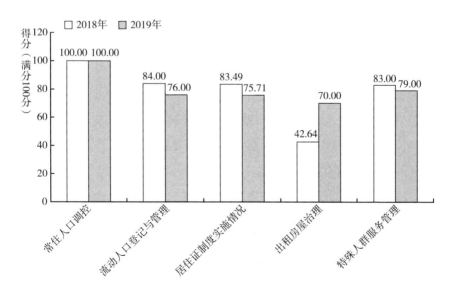

图12 "人口服务管理"二级指标得分情况

"流动人口登记与管理""居住证制度实施情况""特殊人群服务管理"3 项二级指标的得分均略低于 2018 年度的得分。一是流动人口权益保障不到位。调查显示，居住证持有者享受公共服务情况的调查问卷得分为 69.81 分，处于中等水平，"买房难、收入低、交通难"成为申领居住证的流动人口在北京面临的三大主要困难，除此之外，流动人口工作、子女就学、看病等问题也较为突出。二是出租房屋管理压力仍然存在。虽然 2019 年北京市出租房屋治理取得了长足进步，但是出租房屋管理并不是一劳永逸的，而是不断动态变化的，违法出租房屋的现象仍然存在。如何落实各部门、各主体的责任，建立长效机制，实行精细化管理，最大限度地发现、打击违法出租房屋行为任重道远。三是对特殊人群的管控有待加强，尤其是对重性精神病人等特殊人群的管控面临新挑战。北京市对重性精神病人的管控实行"家庭为主，政府为辅"的方式，家庭主要负责对重性精神病人的日常监护。调查发现，社区中老年人（父母）监护重性精神病人（儿女）的现象较多，其监护能力一般，特别是面对突发情况时，依靠中老年监护人自身难以应对，只能依赖外部力量，救助时间和监护效果会打折扣。

6. 平安建设保障

"平安建设保障"一级指标得分 97 分，处于"优秀"等级，与 2018 年得分基本持平。本部分是平安北京建设发展评估 2019 年得分最好的指标，也说明北京市在平安建设保障方面高度重视。

总体来看，"法治保障""人员保障""财务装备""科技支撑"4 项指标均得到满分 100 分，并且连续两年没有变化，十分难得（见图 13）。上述得分情况说明平安北京建设拥有充足的法治保障，有关平安北京建设的地方性立法和其他规范性文件十分充分，明显好于其他城市。统计显示，自 2018 年 9 月 1 日至 2019 年 7 月 22 日，北京市发布地方性法规、地方政府规章、地方政府工作文件共 1354 个，涉及平安建设的地方性立法有 96 个，占全部地方性立法数量的 7.1%①。

_____

① 同期，上海市发布地方性法规、地方政府规章、地方政府工作文件共 1342 个，涉及平安建设的地方性立法有 69 个，占全部地方性立法数量的 5.1%。

警力配备、专业队伍、社会力量均能够满足平安北京建设的实际需求；平安建设经费投入十分充裕，硬件设施建设比较完善，与平安北京建设的发展同步匹配；平安建设科技保障充分，公共安全视频监控量大面广，平安大数据得到深度应用，信息资源共享融合，信息安全防护到位。不足之处在于平安北京建设"宣传教育"指标得分略低于 2018 年。"是否将平安建设相关内容纳入领导干部培训中""是否将平安建设相关内容纳入中小学教育内容"得分均不高，需要在今后的宣传教育工作中重点加强。

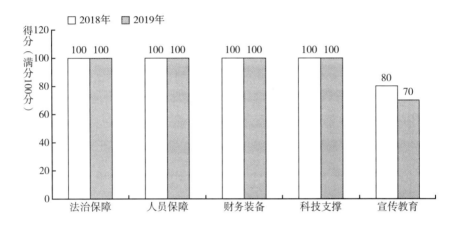

图 13 "平安建设保障"二级指标得分情况

7. 安全感

2019 年北京市居民"安全感"一级指标的得分为 81.97 分，与 2018 年度居民"安全感"相比略有下降，但同样处于"良好"等级，反映出北京整体安全感状况相对较好。调查显示，北京市居民"感到安全"的占比为 94.09%，比 2018 年上升了 2.51 个百分点，呈良好增长态势。

"校园安全感"的得分最高，为 92.73 分（见图 14）。表明北京市校园安全工作要明显好于公共场所、社区和单位的安全防范工作，也反映出北京市政府对校园安全重视程度极高，投入很大，在制度、人力、物力、财力方面的保障较为到位，让老百姓切实感受到了校园安全水平的提升。从调查情况看，北京市校园整体安全系数较高，不同类型校园的安全状况排名由高到低依次是幼儿园、中小学校园、大学校园。"社区安全感"得分最低（70.36分），严重影响了"安全感"的总体评价。过低的得分说明北京市居民对社区安全缺乏足够的认同和信心，社区居民对民间社会治安组织工作效果的评价也相对较低，社区安全成为北京整体安全建设的一大短板，应当加快推进社区安全治理工作。通过对影响社区安全的相关问题进行列联分析，发现社区安全感与北京市整体安全感呈正相关关系，社区安全感越好，整体安全感越好。北京社区居民熟悉程度、社区中见到治安志愿者频度、社区警务室开放频率与社区安全感均呈显著正相关关系，所在社区中居民熟悉程度越高，见到志愿者频度越高，社区警务室的开放频度越高，该社区的安全感就越好。

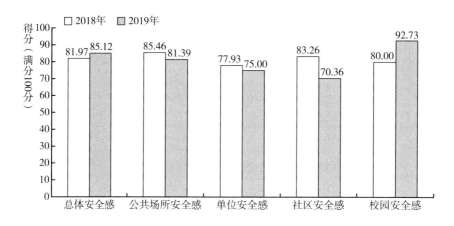

图14 "安全感"二级指标得分情况

纵向上看，呈现"两升三降"，相比上一年度，2019年度"总体安全感"和"校园安全感"得分呈现上升趋势，校园安全感增幅最大，达到15.91%。"公共场所安全感""单位安全感""社区安全感"3项指标得分均有所下降，"社区安全感"得分降幅最大，达到15.49%。从区域安全感看，农村地区的整体安全感状况要远好于城区、郊区、城乡接合部、远离郊区的乡镇的整体安全感状况。安全感最差的是"远离郊区的乡镇"，认为"安全感好"的比重仅占35.48%。

四　对策建议

总体而言，平安北京建设在下一步要着重提升共建共治共享能力和效果，加强社会动员机制创新，重塑与人民群众的血脉联系，提高社会治理各领域的公众参与度，提升平安北京建设品牌的辨识度和认可度，重点加强基层社区治安防控建设，防范重点领域安全风险，拓宽群众利益表达渠道，加强矛盾纠纷源头化解，提升安全生产隐患排查、风险评估和应急管理能力。

（一）提升社会治理的参与度和品牌建设

一是要建立完善人民团体、社会组织、企事业单位参与社会治理的长效体制机制，通过各种形式和途径提升其参与动力和积极性，加快解决社会组织参与治理的条件辨识和资格准入，使其由被动参与变为主动参与。二是要注重对群防群治力量参与社会治理的精细化管理。一方面扩大群防群治的范围和领域；另一方面对群防群治的规模、人员结构、素质水平、组织管理及权益保障等进行规划，并建立适度调整机制。三是要加大群防群治的品牌建设力度。坚持专注和多元相结合，打造和形成所在区域的特色内容，增加品牌的符号意象，发挥品牌的符号作用，加强新媒体宣传推广，注重品牌细节的打造，如标志标识、服装形象，以此来提高品牌的辨识度和影响度。

（二）加强基层社区和重点领域的社会治安防控

一是要着重加强乡镇（街道）和村（社区）治安防控网建设。科学合理布局基层治安网格，推动常态化管理，在落地上下功夫，用合理的激励机制让网格真正活起来、动起来。加大综合管理服务平台的便民服务力度，打造可用、易用和管用的综合管理服务平台。应当继续加强社区警务建设，为社区警务工作室配齐配强民警，想方设法保障社区民警扎根社区、服务社区，提升社区民警的入户率，让居民切身感受到警察就在身边，提升社区的

安全感。

二是加强物流寄递业的治安防控。严格落实《快递暂行条例》《邮政法》中有关身份查验、信息登记、快递验视的相关规定，寄件人拒绝提供身份信息或者提供身份信息不实的，寄件人拒绝验视的，经营快递业务的企业不得收寄。加大随机检查和抽查的力度，对违反《快递暂行条例》的行为，在法规规定范围内从严处罚。加强社会监督，设置有奖举报制度，对长期不遵守、不落实"两实管理"的快递企业开放社会举报，举报属实、线索可靠的予以奖励。

三是继续加强公共网络信息和个人网络信息安全管控。健全信息安全等级保护制度，完善网络安全风险监测预警、通报处置机制，加强公民个人信息安全保护。研究实行网络区域性、差别化管控措施。加强网络信息安全的宣传教育，特别是对老年人和青少年普及网络信息安全知识。继续保持涉网犯罪、电信诈骗高压打击态势，为实名制信息防控体系创造良好的外部环境。

（三）提升安全生产隐患排查、风险评估和应急管理能力

一是要定期深入地开展城市安全隐患排查。坚持主管部门监督检查和企业自查相结合，建立健全安全隐患排查治理长效机制。通过台账管理、信息化管理，提升过程管理、预测预警能力，全过程记录生产经营单位的事故隐患排查治理情况。充分发挥"12350"投诉举报电话的作用，鼓励动员全社会参与城市安全隐患治理。加强安全隐患治理过程的监督检查，完善隐患排查治理考核机制，加大考核结果的应用力度。

二是要提升城市安全风险评估管控能力。建立健全安全风险评估标准体系，明确政府各部门的安全风险评估工作职责，在交通、建筑施工、危险化学品等重点行业开展全覆盖的安全风险评估。建立城市安全风险分级管控制度。绘制重大安全风险和重大安全隐患电子地图，利用云计算、大数据等信息技术，开展典型事故案例分析。

三是推进安全生产与应急管理工作的融合。按照应急管理领域机构改革方案，加快相关领域机构和职能的融合，做好应急管理、防灾减灾与安全生

产工作的融合顶层设计。用科技创新提升城市应急管理水平。运用互联网、物联网、大数据、云计算、VR、5G 通信技术等先进科技手段，完善应急指挥系统，提升突发事件应急保障能力。聚合传统媒体、融合新兴媒体，争取创建有首都特色的应急管理宣传品牌，增强全民的应急意识和能力。大力推进北京市应急志愿者宣传与招募工作，打造全民参与应急管理工作的良好机制。

（四）提升矛盾纠纷化解的能力和效果

一是着力加强社会矛盾源头预防与排查化解的基层基础建设，推动关口前移，尤其要加强专业性、行业性矛盾纠纷的源头预防与排查化解，建立健全相应的机制。探索和研究"枫桥经验"在城市地区的创新应用。进一步延伸拓展群众利益表达渠道，尝试以社区为单位拓展自我治理、自我发展的柔性群众利益表达渠道，尝试借助现有的社会治理小程序、App、信息平台等线上途径延伸拓展群众合理的利益表达渠道。

二是扩大多元矛盾纠纷化解的覆盖面，提升市民对矛盾纠纷多元化解的知晓度和认可度。着重提高矛盾纠纷化解的专业水平和专业能力，以此来提升矛盾纠纷化解的效果。

三是完善重大决策社会稳定风险评估顶层设计。结合北京市情落实执行《重大行政决策程序暂行条例》的规定，真正发挥公众参与对于重大决策社会稳定风险评估的价值和作用，完善重大决策社会稳定风险评估监督体系。

四是继续从顶层设计上推动信访工作地方性立法进程。在应对新时代社会主要矛盾新变化的过程中，依法、及时、就地满足群众合理诉求。引导群众"信法不信访"，逐级信访，理性信访，坚持诉访分离。进一步加强基层信访基础业务规范化建设，强化网上信访的公开透明化。

（五）逐步保障流动人口权益，继续加强出租屋常态管理

一是要落实和逐步扩大在京流动人口权益。落实《北京市实施〈居住

证暂行条例〉办法》中规定的赋予流动人口各项服务和便利，并定期调整、扩大居住证持有者的各项权益，重点解决流动人口所关注的子女就学困难、就医困难等实际问题，使流动人口逐步融入城市，实现市民化。

二是建立出租屋有效管理常态机制。加强人脸识别、智能门禁等科技手段在出租屋管理中的应用。动员房屋中介、小区物业、网格员、外卖快递员等社会力量参与管理，整合各类情报信息。在加强对租住人员安全教育的同时，严格落实相关合同示范文本的执行。

三是通过社区康复机构建设加强对精神病人的有效管控。社区康复机构是精神病人正常化社区康复理念的积极探索。目前北京已经有部分社区康复机构进行尝试，为重性精神病人的劳动、娱乐、治疗康复、回归社会营造良好的环境。今后要加快建设社区康复机构，通过开放式的环境，训练和帮助病人重返社会。

（六）创新社会动员和治安治理模式，提升整体安全感

一是着力构建北京社区差序风险预测预防格局，重点解决基层安全治理"搜集多元基础信息能力不足""信息分析研判深度不够""各治理主体协调运行不畅"等问题。在融合嵌入理念的指导下，通过搜集整合多元琐碎信息，提升信息分析研判水平，构建公安牵引、多元合作的"差序共治"格局，确保社会治安防控体系整体协调有序运行。

二是创新社会动员机制，解决基层政务人员、基层派出所在实践中"不愿做""不想做""不会做"的问题。发挥党建引领作用，以"组织化调控"破解动员困境。适当发挥"网红""明星"的影响力，以"趣味宣传"提升民众的参与兴趣。探索"缴纳治安保证金"策略，督促企业商户提升安全防范水平。

三是探索治安治理新模式。注重治安防控措施的务实性和有效性，积极挖掘本土多元治理资源，做好"西城大妈""朝阳群众"等平安品牌的拓展和延伸。通过挖掘传统、加强情感联结与互动、提供便民服务等重塑与人民群众的血脉联系，调动人民群众参与社会治理的热情。

（七）借鉴吸收域外首都安全维护有益经验

通过对美国、英国、日本三个国家首都安全维护情况的梳理发现，华盛顿、伦敦和东京三个首都城市在安全维护方面有一些共同的趋向和做法，值得未来的平安北京建设参考借鉴。一是把社区安全作为首都安全的重心与核心，构建以社区安全为基础的首都安全治理模式，并且专门制定保障和提升社区安全的社区治安规划；二是注重首都安全维护的全民参与，首都安全人人有责，首都安全共同参与，并针对不同的参与主体提供差别化的参与渠道；三是提升首都城市安全维护的精细化管理水平，注重安全投入与效果的评估，在安全风险可控的前提下，适度降低安全投入成本。

参考文献

1. 宫志刚、李小波：《社会治安防控体系若干基本问题研究》，《中国人民公安大学学报》（社会科学版）2014年第2期。
2. 王建新：《打造新时代共建共治共享的社会治理格局》，《人民公安报》2017年12月24日。
3. 叶青：《提高社会治理"四化"水平是平安中国建设的必由之路》，《社会治理》2017年第1期。
4. 卢国显：《大数据背景下社会治安评估指标体系的重构》，《河南警察学院学报》2019年第2期。
5. 王建新：《社会治安防控体系法治保障研究》，《中国人民公安大学学报》（社会科学版）2015年第2期。
6. 《努力建设更高水平的平安中国》，《人民日报》2019年1月18日。
7. 柯良栋：《社会治安状况常态评估是推进平安中国建设的有力抓手》，《公安学刊》2013年第6期。

分 报 告

Topical Reports

B.2
北京市社会治理调查报告（2019）

张李斌*

摘　要：　北京市社会治理状况可通过党委领导，政府主导，人民团
　　　　　体、社会组织、企事业单位参与以及首都群防群治4个二
　　　　　级指标和12个三级指标来衡量。评估结果表明在党委领
　　　　　导下，政府发挥有力的主导作用，人民团体、社会组织以
　　　　　及企事业单位都在不同程度参与到了社会治理中，群防群
　　　　　治取得一定成效，北京市共建共治共享社会治理格局初步
　　　　　形成。但同时也存在人民团体、社会组织、企事业单位参
　　　　　与社会治理长效体制机制尚未健全、群防群治力量参与社
　　　　　会治理不足、群防群治品牌建设仍需要加强等问题，需要
　　　　　从体制机制等方面进行调整和完善，以更好地实现共建共

* 张李斌，管理学博士，中国人民公安大学治安与交通管理学院讲师。

治共享的社会治理格局。

关键词： 社会治理　党委领导　政府主导　社会参与　群防群治

一　指标设置及评估标准

（一）指标设置

本次平安北京建设评估"社会治理"一级指标之下设置 4 项二级指标，分别为"党委领导治理""政府主导治理""人民团体、社会组织、企事业单位参与社会治理""首都群防群治"（见表 1）。4 项指标分别对应着社会治理 4 类主体，根据不同的定位和责任划分，通过 12 项三级指标来考量每一类主体在社会治理中的作用是否充分发挥，从而判断社会治理在平安北京建设中的效能。

表 1　"社会治理"指标设置

一级指标（权重）	二级指标（权重）	三级指标（权重）
社会治理（15%）	党委领导治理（30%）	是否建立党委领导责任制（60%）
		市委常委会会议是否讨论平安建设议题（40%）
	政府主导治理（20%）	市政府在平安北京建设中的定位是否明确（25%）
		是否定期召开全市平安建设相关会议（25%）
		政府相关部门是否公开平安建设相关信息（25%）
		是否将平安建设纳入年度考核（25%）
	人民团体、社会组织、企事业单位参与社会治理（20%）	人民团体参与社会治理情况（30%）
		社会组织参与社会治理情况（40%）
		企事业单位参与社会治理情况（30%）
	首都群防群治（30%）	群防群治参与力量情况（40%）
		群防群治品牌建设情况（30%）
		群防群治成果（30%）

12项三级指标主要考察是否建立党委领导责任制、市委常委会会议是否讨论平安建设议题、市政府在平安北京建设中的定位是否明确、是否定期召开全市平安建设相关会议、政府相关部门是否公开平安建设相关信息、是否将平安建设纳入年度考核、人民团体参与社会治理情况、社会组织参与社会治理情况、企事业单位参与社会治理情况、群防群治参与力量情况、群防群治品牌建设情况和群防群治成果。社会治理部分的三级指标从不同侧面反映出党委、政府、人民团体、社会组织、企事业单位、社会公众参与社会治理的情况是否满足平安北京建设的要求。

（二）设置依据及评估标准

1. 二级指标设置依据

"社会治理"一级指标下4项二级指标设置的主要依据是党的十九大报告中关于社会治理创新的要求、《北京市国民经济和社会发展第十三个五年规划纲要》、《北京市"十三五"时期社会治理规划》和《关于全面深化平安北京建设的意见》中关于社会治理创新的要求。

党的十九大报告指出要加强社会治理制度建设，完善党委领导、政府负责、社会协同、公众参与、法治保障的社会治理体制，提高社会治理社会化、法治化、智能化、专业化水平。《北京市"十三五"时期社会治理规划》中指出要始终把坚持党的领导、发挥政府主导作用作为社会治理的首要原则，始终把各方协同参与、全民共建共享作为社会治理的着力点。《北京市国民经济和社会发展第十三个五年规划纲要》提出要优化社会治理格局，发挥政府主导作用，积极培育社会组织，鼓励公众参与社会治理。依据上述规定和要求，课题组将社会治理的内容分为4类主体的工作。根据4类主体在共建、共治、共享社会治理新格局中的不同定位和功能，设置不同的权重，其中"党委领导治理"指标权重设定为30%，"政府主导治理"指标权重设定为20%，"人民团体、社会组织、企事业单位参与社会治理"指标权重设定为20%，"首都群防群治"指标权重设定为30%。

2. 三级指标及评分标准

（1）是否建立党委领导责任制

【设置依据】

党委领导责任制是考量党委领导社会治理的重要标准。中国共产党作为执政党，是社会主义建设各项事业的领导者，社会治理作为社会主义建设的重要内容，自然需要在党的领导下开展。十九大报告以及党的"十三五"规划也多次强调要"完善党委领导、政府负责、社会协同、公众参与、法治保障的社会治理体制"。党委领导责任制是贯彻党委领导的重要方式之一。2016 年中共中央办公厅、国务院办公厅印发了《健全落实社会治安综合治理领导责任制规定》，专门强调社会治理中社会治安综合治理的责任制问题。

【评测方法】

本指标满分 100 分，指标权重设定为 60%，主要通过网络检索、党政官方网站搜索（首都之窗、首都政法综治网等）、官方文件搜集、电话咨询等方式，检索北京市是否建立社会治理党委领导责任制。

【评分标准】

通过检索，如果找到北京市已经建立党委领导社会治理责任制的依据，得 100 分；如果没有检索到相关信息，此项指标得 0 分。

（2）市委常委会会议是否讨论平安建设议题

【设置依据】

市委常委会会议是否讨论平安建设议题是考量党委领导社会治理的重要标准。市委是党的地方领导机构，北京市委常委会是全市的决策中枢，领导着北京市的发展稳定。北京市委常委会的议题通常是瞄准现实需求，经过议题筛选被安排进常委会中，是关系到全市改革发展稳定的全局性、根本性、方向性的重大问题。市委常委会会议是否将平安建设作为议题，可以反映出党委是否重视平安建设工作，若该议题由市委常委集体研究决策，更是党委推进平安建设工作的具体步骤，是进一步推进平安建设的具体体现。

【评测方法】

本指标满分 100 分，指标权重设定为 40%，主要通过网络检索、党政官方网站搜索（首都之窗、首都政法综治网等）、官方文件搜集、电话咨询等方式，检索北京市委常委会会议是否以平安建设为议题。

【评分标准】

通过检索，如果找到北京市委常委会会议以平安建设为议题的依据，得 100 分；如果没有检索到相关信息，此项指标得 0 分。

（3）市政府在平安北京建设中的定位是否明确

【设置依据】

市政府在平安北京建设中的定位是否明确是考量政府主导治理的重要标准。政府作为国家与社会管理的行政机关，行使国家相应权利，提供公共产品。安全是群众的基本需求，也是政府必须提供的公共产品之一。平安建设是在政府的主导和行动下，集合社会力量，维持社会稳定，提升群众安全感，达到有秩序不紊乱的社会状态追求。为推进首都平安建设，北京市委、市政府下发的《关于全面深化平安北京建设的意见》中指出，创新社会治理体制，需要不断加强和完善党委领导、政府负责、社会协同、公众参与、法治保障的社会治理格局。政府是平安建设的主导者、组织者、实践者，政府在平安建设中的定位明确，关系到职责划分的明确性，关系到社会力量的协调合作，关系平安建设的统筹规划。因此，以市政府在平安北京建设中的定位是否明确作为考量政府主导治理的重要标准。

【评测方法】

本指标满分 100 分，指标权重设定为 25%，主要通过网络检索、党政官方网站搜索（首都之窗、首都政法综治网等）、官方文件搜集、电话咨询等方式，检索市政府在平安北京建设中的定位是否明确。

【评分标准】

通过检索，如果找到北京市政府在平安北京建设中定位明确的依据，得 100 分；如果没有检索到相关信息，此项指标得 0 分。

（4）是否定期召开全市平安建设相关会议

【设置依据】

是否定期召开全市平安建设相关会议是考量政府主导治理的重要标准。针对平安建设议题定期召开会议，即指对该项议题常抓不懈，将其作为规划性、系统性、长期性的常态工程。定期召开平安建设相关会议，可起到解决工作问题、总结经验教训、部署下期工作等指导规划和统筹协调的作用，是政府主导平安建设、稳步推进综合治理的工作模式和方法之一。因此以是否定期召开全市平安建设相关会议为标准，可反映北京市政府是否将平安建设作为常态化议题稳步推进，起到政府主导统筹的作用。

【评测方法】

本指标满分100分，指标权重设定为25%，主要通过网络检索、党政官方网站搜索（首都之窗、首都政法综治网等）、官方文件搜集、电话咨询等方式，检索是否定期召开全市平安建设相关会议。

【评分标准】

通过检索，如果找到北京市已经定期召开平安建设相关会议的依据，得100分；如果没有检索到相关信息，此项指标得0分。

（5）政府相关部门是否公开平安建设相关信息

【设置依据】

只有政府信息公开透明，才能真正保证公众的知情权、参与权与监督权。国务院办公厅印发的《2018年政务公开工作要点》明确指出要"结合政府机构改革和职能优化，做好政府部门权责清单调整和公开工作，强化对行政权力的制约和监督，推动政府部门依法全面规范履职"。只有政府相关部门公开平安建设相关信息，公众才能增加对平安建设的了解，从而激发公众参与平安建设的动力，公众参与的广度和深度也会随获取信息的增多而拓展，同时为公众监督平安建设进程提供信息保障。

【评测方法】

本指标满分100分，指标权重设定为25%，主要通过网络检索、党政官方网站搜索（首都之窗、首都政法综治网等）、官方文件搜集、电话咨询

等方式，检索政府相关部门是否公开平安建设相关信息。

【评分标准】

通过检索，如果找到政府相关部门公开平安建设相关信息的依据，得100分；如果没有检索到相关信息，此项指标得0分。

（6）是否将平安建设纳入年度考核

【设置依据】

政府相关部门是否公开平安建设相关信息是考量政府主导治理的重要标准。通过将平安建设纳入考核，使平安建设工作可控制、可预期、可评价，是政府治理的重要方法。平安建设纳入年度考核为各部门提供了工作导向，有利于检验其工作效果，查缺补漏，改善工作，督促各项具体任务的完成，同时，考核的激励功能也可激励各部门改进工作方法，增强工作效果，进一步推动平安建设进程。

【评测方法】

本指标满分100分，指标权重设定为25%，主要通过网络检索、党政官方网站搜索（首都之窗、首都政法综治网等）、官方文件搜集、电话咨询等方式，检索是否将平安建设纳入年度考核。

【评分标准】

通过检索，如果找到将平安建设纳入年度考核的依据，得100分；如果没有检索到相关信息，此项指标得0分。

（7）人民团体参与社会治理情况

【设置依据】

人民团体是在中国共产党的领导下联系工人、农民、知识分子等的各类组织团体，不属于政府部门与企事业单位，但广泛深入社会各界，是中国共产党了解社情民意、开展社会动员、进行社会治理的重要纽带。因此，人民团体的参与是对在党的领导下政府开展社会治理的自然延伸。通过对人民团体参与社会治理的情况进行考察，可以进一步丰富和补充对党委领导和政府主导下社会治理状况的调查。

【评测方法】

本指标满分100分，指标权重设定为30%，主要通过网络文本抓取的方式评价人民团体参与社会治理的情况。

【评分标准】

综合网络文本抓取的结果进行评分，将结果分为"好"（85～100分）、"中"（60～85分）、"差"（0～60分）三级①。社会治理是一项长期的工程，相较于零散的治理活动，其更有赖于长效的体制机制。而人民团体的突出特点在于其介于政府与社会之间，可以作为二者联系的重要纽带。因此，在评价人民团体参与社会治理的情况时，可设立如下标准。

"好"（85～100分）：人民团体构建了系统的长效体制机制以联系政府与社会各界参与社会治理。

"中"（60～85分）：人民团体并未构建长效体制机制，但通过一些措施、活动以实现对社会治理的参与。

"差"（0～60分）：人民团体既没有构建长效体制机制，也缺乏相关措施、活动参与社会治理。

（8）社会组织参与社会治理情况

【设置依据】

党的十九大报告指出，我国在今后要打造共建共治共享的社会治理格局，将社会协同和公众参与作为完善社会治理体制的内容之一，"推动社会治理重心向基层下移，发挥社会组织作用"。社会自身所具有的自发性和能动性对社会治理而言意味着潜在的资源和动力，考察社会组织参与社会治理的情况，有助于评价当前社会治理对社会力量和社会资源的引导和运用情况。

【评测方法】

本指标满分100分，指标权重设定为40%，主要通过网络文本抓取的方式评价参与社会治理的情况。

【评分标准】

综合网络文本抓取的结果进行评分，将结果分为"好"（85～100分）、

---

① 区间划分含后不含前，如得分刚好为85分，则归为"中"这一等级，全书同此，后文出现不再另加说明。

"中"（60～85分）、"差"（0～60分）三级。评价社会组织参与社会治理的情况，同样需要关注是否存在系统的长期制度机制，形成相应的"制度窗口"引导社会力量和社会资源进入社会治理领域，故评分标准如下。

"好"（85～100分）：社会组织构建了系统的长期制度机制以引导社会力量和社会资源参与社会治理。

"中"（60～85分）：社会组织并未构建长期制度机制，但通过一些措施、活动以实现对社会治理的参与。

"差"（0～60分）：社会组织既没有构建长期制度机制，也缺乏相关措施、活动参与社会治理。

（9）企事业单位参与社会治理情况

【设置依据】

企事业单位不仅是社会治理中被管理的对象，同时也是社会治理的共同参与者。因此，一方面，社会治理的具体措施和手段会在企事业单位的生产和工作中得到体现；另一方面，企事业单位因其所具有的自我管理能力，并且在多项事务中贴近社会基层，可以在一定的范围内较为灵活地协同政府主导的社会治理，充分发挥企事业单位的协同作用有助于提高社会治理的效能。考察企事业单位参与社会治理的情况可以在具体层面了解社会治理各项措施的有效性，并评价其作为社会治理参与者所发挥的作用。

【评测方法】

本指标满分100分，指标权重设定为30%，主要通过网络文本抓取的方式评价参与社会治理的情况。

【评分标准】

综合网络文本抓取的结果进行评分，将结果分为"好"（85～100分）、"中"（60～85分）、"差"（0～60分）三级。由于企事业单位是灵活参与社会治理的协同力量，故对其情况进行评分应关注两方面：一方面，是否形成社会治理所需的长效机制；另一方面，企事业单位参与社会治理的渠道是否充足多样。故评分标准如下。

"好"（85～100分）：企事业单位参与社会治理形成长效机制并且渠道

充足多样。

"中"（60～85分）：企事业单位参与社会治理未建立长效机制或渠道单一。

"差"（0～60分）：企事业单位既没有构建长效机制，也缺乏相关渠道参与社会治理。

（10）群防群治参与力量情况

【设置依据】

群防群治是各地社会治理实践中经常采用的一类方式，是社会治理和治安防控的重要协同力量。该指标的设置旨在从客观属性上了解当前社会治理中的群防群治力量，如人员数量、人员构成、组织管理等。

【评测方法】

本指标满分100分，指标权重设定为40%，通过综治部门的相关数据、网络文本抓取以及问卷调查综合评测。

【评分标准】

综合网络抓取的文本与数据（权重40%）、问卷调查（权重60%），考察群防群治力量中的人员数量、人员构成、组织管理等几项内容。

基于网络抓取的文本与数据的评价分为"好"（85～100分）、"中"（60～85分）、"差"（0～60分）三级。可评为"好"的群防群治力量应在各方面表现为：群防群治人员数量充足；人员的年龄、文化素质等方面结构合理，人员所从事的职业、所面向的社会领域多元化；在组织管理上，管理手段科学高效，为群防群治力量提供丰富多样的渠道发挥职能。此外，由于当前群防群治力量仍在发展过程中，对其成长规划也应予以关注。"中"和"差"的评价在该基础上根据实际情况进行减分得出。

问卷调查对相关问题的回答赋予不同分值（"经常见到"得1分，"偶尔见到"得0.8分，"见不到"得0.5分），根据回答比例乘以分值，最终与网络抓取部分的得分根据各自权重计算出最终得分："好"（85～100分），"中"（60～85分），"差"（0～60分）。

（11）群防群治品牌建设情况

【设置依据】

该指标倾向于了解民众对现有各类群防群治力量的认知及对其工作的主观评价和感受，借此从侧面考察群防群治力量在社会治理中的辨识度、组织管理水平以及工作效能等情况。

【评测方法】

本指标满分 100 分，指标权重设定为 30%，通过综治部门的相关数据、网络文本抓取以及问卷调查综合评测。

【评分标准】

综合网络抓取内容（权重 40%）、问卷调查（权重 60%），总体评分分为"好"（85～100 分）、"中"（60～85 分）、"差"（0～60 分）三级。

网络抓取内容部分，注重评价群防群治品牌的知名程度、差异性以及成长规划。知名度高、差异性突出、成长规划完善可行的则为"好"（85～100 分），"中"（60～85 分）、"差"（0～60 分）根据实际情况减分得出。

问卷调查部分分别对各群防群治品牌评价赋予分值（"认可"得 1 分，"一般"得 0.8 分，"不认可"得 0.5 分，"不知道"得 0 分），随后计算其平均分。

（12）群防群治成果

【设置依据】

该指标旨在从结果上评价群防群治力量在社区街道巡逻防控、提供破案线索、化解矛盾纠纷等各方面的工作成效，从而结合前述 2 项三级指标完成对"首都群防群治"二级指标的整体考察。

【评测方法】

本指标满分 100 分，指标权重设定为 30%，通过综治部门的相关数据、网络文本抓取以及问卷调查综合评测。

【评分标准】

综合网络抓取文本和数据（权重 40%）、问卷调查（权重 60%），结果分"好"（85～100 分）、"中"（60～85 分）、"差"（0～60 分）三级。

群防群治力量在社会治理过程中一般起到协同、辅助的作用，有效的群防群治成果建立在群防群治力量在政府主导下，与政府及其他主体充分协作的基础上。同时，群防群治力量的参与也有赖于对安全氛围的营造和民众安全意识的培养。因此，评价网络抓取文本数据部分的得分应当分以下情形。

"好"（85～100分）：群防群治力量与政府形成有效的协作机制，民众因为群防群治力量对社会治理的参与而切实改善了安全感并受到了动员。

"中"（60～85分）：群防群治力量与政府协作的作用有限，或民众并未充分体会到群防群治力量参与的作用。

"差"（0～60分）：群防群治力量与政府没有形成协作机制，民众对群防群治力量作用感受轻微或表示否定。

对于问卷调查，对各问题回答选项赋予分值（"好"得1分，"一般"得0.8分，"不好"得0.5分，"不知道"得0分），随后计算其平均分。

二　总体评估结果分析

通过网络检索、问卷调查等方式，对"党委领导治理""政府主导治理""人民团体、社会组织、企事业单位参与社会治理""首都群防群治"4个二级指标共12个三级指标进行了系统评估。其中，"党委领导治理"指标得100分，"政府主导治理"得100分，"人民团体、社会组织、企事业单位参与社会治理"得67分，"首都群防群治"得70.38分，根据加权算法，得出社会治理部分得分为84.51分（见表2）。

对二级指标"党委领导治理"的评估，通过网络检索方法，对"是否建立党委领导责任制"和"市委常委会会议是否讨论平安建设议题"两项三级指标进行检索，建立党委领导责任制是平安建设的制度保障，市委常委会会议讨论平安建设议题是平安建设的具体工作指导，从制度保障和工作指导两个方面来评估党委对平安建设的领导治理。经检索，两项指标均可检索到相关确切信息，因此该指标为100分。党委通过出台相关文件明确平安建设中党委的领导地位，并通过相关制度明确党委责任，建立党委领导责任制。

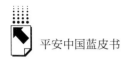

表2 "社会治理"各级指标得分

一级指标(得分)	二级指标(得分)	三级指标(得分)
社会治理(84.51分)	党委领导治理(100分)	是否建立党委领导责任制(100分)
		市委常委会会议是否讨论平安建设议题(100分)
	政府主导治理(100分)	市政府在平安北京建设中的定位是否明确(100分)
		是否定期召开全市平安建设相关会议(100分)
		政府相关部门是否公开平安建设相关信息(100分)
		是否将平安建设纳入年度考核(100分)
	人民团体、社会组织、企事业单位参与社会治理(67分)	人民团体参与社会治理情况(70分)
		社会组织参与社会治理情况(70分)
		企事业单位参与社会治理情况(60分)
	首都群防群治(70.38分)	群防群治参与力量情况(75.05分)
		群防群治品牌建设情况(58.07分)
		群防群治成果(78.01分)

平安建设离不开党的领导，党委领导责任制对于确保平安建设在党的领导下朝着正确的方向前进提供了保障。市委常委会会议讨论平安建设议题，则凸显了市委对平安建设的重视，是党领导平安建设的具体表现，为平安建设提供了行动指南。

对二级指标"政府主导治理"的评估，通过网络检索方法，对"市政府在平安北京建设中的定位是否明确""是否定期召开全市平安建设相关会议""政府相关部门是否公开平安建设相关信息""是否将平安建设纳入年度考核"4个三级指标进行检索，经检索，均可获取确切的相关信息支撑该4个指标。因此，该二级指标得分为100分。市政府在平安北京建设中明确定位为主导地位，既起到统筹规划和融合社会力量的作用，又发挥着平安建设的主力和基础作用，明确政府定位是政府主导治理平安建设的工作基础。定期召开全市平安建设相关会议，则是将平安建设列为长期性、系统性、计划性工程，政府通过定期会议持续稳步推进平安建设，是政府推进平安建设的具体行动指南。政府公开平安建设相关信息，既符合国家出台的信息公开相关规定，又有利于调动公众对平安建设的关注和参与，号召社会力量共建平安北京，是政府主导治理的附加力量。将平安建设纳入考核机制，是政府主导治理的考核激励机制。因此，政府主导治理从平安建设的工作基础、行动指南、附加力量和激励机制4个方面来考评，且均有相关数据信息支撑。在对这部分进行检索中发现了责任认定不明、考核不够细化、监督制约机制不够完善、信息反馈渠道不够畅通等问题，还需进一步解决。

对二级指标"人民团体、社会组织、企事业单位参与社会治理"的评估，首先根据其在当前社会治理中的定位和特点，预先构建相应的评价标准，随后，针对评价标准的指向，进行网络数据和文本的检索，结合检索内容比对评价标准，进行评分。人民团体、社会组织、企事业单位作为组织性较强的社会力量，是联系社会资源进入社会治理的重要渠道，应关注其联系社会资源的方式和途径。经检索，发现人民团体、社会组织、企事业单位主要同政府相关部门进行协作，通过组织各类活动引导动员社会力量参与社会治理，但是缺乏系统的长期机制以确保社会治理成效的常态化、稳定性以及可预测性。因此，在评分时对各三级指标的评分集中于"中"一级，根据具体情形增减分数，该二级指标得分为66.7分。

对二级指标"首都群防群治"的评估，其三级指标侧重从客观属性、民众主观感受以及结果的不同角度体现社会治理中群防群治的情况。主要通过网络检索到的数据文本以及问卷调查的相关数据进行评分：一方面，根据社会治理当前对群防群治的需要建立合理预期，以此为根据比对网络检索内容进行评分；另一方面，对问卷情况设定选项得分权重，计算得分情况。结合网络检索内容和问卷调查情况来看，当前政府已对群防群治力量进行了相当高程度的动员，组建了多个具有一定影响力的群防群治品牌，并在提供情报线索等方面有力发挥群防群治的作用。但对比预期来看，对群防群治力量的组织管理有进一步完善的空间，群防群治品牌的经营策略也应转变短期、粗放的模式，形成长期、整体的群防群治发展规划。基于此，群防群治成果才可能突破对个别功能的过分偏重和依赖，全面发挥群防群治的潜力。

三 指标评估结果分析

（一）是否建立党委领导责任制

本指标得分为100分。

通过检索，在北京社会建设网站中搜索到官方文件《中共北京市委北京市人民政府关于深化北京市社会治理体制改革的意见》。其中第七部分"加强和改进党对社会治理体制改革的领导"中要求加强组织领导。深化社会治理体制改革，是推进社会治理现代化的基础性、长远性、根本性任务。各级党委和政府要高度重视，把深化社会治理体制改革纳入重要议事日程。在市委领导下，按照市委全面深化改革领导小组总体部署，社会事业与社会治理体制改革专项小组及其办公室要加强综合协调，各区、各部门、各单位要各负其责，认真抓好落实。要不断提高部门联动的能力和水平，建立健全市级社会建设、市政市容、社会治安综合治理、精神文明建设、信访、互联网信息管理等部门参加的联席会议机制，协调推动解决社会治理中的重点、难点问题。

通过检索，在首都政法综治网搜寻到《北京市贯彻中央五部委〈关于实行社会治安综合治理领导责任制的若干规定〉的实施细则（试行）》，其中第四条规定：各级党委、政府和各机关、团体、部队、企业事业单位和其他组织的正职领导干部为社会治安综合治理的第一责任人，负全面领导责任；分管领导为第二责任人，负直接领导责任。

第六条规定：各级党委、政府要把抓好社会治安综合治理，确保一方平安作为党政领导干部的任期目标之一，每年都要根据社会治安综合治理的形势任务，向所辖地区下达社会治安综合治理工作管理目标，并逐步签订责任书。

中央和本市各级党政部门、团体、单位和组织，要在落实本系统所属单位社会治安综合领导责任制的同时，积极支持配合地方各级政府，督促所属单位按照驻在地区的统一要求签订社会治安综合治理领导责任书。

第七条规定：实行社会治安综合治理领导责任制，由市委、市政府统一领导，首都社会治安综合治理委员会及其办事机构负责，按照下管一级的方法协调组织实施。

通过检索，北京市委、市政府 2014 年下发了《关于全面深化平安北京建设的意见》，在意见中明确指出：坚持党政领导。各级党委、政府要进一步提高思想认识，牢固树立发展是第一要务、稳定是第一责任的理念，把全面深化平安北京建设纳入经济社会发展规划，列入党委、政府重要议事日程，纳入党委、政府工作督查范围，切实担负起维护一方稳定、确保一方平安的重大政治责任。

从以上检索信息可以看出，北京市已经在社会治安综合治理、社会治理、平安建设领域建立了党委领导责任制，明确了社会治理责任的第一责任主体就是各级党委，并且提出了责任制的具体要求。因此，本指标得满分。

（二）市委常委会会议是否讨论平安建设议题

本指标得分为 100 分。

通过检索，在首都之窗上搜索到《蔡奇在市委工作务虚会上强调认清形势坚定信心把握主线谋划新一年工作展现新面貌》的报道。2018 年 12 月 6～7 日，市委用一天半时间召开工作务虚会，统一思想，理清思路，谋划工作。蔡奇强调，坚持以人民为中心的发展思想，围绕"七有"和"五性"，解决群众最忧、最盼、最急的问题，实实在在地增强群众的获得感、幸福感、安全感。要始终坚持民有所呼、我有所应，凡是市民诉求、媒体曝光、12345 热线反映的问题，都要闻风而动、接诉即办。做好保平安各项工作，既防"灰犀牛"，又防"黑天鹅"。

蔡奇指出，加强党的建设关键是落实主体责任。强化市委对各项工作的领导。把政治建设摆在首位，严肃政治纪律和政治规矩。精心组织"不忘初心、牢记使命"主题教育，抓好领导班子和干部队伍建设，加强对干部思想、工作、作风、纪律的全方位管理，持之以恒正风肃纪。发挥巡视利剑

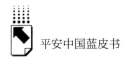
作用，做好巡视后半篇文章。大力整治形式主义、官僚主义，大兴调查研究之风，深化"街乡吹哨、部门报到"，进一步形成到基层一线解决问题的导向，打通抓落实的"最后一公里"。各级领导干部要当好施工队长，以钉钉子精神狠抓各项任务落实。要克服文山会海，减轻基层负担，让基层把更多时间用在抓落实上。要注重干部能力建设，提高自身素养，增强履职本领。

通过检索，在首都之窗网站上搜索到《蔡奇在市委理论学习中心组学习（扩大）会上强调切实把党的宗教工作方针政策落到实处》的报道。2018 年 12 月 16 日，市委理论学习中心组举行学习（扩大）会，邀请中国社会科学院世界宗教研究所副所长、研究员郑筱筠做辅导报告。蔡奇指出，北京作为首都，五大宗教齐全，是我国多宗教和谐相处的重要窗口，做好北京宗教工作责任重大。要坚持我国宗教中国化方向，用社会主义核心价值观引领各宗教，鼓励宗教界加强宗教思想建设，引导信教群众热爱祖国，拥护党的领导，拥护社会主义制度。牢固树立法治思维，认真贯彻实施新修订的宗教事务条例，保护广大信教群众的合法权益，维护全市宗教领域正常秩序。坚决抵御境外利用宗教进行渗透，切实维护首都政治安全和社会稳定。

蔡奇要求，加强党对宗教工作的领导。各级党委要进一步提高思想认识，及时研究宗教工作重大问题，进一步健全完善宗教工作体制机制，扎实开展督促检查，不断提高北京宗教工作能力和水平。各级统战部门要负起牵头协调责任，宗教工作部门要担负起依法管理责任，其他各部门及人民团体要立足各自职能，共同做好宗教工作。要夯实基层基础，确保基层宗教工作有人管、有人做、能落实。要关心信教群众的工作生活，最大限度地把宗教界人士和广大信教群众紧密团结在党和政府周围。各级领导干部要不断增强做好新形势下宗教工作的本领。

从以上检索信息可以看出，北京市委常委会已经针对平安建设议题召开专门会议，并提出深化平安北京建设具体措施，努力使影响首都平安稳定的主要指标得到有效控制，实现首都安全稳定总体状况进入良性循环轨道。因此，该指标得满分。

（三）市政府在平安北京建设中的定位是否明确

经检索，北京市人民政府2018年《政府工作报告》中指出要持续保障和改善民生，切实增强人民群众的获得感、幸福感、安全感。报告提出，加强和创新社会治理。实施基层社会治理规范化建设三年行动计划，完善城乡社区治理，健全自治、法治、德治相结合的乡村治理体系。实施社区基本公共服务"十大覆盖工程"，建设200个"社区之家"示范点，实现"一刻钟社区服务圈"覆盖90%以上的城市社区。开展社区服务社会化改革，提升社工队伍专业化、职业化水平。加强社会心理服务体系建设，培养自尊自信、理性平和、积极向上的社会心态。推动志愿服务促进条例修订，促进志愿服务常态化、制度化。坚持男女平等基本国策，维护妇女儿童、未成年人的合法权益。贯彻落实党的民族宗教政策，加强各民族的交往、交流、交融，积极引导宗教与社会主义社会相适应。支持国防和军队改革发展建设，继续深化国防动员和国防教育，推进优抚安置体制机制改革，不断巩固和发展首都军政军民团结。

报告同时提出，深入开展平安北京建设。坚持总体国家安全观，以首善标准做好维护政治安全、反恐防恐、社会安全、公共安全、网络安全等各项工作，切实履行维护首都安全的重大职责。树立超大城市安全发展理念，弘扬生命至上、安全第一的思想，加强安全宣传教育，提高防灾、减灾、救灾能力。严格落实安全生产责任制，以"三合一""多合一"场所为重点，深入开展城市安全隐患治理三年行动计划，强化消防安全、建筑施工、道路交通等重点领域整治，坚决遏制重特大安全事故。保障水电气热等城市生命线安全运行。强化社会矛盾风险预测、预警、预防，完善人民调解、行政调解、司法调解衔接联动机制，提高信访工作专业化、法治化、信息化水平，依法、及时、就地解决群众合理诉求。巩固立体化、信息化社会治安防控体系，依法打击和惩治黄赌毒黑拐骗等违法犯罪活动，组织开展扫黑除恶专项斗争，全力确保首都安全稳定。

通过检索，市委、市政府制定实施了《北京市基层社会治理规范化建

设行动计划（2018～2020年）》（以下简称《行动计划》）。《行动计划》与《北京城市总体规划（2016～2035年）》对标对表，在《北京市"十三五"时期社会治理规划》基础上，结合"疏解整治促提升"，瞄准2020年率先全面建成小康社会目标，在落细、落小、落实上下功夫，在抓基层、抓覆盖、抓规范上求实效，核心要义是"全覆盖＋规范化"，既有量的要求，即基层社会治理的规定动作要在全市实现全覆盖，又有质的规定，即社会治理的各项工作力求实现规范化、标准化。《行动计划》的主要特点是"目标＋指标"，在明确三年目标任务的同时，制定修订了一系列配套评价指标，使基层社会治理做到目标明确、任务明确、要求明确，可操作、可量化、可评价。《行动计划》包括街道社区治理、社会组织治理、非公有制企业服务、社会工作队伍建设、网格化体系建设5个方面共19项重点任务的若干项具体措施。

从以上检索信息可以看出，市政府在多次会议及不同政府文件中已明确其在平安北京建设中的主导与负责的定位。因此，该指标为满分。

（四）是否定期召开全市平安建设相关会议

通过检索，市城市管理委召开了2018年社会治安综合治理工作会议。会议通报了2017年综治工作考核相关情况，传达了2018年综治工作要点，各主管领导分别与机关处室、直属事业单位主要负责同志代表签订了首都社会治安综合治理与信访维稳责任书和保密管理责任书。会议要求：一要高度重视，充分认识综治工作的重要性，强化安全意识；二要全力以赴抓好综治工作，主动作为，严格落实各项工作要求，健全完善综治工作领导机制，明确责任要求，强化问责机制；建立安全隐患台账，定期检查整改；三要加强宣传工作，积极开展普法宣传和平安建设宣传工作，加强保密工作宣传教育；四要加强信息安全和网络空间安全防控，加大检查力度，防止网络病毒入侵；五要严格执行综治考核标准，将考核结果作为年终考核的重要依据。机关各处室、各直属事业单位主要负责人及综治工作联系人参加会议。

经检索发现，2018年9月3日，市水务局召开了社会治安综合治理

（平安建设）领导小组会议。会议首先传达了信访工作《关于引入第三方参与疑难信访案件化解评估工作规程》文件精神，随后市水务局现场分别与城市河湖管理处、市防汛办、信息中心签署了首都社会治安综合治理（平安建设）责任书。会议对各单位综治工作提出要求，要强化责任落实；进一步完善健全协同配合的工作机制；要增强大局意识和全局观念，凝聚工作合力。

任杰指出，各单位要按照市委、市政府要求，坚守责任，强化担当，认真做好综治工作。他重点对信访工作、保密工作、安全生产工作、消防和交通工作提出了要求。在信访工作方面，提出以下几点：落实责任制；抓好基础设施建设；进一步建设完善水务投诉咨询信息平台；做好水务信访建设的绩效考核工作；认真做好市民热线办理工作。在保密工作方面，提出以下几点：强化组织领导，进一步落实工作责任；强化监督检查，进一步消除安全隐患；强化教育培训，进一步增强保密意识；强化技术装备，进一步提高防护能力。在安全生产工作方面，提出以下几点：继续做好汛期安全防范工作；加强对重点工程建设的管理；加强安全生产执法。在消防和交通工作方面，提出以下几点：持续开展消防隐患排查治理工作，严格落实中非合作论坛消防安全工作十项措施；加强机动车驾驶员交通安全教育培训，严禁违规使用车辆，严禁酒后驾驶、超速行车等交通违法行为；加强中非合作论坛北京峰会期间、中秋节和国庆节期间，内部安全检查工作和干部值班值守制度的落实，以便有效应对各种突发情况。

经检索发现，平安北京建设的各个主体单位和部门，都会在不同时间，以不同的形式召开相关的会议，分析现阶段工作取得的成绩和存在的不足，尤其是与平安北京建设目标不一致的焦点和难点事情，去研究下一阶段的思路和举措。由此可见，北京市定期召开全市平安建设相关会议，该指标满分。

（五）政府相关部门是否公开平安建设相关信息

经检索，在首都政法综治网站上查阅到《首都综治委 2018 年第一次全

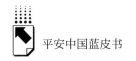

体（扩大）会议召开》的报道。在该次会议上，市委政法委副书记、首都综治委副主任、首都综治办主任张玉鲲就2017年度首都社会治安综合治理工作考核情况和《2018年首都社会治安综合治理工作要点（审议稿）》进行了说明；市公安局、国家统计局北京调查总队分别就2017年全市社会治安形势和群众安全感调查情况进行了通报；会上还签订了《2018年首都社会治安综合治理（平安建设）责任书》。该会议表明，政府相关部门通过正式会议的方式定期进行综治工作的考核、汇报及信息公开。按惯例，首都综治委每年召开的全体会议上，均会对上一年全市社会治安形势和群众安全感调查情况进行通报。

经检索，首都政法综治网作为官方网站，也是社会综合治理信息公开的平台。首都政法综治网于创新板块设置了"平安建设"栏目，在"平安建设"页面中，各区政府将平安建设的具体行动推送于此，例如：朝阳区开展三轮车违法行为"净化行动"；关注国企惠民工程，牢记施工安全生产；通州区组织青少年开展反邪教警示教育活动等。即时更新各区各单位平安建设的最新行动，做到信息公开。同时首都政法综治网也提供各类动态快讯及播报，将综治动态、专项工作、法治建设等通过网络方式公开信息。

经检索，公众号"平安北京"开辟三个板块。第一板块为"圈重点"，该板块一部分与"平安北京"微信平台相连接，即时发布当地发生的社会安全方面的新闻及安全防范知识；另一部分为"一点变化"的子栏目，该栏目发布相关的平安行动及安全知识课等信息。第二板块为"便民服务"，包括车辆违法查询、驾驶人违法查询、火灾隐患举报以及便民电话。第三板块为业务指南，包括人口管理、交通管理及出入境管理，主要介绍各类业务办理的具体流程及详细要求。平安北京公众号和平安北京微博作为信息发布平台，起到了传达政策规定，以及开展便民服务等相关功能，是政府与民众在社会治理过程中的沟通平台。

经检索，平安北京网隶属于新华网，在该网站上也设置了重要动态、政策法规、综合治理、区县要闻、群防群治等信息，也是信息公开的平台之一。

从以上检索信息中可得出，政府相关部门通过召开会议及官方网络传播等多种途径公开平安建设的相关信息，所以该指标为满分。

（六）是否将平安建设纳入年度考核

通过检索，在"首都政法综治网"搜寻到《北京市贯彻中央五部委〈关于实行社会治安综合治理领导责任制的若干规定〉的实施细则（试行）》。其中第八条"社会治安综合治理领导责任制"规定，由责任人单位所在地的社会治安综合治理领导机构、纪检、监察部门、组织、人事部门或上一级相应的机构和部门按职责进行检查、督促、考核。由此可见，已将社会治安综合治理纳入考核范畴。

第九条规定：各级党委、政府和各领导机关要把社会治安综合治理领导责任制纳入干部工作目标进行考核，在研究决定各地区、各部门、各单位社会治安综合治理第一责任人和主要责任人的晋职晋级和奖惩等问题时，要把干部本人在社会治安综合治理工作中的能力和实绩作为一个重要条件。

第十条规定：各地区、各单位社会治安综合治理的第一责任人和主要责任人要把社会治安综合治理工作作为年度工作计划和述职报告的一项重要内容，并向有关社会治安综合治理领导机构备案和报告。

第十一条规定：各级社会治安综合治理领导机构，对辖区内或隶属单位社会治安综合治理责任人，依据年度社会治安综合治理目标任务有关规定要求，每年进行一次工作考察。

经检索，中共北京市委办公厅印发了《关于统筹规范督查检查考核工作的若干措施》。市级综合考核事项整合规范为全面从严治党（党建）工作考核、市政府绩效考评和"平安北京"建设考核三大类，每项考核每年开展1次。严格控制市属各职能部门、议事协调机构开展业务督查检查考核数量和频次，业务考核尽可能纳入市级综合考核，同一部门开展的多项督查检查事项要尽可能整合成1项，涉及多部门的联合组团下去。防止重复扎堆、层层加码，不能兴师动众，影响各区和基层的正常工作。部门督查检查考核不能打着市委、市政府的旗号，日常调研指导工作不能随意冠以督查、检

查、巡查、督察、督导等名义。

由此可见，北京市政府已将社会治安综合治理纳入年度考核范畴，并以规章制度加以规定，将责任落实到人。以社会治安综合治理的途径建设平安北京，以社会治安综合治理的年度考核机制为标准，可表明北京市在推动平安建设方面有相关考核规定。因此，该指标满分。

（七）人民团体参与社会治理情况

经检索发现，北京市总工会、北京共青团、北京市妇联等人民团体组织参与了与社会治理相关的一系列活动。例如，北京市总工会将社会治理与文化生活、人才建设、民生保障共同作为工会工作发展建设的着力点，在生产上与政府安监部门合作，开展安全生产隐患排查、职工安全素质提升等安全生产专业服务活动，构建和完善"企业负责、职工参与、工会监督、社会支持、政府监管"的首都安全生产社会共治工作格局。在职工权益保障上，关注维权机制的完善，与劳动、社保等部门协作，维护职工权益。在基层建设上，推进社区工会服务站和基层企业职工之家的建设，使基层问题"早发现、早报告、早解决"，帮助化解基层矛盾。

北京共青团在总结2016年工作时提到通过组织动员青年参与首都城市建设和治理的情况。北京共青团围绕"首都副中心建设"、城市治理人才培养、生态文明建设、学雷锋志愿服务、"阳光助残"、"平安地铁"等主题活动组织青年志愿者力量，除了开展与主题相关的活动，还促进了志愿者人才的培养，帮助志愿者组织进一步发展，管理制度不断完善，同时对志愿服务文化进行了推广。在推进社会治理体系和社会治理能力现代化的目标下，北京共青团联系政府、基金会、公益组织、企业和高校等多方面，合力培养与扶持青年社会组织的成长。

北京市妇联与公安、司法部门在妇女儿童权益保障、禁毒等事务上进行协作，例如：同法院征集发布妇女儿童维权典型案例，开展"巾帼维权、送法到家"法治宣传活动，举办普法讲座，提供咨询；根据政府禁毒委员会办公室的要求，开展毒品预防教育工作。

综合上述来看，总工会所倡导构建的"企业负责、职工参与、工会监督、社会支持、政府监管"的首都安全生产社会共治工作格局，可被视为长期体制机制在一定程度的体现。然而，根据网络检索的情况，一方面，缺乏关于该项格局更为细致具体的制度设计，难以作为一种系统的制度机制；另一方面，北京共青团、北京市妇联等人民团体主要以各类活动的方式参与社会治理相关工作，并不具有长期的制度机制，且其他人民团体缺乏突出的社会治理参与情况。因此，人民团体参与社会治理的情况可评定为"中"，分数为 70 分。

（八）社会组织参与社会治理情况

经检索，北京律师协会、北京市协作者社会工作发展中心以及部分区的人民调解协会、商会等参与了社会治理的相关活动。例如，北京市协作者社会工作发展中心 2017 年面向困境儿童及其家庭、农民工和社区孤寡老人等开展各类社会工作专业服务活动 1019 次，服务 11252 人次。2016 年，北京律师协会发起并参与组建了北京市公益法律服务促进会和北京市公益法律服务与研究中心，组织律师队伍投入工作，以息诉止访、化解矛盾、维护稳定，同时与北京市公安局组建联席会议，形成联络沟通机制。北京市昌平区人民调解协会联合区妇联等围绕婚姻家庭纠纷开展宣传活动，通过发放宣传品及提供咨询，对《婚姻法》《妇女儿童权益保护法》《老年人权益保障法》《反家庭暴力法》《继承法》等进行普及。朝阳门街道成立二级商会，除了服务企业外，商会还引导会员企业自律自管，参与地区环境秩序治理，参与公益事业等。北京市协作者社会工作发展中心作为民办社会工作机构，通过联系社区街道与社会工作者为困境儿童及其家庭、农民工和社区孤寡老人等提供服务与帮助。

综合上述网络检索情况来看，部分社会组织已形成了以长期机制体制参与社会治理的雏形，但不够系统、完备。而诸如人民调解委员会、商会等依然是以活动的形式为主动员社会力量参与，系统的长期制度机制尚未形成。故社会组织参与社会治理的情况可评定为"中"，分数 70 分。

（九）企事业单位参与社会治理情况

经检索，得到部分企业参与社会治理相关活动的信息。例如，"天网""天眼"系统是美团点评自主研发的"入网经营商户电子档案系统"和"餐饮评价大数据系统"。"天网""天眼"能够对入网餐饮商家进行全生命周期动态管理，帮助监管部门提高"以网管网"的工作水平，为消费者的食品安全构筑坚强的防线。

"天网"系统是维护线上餐饮市场平稳有序的一道"防火墙"，入网经营的商户首先要在"天网"系统中建立电子档案，防止"幽灵商户"或者"李逵李鬼傻傻分不清楚"的现象出现。通过"入网审核、在网登记、退网追踪"三大环节，对入网餐饮商户进行全生命周期管理，将商家的餐饮服务许可证、营业执照等档案全部电子化，并进行及时跟踪比对，确保平台商户信息真实可靠。商户在后台上传许可证照片后，美团点评自主研发的OCR图像识别系统对许可证照片中的关键信息自动识别和记录，能够防止手工随意录入信息，提高校对信息的效率。

结合前述情况来看，企业可通过地方党委以及商会等途径参与社会治理，虽然具有相应的制度机制，但渠道十分单一，对其他力量的依赖性强，不利于发挥企事业单位的灵活性。因此，企事业单位参与社会治理的情况可评定为"中"，分数60分。

（十）群防群治参与力量情况

经检索得知，首都群防群治队伍主要由三类人群组成：一是由居民群众实名注册的社区治安志愿者和企事业员工实名注册的行业治安志愿者；二是以保安员、巡防队员为主的职业力量；三是以停车管理员、环卫员、交通引导员为主的协助力量。三者承担搜集社情民意、社会治安巡逻、调解矛盾纠纷、服务特殊人群、引导城市秩序等多项职能。根据北京市公安局网站信息，截至2017年10月，北京全市累计动员组织群防群治力量超过125万人，参与破获各类刑事治安案件5158件，抓获犯罪嫌疑人 9174 人，参与"两会"安保等多项大型活动。其中，北京全市实名注册的治安志愿者已超过 85 万人，以"朝阳群众"为例，其注册数量已达 13 万余人，在朝阳区 407.8 平方公里的辖区内，相当于每平方公里约有 300 名"朝阳群众"。治安志愿者队伍中，50 岁以下的中青年志愿者达到 68 万人，约占总数的 80%；高中以上学历的达 60.6 万人，约占总数的 71%。首都群防群治队伍的年龄结构不断优化，整体素质不断提升。除 110 报警平台等传统的渠道外，一些政法机关还通过制作发布手机应用软件的方式引导治安志愿者实名注册并接收来自治安志愿者的各类举报。

据此可知，群防群治力量人员数量众多，人员年龄、文化素质结构较为合理，其在参与处置各类违法犯罪以及安保等活动中的成效也体现出了群防群治力量的有效性。然而，首都各政法机关主要依赖治安志愿者提供情报的功能，对其潜在的能力和价值缺乏进一步的探索和培养，使得群防群治力量的发展较为单一。同时，面对数量庞大的群防群治人员群体，尤其是通过网络注册的治安志愿者，政府缺乏有效的管理手段，除被动地接收各类举报外，主动的动员、介入机制尚未建立或不完善，缺少途径对其开展行动动员和相关素质能力的培养。就此而言，对群防群治力量的管理仍然是较为初级的。因此，从网络抓取的文本和数据来看，对群防群治力量参与社会治理情况可评为"中"，得分为 75 分。

在问卷调查中，针对该项指标的两项问题调查结果如表 3 所示。

表 3 问卷调查——群防群治力量参与社会治理情况

相关变量	类别	比例（%）
所居住的社区会经常看到戴有红袖标的治安志愿者	经常看到	61.82
	偶尔看到	32.11
	看不到	6.07
所居住社区之外的乡镇或街道中会经常看到戴有红袖标的治安志愿者	经常看到	51.71
	偶尔看到	41.20
	看不到	7.09

根据评分标准计算问卷数据，可知第一项问题得分为 77.87 分，第二项问题得分为 72.31 分，计算平均分，问卷部分得分为 75.09 分。

综合网络检索和问卷调查情况来看，群防群治参与力量的得分为 75.05 分，评定为"中"。

另外，本部分根据需要做了访谈。在访谈的 2 人中对第一个问题的理解是经常能看到或者偶尔能看到戴红袖标的。当问到这些戴红袖标的人员是否能维护社会治安，他们的回答是能够维护和作用有限。这个结论与网络抓取和问卷调查的结论具有相似性。

（十一）群防群治品牌建设情况

本指标得分为 58.07 分。

根据检索内容，北京市群防群治力量中形成了"朝阳群众""西城大妈""海淀网友""东城守望者""丰台劝导队""石景山老街坊"等多个群防群治品牌。其中一部分作为治安志愿者穿戴统一的标志性服装，如"西城大妈"的红马甲等。由于上述群防群治品牌的参与，公安机关破获了一些引发舆论关注的案件，使得一些群防群治力量获得了来自公众，尤其是来自互联网方面的关注，如"朝阳群众""西城大妈"等一度成为互联网流行词语。

从网络检索内容看，部分群防群治品牌获得了一定的知名度，然而就差异性来说，北京市多个城区推出了自己的群防群治品牌，但互相之间相似程度高，淡化了各品牌间的差异性，影响到了民众对不同群防群治队伍的辨识。此外，各群防群治品牌缺乏完善的发展规划，例如对于该品牌今后应突出何种特色等规划有待完善，可能会导致公众随时间流逝而淡忘该群防群治品牌。因此，网络检索部分得分为 70 分，评为"中"。

在问卷调查中，回答问卷者对上述群防群治品牌的评价情况如表 4 所示。

根据上述问卷调查情况，各群防群治品牌建设得分情况分别为："西城大妈"为 56.68 分，"东城守望者"为 48.36 分，"丰台劝导队"为 47.91

表4 问卷调查——群防群治品牌建设情况

相关变量	类别	比例（%）
是否认可治安志愿者组织的工作效果——西城大妈	认可	50.42
	一般	12.52
	不认可	1.18
	不知道	35.88
是否认可治安志愿者组织的工作效果——东城守望者	认可	41.08
	一般	14.56
	不认可	1.35
	不知道	43.01
是否认可治安志愿者组织的工作效果——丰台劝导队	认可	41.37
	一般	13.07
	不认可	1.17
	不知道	44.39
是否认可治安志愿者组织的工作效果——海淀网友	认可	40.19
	一般	14.07
	不认可	1.52
	不知道	44.23
是否认可治安志愿者组织的工作效果——朝阳群众	认可	52.57
	一般	12.05
	不认可	1.68
	不知道	33.70
是否认可治安志愿者组织的工作效果——石景山老街坊	认可	47.51
	一般	12.34
	不认可	1.01
	不知道	39.14

分，"海淀网友"为47.23分，"朝阳群众"为58.60分，"石景山老街坊"为53.68分。平均分为50.13分。综合网络检索内容与问卷调查得分，可将群防群治品牌评分为58.07分，评定为"差"。

另外，根据研究需要，本部分做了访谈。当问及受访者对以上几个品牌的认可度时，其中一位受访者进行的排序是"东城守望者""石景山老街坊""丰台劝导队""朝阳群众""海淀网友""西城大妈"，而另外一位受

访者的排序则是"西城大妈""朝阳群众""丰台劝导队""石景山老街坊""海淀网友""东城守望者"。从中可以看出,除了"丰台劝导队"和"海淀网友"有较为一致的看法外,对其他品牌的认知和认可呈现很大的差异,甚至完全相反,比如第一位受访者对"东城守望者"这个品牌最认可,但是第二位受访者对其是最不认可的。这从一个侧面说明,这些品牌的辨识度不高,这与网络抓取和调研问卷的结论相吻合。

(十二)群防群治成果

经检索可知,各群防群治力量的职能主要体现在提供情报线索、社区巡逻防控以及矛盾纠纷化解等方面。例如,"朝阳群众"平均每月向朝阳警方提供线索近 2 万条,主要集中在盗窃电动自行车、街头扒窃及涉毒类线索等。2017 年,朝阳警方接到"朝阳群众"举报的有价值线索 8300 余条,根据这些线索,共破获案件 370 余起,拘留 250 余人,消除各类安全隐患 390 余起。

根据网络检索的情况,明确了群防群治力量与政府之间存在着有效的协同机制,尤其是情报线索的提供机制,但是过于偏重于该机制,对其他机制有待进一步加强。根据前一项三级指标"群防群治品牌建设情况"来看,民众对于群防群治力量具有较为普遍的认知。根据上述,网络检索部分的得分为 80 分,评定为"好"。

在问卷调查中,针对群防群治力量的三项主要职能,受访者所做评价情况如表 5 所示。

表 5 问卷调查——群防群治成果

相关变量	类别	比例(%)
治安志愿者力量开展维护社会治安工作的效果——巡逻防控	好	65.28
	一般	30.22
	不好	1.55
	没有	2.94

续表

相关变量	类别	比例(%)
治安志愿者力量开展维护社会治安工作的效果——提供破案线索	好	56.67
	一般	34.58
	不好	3.29
	没有	5.46
治安志愿者力量开展维护社会治安工作的效果——矛盾纠纷化解	好	58.49
	一般	34.40
	不好	2.34
	没有	4.77

根据评分标准，对问卷所得评分为：巡逻防控为80.39分，提供破案线索为73.96分，矛盾纠纷化解为75.69分，平均分为76.68分。综合上述两方面，群防群治力量成果得分为78.01分，评定为"中"。

另外为了研究需要，本部分进行了访谈。受访的2人对该部分的看法既有一致之处，也呈现差异性。本部分设计了这样的访谈问题："您认为治安志愿者在下列（治安巡逻、提供破案线索、矛盾纠纷化解）工作中的效果怎么样？"2位受访者认为提供破案线索这个工作效果一般，这与调研问卷得到的73.96分是对应的。对于治安巡逻和矛盾纠纷化解方面的效果，2位受访者的选择不尽一致，第一位受访者认为治安巡逻和矛盾纠纷化解的效果较大，而第二位受访者则认为效果一般。这与调研问卷得到的分值80.39分和75.69分也是较为相近的。

四 评估结论

关于社会治理这部分的评估，主要设置了4项二级指标和12项三级指标来进行具体考察。根据网络抓取、问卷调查、访谈数据整体来看，本部分的综合得分是83.94分，较2018年的86.42分略低，处于"良好等级"，和2018年所处的范围一样。

（一）存在的主要问题

人民团体、社会组织、企事业单位参与社会治理长效体制机制尚未建立。从网络抓取的结果来看，人民团体和社会组织参与社会治理的得分均为70分，处于"中"的范围之内，而企事业单位参与社会治理的得分是60分，虽然也处于"中"的范围之内，但是得分显然低于人民团体和社会组织参与社会治理的得分。而这个二级指标的整体得分是67分，处于"中"的范围之内。这说明人民团体、社会组织、企事业单位参与社会治理的长效体制机制尚未建立，只是通过一些活动或举措参与社会治理。

群防群治力量参与社会治理不足。从数据来看，群防群治力量参与所涉及的两个问题的回答人数与2018年基本一致，当问到"所居住的社区会经常看到戴有红袖标的治安志愿者"这个问题时，回答"经常看到"的比例是61.82%，而2018年这个比例是62.31%，变化不大。但是根据指标具体得分的计算，2019年该项的得分是77.87分，而2018年的得分则是90.2分，二者相差较大。当问到"所居住社区之外的乡镇或街道中会经常看到戴有红袖标的治安志愿者"时，回答"经常看到"的比例是51.71%，而2018年这个比例是51.30%，变化也不大。但是根据指标具体得分的计算，2019年该项的得分是72.31分，而2018年的得分则是97.3分，二者相差也较大。这说明群防群治力量的成长还需要时日，人员数量还需要进一步增加。

群防群治品牌建设仍需要加强。通过网络抓取，北京市社会治理过程中已经形成了一些品牌。通过调研数据可以看到，对"西城大妈""东城守望者""丰台劝导队""海淀网友""朝阳群众""石景山老街坊"等多个群防群治品牌的认可度均低于60分，认可度最高的是"朝阳群众"，得分为58.60分，认可度最低的是"海淀网友"，得分为47.23分。2018年认可度最高的也是"朝阳群众"，得分为61.22分，略高于2019年的分值；而2018年认可度最低的"石景山老街坊"，得分仅为44.34分。就群防群治品牌建设的整体得分来看，2019年是58.07分，2018年则是62.59分，整体认可度和知晓程度在降低。

群防群治成果需要进一步提升。从调查数据来看，治安志愿者力量开展维护社会治安工作的效果主要集中在巡逻防控、提供破案线索和矛盾纠纷化解三个方面。这个方面 2019 年的得分（80.39 分、73.96 分、75.69 分）均低于 2018 年的得分（87.6 分、75.24 分、77.99 分），因此整体得分也低于2018 年的分值。两年得分最高项都在巡逻防控这个方面，说明群防群治成果或作用更多地凸显在巡逻防控这个方面，而在提供破案线索和矛盾纠纷化解方面的作用不太明显，说明成果的作用点存在不同程度的差别，整体成果的提升还需要三方协作。

（二）完善建议

完善人民团体、社会组织、企事业单位参与社会治理的长效体制机制。共建共治共享的社会治理格局的形成有赖于多元主体的积极参与，人民团体、社会组织、企事业单位是社会治理十分重要的主体。这些主体所参与的具体领域和方面以及产生的具体作用直接影响到社会治理成效，因此应该建立健全长效机制，促进这些主体的广泛、深入、积极参与。一个重要的方面就是这些主体参与的动力问题。他们为什么要参与社会治理，哪些原因或因素使得他们能够主动参与？能不能参与社会治理，这是条件的辨识，哪些具体组织参与社会治理，这是资格准入的问题，诸如这些方面的问题需要加快解决。

提高群防群治力量参与社会治理的程度。要在群防群治的具体方面进行精细化管理，提高成效，从中总结出相应的经验。在经过探索阶段后，群防群治应该扩大范围和领域。应当对其未来的规模、人员结构、素质水平以及组织管理方式和制度等做出相应规划，据此逐步调整，使得群防群治力量规模适当、人员结构多层次、范围更广、职责分工精细化、组织管理集约高效，并完善其相关权益保障等问题。

加强群防群治品牌建设。品牌建设是贯穿一项业务始终的活动，品牌知名度能够为具体业务带来形象上的提升和无形的影响。品牌建设应坚持专注

和多元相结合，打造和形成所在区域的特色内容，增加品牌的符号意象，发挥品牌的符号作用。应制定首都整体的群防群治品牌成长规划，调整现有资源，打造多元的、面向不同层次和不同领域的群防群治品牌体系，防止品牌重复化，借此探索群防群治在社会治理过程中除巡逻防控、提供线索、矛盾纠纷调解等以外的职能，使民众对群防群治品牌的认知度得到提升。

参考文献

1. 曹胜亮、胡江华：《社会中间层组织参与社会治理创新的制度困境与建构》，《河南社会科学》2019 年第 7 期。
2. 王红梅：《社会治理如何实现多元协商共治》，《人民论坛》2019 年第 13 期。
3. 姜晓萍、董家鸣：《城市社会治理的三维理论认知：底色、特色与亮色》，《中国行政管理》2019 年第 5 期。
4. 朱新武、王明标：《共建共治共享的社会治理格局：理论阐释与体系构建》，《新疆大学学报》（哲学·人文社会科学版）2018 年第 6 期。
5. 刘蕾：《以党建引领共建共治共享社会治理格局》，《人民论坛》2018 年第 24 期。
6. 李宇：《社会参与社会治理的实践探索——以杭州市社会参与为例》，《理论探讨》2017 年第 2 期。
7. 严仍昱：《从社会管理到社会治理：政府与社会关系变革的历史与逻辑》，《当代世界与社会主义》2015 年第 1 期。
8. 姜晓萍：《国家治理现代化进程中的社会治理体制创新》，《中国行政管理》2014 年第 2 期。

B.3
北京市社会治安防控调查报告（2019）

戴　锐[*]

摘　要：　"社会治安防控"一级指标下设置7项二级指标，"社会面治
安防控""重点行业治安防控""乡镇（街道）和村（社区）
治安防控""机关、企事业单位内部安全防控""信息网络防
控""首都外围防控"6项二级指标，"社会治安防控效果"
这个二级指标反映治安防控的实施效果。评估数据来源包括
网络调查、数据统计和调查问卷3项。"社会治安防控"一级
指标得分为82.46分。其中得分最低的两个二级指标为"乡
镇（街道）和村（社区）治安防控"（得分54.17分）和
"社会面治安防控"（得分80.33分）。该两项指标拉低了
"社会治安防控"指标的总体分值。

关键词：　社会治安防控　社会治安防控网　社会治安防控效果

一　指标设置及评估标准

（一）指标设置

本次平安北京建设评估"社会治安防控"一级指标下设置7项二级
指标，其中"社会面治安防控""重点行业治安防控""乡镇（街道）

＊　戴锐，法学博士、博士后，中国人民公安大学治安与交通管理学院副教授。

和村（社区）治安防控""机关、企事业单位内部安全防控""信息网络防控""首都外围防控"6个二级指标反映治安防控的实际情况，"社会治安防控效果"这个二级指标反映治安防控的实施效果，从4个警情类型角度来观察社会治安防控效果（见表1）。7项二级指标主要考察社会面治安防控建设情况如何，重点行业治安防控建设情况如何，乡镇（街道）和村（社区）治安防控建设情况如何，机关、企事业单位内部安全防控建设情况如何，信息网络防控情况如何，首都外围防控情况如何，以及社会治安防控效果如何。

表1　"社会治安防控"指标设置

社会治安防控 （15%）	社会面治安防控（20%）	街面巡逻防控情况（40%）
		公共交通场所防控情况（30%）
		学校、单位、银行、医院防控情况（30%）
	重点行业治安防控（10%）	旅馆业、印章业等行业、场所治安管理情况（40%）
		物流寄递业安全管理情况（30%）
		枪支、管制刀具、危爆物品管理情况（30%）
	乡镇（街道）和村（社区）治安防控（10%）	网格化管理情况（40%）
		综合管理服务平台建设情况（30%）
		社区警务实施情况（30%）
	机关、企事业单位内部安全防控（10%）	单位治保制度建设情况（40%）
		单位视频监控系统普及应用情况（30%）
		水电气热等基础设施运营单位安全防范情况（30%）
	信息网络防控（10%）	信息网络管理制度建设情况（40%）
		手机网络实名制落实情况（30%）
		个人信息安全保护情况（30%）
	首都外围防控（10%）	多元勤务查控机制建设情况（40%）
		环京外围公安检查站覆盖情况（30%）
		首都外围防控效果（30%）
	社会治安防控效果（30%）	刑事警情数量（25%）
		治安警情数量（25%）
		刑事案件数量（立案、结案）（25%）
		治安案件数量（立案、结案）（25%）

"社会治安防控"下 7 项二级指标根据每个指标具体内容的不同，又细分为 22 项三级指标，包括："街面巡逻防控情况""公共交通场所防控情况""学校、单位、银行、医院防控情况""旅馆业、印章业等行业、场所治安管理情况""物流寄递业安全管理情况""枪支、管制刀具、危爆物品管理情况""网格化管理情况""综合管理服务平台建设情况""社区警务实施情况""单位治保制度建设情况""单位视频监控系统普及应用情况""水电气热等基础设施运营单位安全防范情况""信息网络管理制度建设情况""手机网络实名制落实情况""个人信息安全保护情况""多元勤务查控机制建设情况""环京外围公安检查站覆盖情况""首都外围防控效果""刑事警情数量""治安警情数量""刑事案件数量（立案、结案）""治安案件数量（立案、结案）"。

（二）设置依据及评估标准

1. 二级指标设置依据

"社会治安防控"一级指标下 7 项二级指标设置的主要依据是《中共中央关于全面深化改革若干重大问题的决定》《关于加强社会治安防控体系建设的意见》《北京市国民经济和社会发展第十三个五年规划纲要》《关于全面深化平安北京建设的意见》中关于社会治安防控的要求。

《中共中央关于全面深化改革若干重大问题的决定》提出"加强社会治安综合治理，创新立体化社会治安防控体系，依法严密防范和惩治各类违法犯罪活动"。《关于加强社会治安防控体系建设的意见》提出要形成党委领导、政府主导、综治协调、各部门齐抓共管、社会力量积极参与的社会治安防控体系建设工作格局，健全社会治安防控运行机制，编织社会治安防控网，提升社会治安防控体系建设法治化、社会化、信息化水平，增强社会治安整体防控能力，努力使影响公共安全的暴力恐怖犯罪、个人极端暴力犯罪等得到有效遏制，使影响群众安全感的多发性案件和公共安全事故得到有效防范，人民群众安全感和满意度明显提升，社会更加和谐有序。《北京市国民经济和社会发展第十三个五年规划纲要》提出深化平安北京建设，健全

立体化社会治安防控体系，重点实施公共交通安全技术防范、基层综治服务管理平台、社区警务基础、网络安全管控、社会信用体系、公安安全视频监控建设联网应用、公共安全管理智能技术应用、首都外围治安查控防线等建设工程，着力提升驾驭首都社会治安局势和维护公共安全的能力、水平。《关于全面深化平安北京建设的意见》提出要深化打防管控一体化建设，健全专群结合、点线面结合、网上网下结合、人防物防技防结合的立体化治安防控体系，提高动态化条件下驾驭社会治安局势的能力。

依据上述规定和要求，根据社会治安防控网的不同，将其分为6个子网，根据6个子网在立体化治安防控体系中的不同定位和功能，设置不同的权重。其中"社会面治安防控"指标权重设定为20%，"重点行业治安防控"指标权重设定为10%，"乡镇（街道）和村（社区）治安防控"指标权重设定为10%，"机关、企事业单位内部安全防控"指标权重设定为10%，"信息网络防控"指标权重设定为10%，"首都外围防控"指标权重设定为10%。

此外，"社会治安防控效果"作为衡量社会治安防控网效果的指标，权重占30%。

2. 二级指标及评分标准

（1）社会面治安防控

【设置依据】

《关于加强社会治安防控体系建设的意见》提出要加强社会面治安防控网建设。根据人口密度、治安状况和地理位置等因素，科学划分巡逻区域，优化防控力量布局，加强公安与武警联勤武装巡逻，建立健全指挥和保障机制，完善早晚高峰等节点人员密集场所重点勤务工作机制，减少死角和盲区，提升社会面动态控制能力。加强公共交通安保工作，强化人防、物防、技防建设和日常管理，完善和落实安检制度，加强对公交车站、地铁站、机场、火车站、码头、口岸、高铁沿线等重点部位的安全保卫，严防针对公共交通工具的暴力恐怖袭击和个人极端案（事）件。完善幼儿园、学校、金融机构、商业场所、医院等重点场所安全防范机制，强化重点场所及周边治安综合治理，确保秩序良好。加强对偏远农村、城乡接合部、城中村等社会治安重点地区、重点部位以及各类社会治安突出问题的排查整治。总结推广零命案县（市、区、旗）和刑事案件零发案社区的经验，加强规律性研究，及时发现和处置引发命案和极端事件的苗头性问题，预防和减少重特大案（事）件特别是命案的发生。

【评测方法】

该二级指标下又分为3个三级指标，每个指标单独设计问题。评估数据来源主要是调查问卷，调查问卷主要通过实地发放问卷进行。

【评分标准】

每一份调查问卷的得分由分析数据得出，具体评分标准由分析员确定。调查问卷问题的得分按照标准整合为三级指标的得分，三级指标得分加权和即为二级指标的最终得分。

（2）重点行业治安防控

【设置依据】

《关于加强社会治安防控体系建设的意见》提出要加强重点行业治安防控网建设。切实加强旅馆业、旧货业、公章刻制业、机动车改装业、废品收购业、娱乐服务业等重点行业的治安管理工作，落实法人责任，推动实名制登记，推进治安管理信息系统建设。加强邮件、快件寄递和物流运输安全管理工作，完善禁寄物品名录，建立健全安全管理制度，有效预防利用寄递、物流渠道实施违法犯罪。持续开展治爆缉枪、管制刀具治理等整治行动，对危爆物品采取源头控制、定点销售、流向管控、实名登记等全过程管理措施，严防危爆物品非法流散社会。加强对社区服刑人员、扬言报复社会人员、易肇事肇祸人员、刑满释放人员、吸毒人员、易感染艾滋病病毒危险行为人群等特殊人群的服务管理工作，健全政府、社会、家庭三位一体的关怀帮扶体系，加大政府经费支持力度，加强相关专业社会组织、社会工作人才队伍等建设，落实教育、矫治、管理以及综合干预措施。

【评测方法】

该二级指标下又分为3个三级指标，每个指标单独设计问题。评估数据来源主要是调查问卷，调查问卷主要通过实地发放问卷进行。

【评分标准】

每一份调查问卷的得分由分析数据得出，具体评分标准由分析员确定。调查问卷问题的得分按照标准整合为三级指标的得分，三级指标得分加权和即为二级指标的最终得分。

（3）乡镇（街道）和村（社区）治安防控

【设置依据】

《关于加强社会治安防控体系建设的意见》提出要加强乡镇（街道）和村（社区）治安防控网建设。以网格化管理、社会化服务为方向，健全基层综合服务管理平台，推动社会治安防控力量下沉。把网格化管理列入城乡规划，将人、地、物、事、组织等基本治安要素纳入网格管理范畴，做到信息掌握到位、矛盾化解到位、治安防控到位、便民服务到位。因地制宜确定网格管理职责，纳入社区服务工作或群防群治管理，通过政府购买服务等方式，加强社会治安防控网建设。到2020年，实现全国各县（市、区、旗）的中心城区网格化管理全覆盖。整合各种资源力量，加强基层综合服务管理平台建设，逐步在乡镇（街道）推进建设综治中心，村（社区）以基层综合服务管理平台为依托建立实体化运行机制，强化实战功能，做到矛盾纠纷联调、社会治安联防、重点工作联动、治安突出问题联治、服务管理联抓、基层平安联创。到2020年实现县（市、区、旗）、乡镇（街道）、村（社区）三级综合服务管理平台全覆盖，鼓励有条件的地方提前完成。深化社区警务战略，加强社区（驻村）警务室建设。将治安联防矛盾化解和纠纷调解纳入农村社区建设试点任务。

【评测方法】

评估数据来源包括网络调查和调查问卷两项。网络调查主要通过网络检索、党政官方网站搜索（首都之窗、首都政法综治网等）、官方文件搜集、电话咨询等方式进行。调查问卷主要通过实地发放问卷进行。

【评分标准】

该二级指标下又分为三个三级指标。评估来源包括网络调查和调查问卷两项的三级指标，网络调查部分得分权重为40%，调查问卷得分权重为60%，两者的得分之和即该三级指标的最终得分。是否类的网络调查指标，结果为"是"的得100分，"否"得0分。程度类的网络调查指标，结果分为三档："好"（85～100分）、"中"（60～85分）、"差"（0～60分）。根据纵向年度统计比较，结果分为三档："好"（85～100分）、"中"（60～85分）、"差"（0～60分）。每一个调查问卷的得分由分析数据得出，具体评分标准由分析员确定。三级指标得分加权和即为二级指标的最终得分。

（4）机关、企事业单位内部安全防控

【设置依据】

《关于加强社会治安防控体系建设的意见》提出要加强机关、企事业单位内部安全防控网建设。按照预防为主、突出重点、单位负责、政府监管的原则，进一步加强机关、企事业单位内部治安保卫工作，严格落实单位主要负责人治安保卫责任制，完善巡逻检查、守卫防护、要害保卫、治安隐患和问题排查处理等各项治安保卫制度。加强单位内部技防设施建设，普及视频监控系统应用，实行重要部位、易发案部位全覆盖。加强供水、供电、供气、供热、供油、交通、信息通信网络等关系国计民生基础设施的安全防范工作，全面完善和落实各项安全保卫措施，确保安全稳定。

【评测方法】

评估数据来源包括网络调查和调查问卷两项。网络调查主要通过网络检索、党政官方网站搜索（首都之窗、首都政法综治网等）、官方文件搜集、电话咨询等方式进行，调查问卷主要通过实地发放问卷进行。

【评分标准】

该二级指标下又分为3个三级指标，评估来源包括网络调查和调查问卷。评估来源只有网络调查的三级指标，网络调查的得分即三级指标的最终得分。评估来源只有调查问卷的三级指标，每一个调查问卷的得分由分析数据得出，具体评分标准由分析员确定，调查问卷问题的得分即三级指标的最终得分。三级指标得分加权和即为二级指标的最终得分。

（5）信息网络防控

【设置依据】

《关于加强社会治安防控体系建设的意见》提出加强信息网络防控网建

设，建设法律规范、行政监管、行业自律、技术保障、公众监督、社会教育相结合的信息网络管理体系。加强网络安全保护，落实相关主体的法律责任。落实手机和网络用户实名制，健全信息安全等级保护制度，加强公民个人信息安全保护。深入开展专项整治行动，坚决整治利用互联网和手机媒体传播暴力色情等违法信息及低俗信息。

【评测方法】

评估数据来源包括网络调查和调查问卷两项。网络调查主要通过网络检索、党政官方网站搜索（首都之窗、首都政法综治网等）、官方文件搜集、电话咨询等方式进行，调查问卷主要通过实地发放问卷进行。

【评分标准】

该二级指标下又分为 3 个三级指标，评估来源包括网络调查和调查问卷。评估来源只有网络调查的三级指标，网络调查的得分即三级指标的最终得分。评估来源只有调查问卷的三级指标，每一个调查问卷的得分由分析数据得出，具体评分标准由分析员确定，调查问卷问题的得分即三级指标的最终得分。三级指标得分加权和即为二级指标的最终得分。

（6）首都外围防控

【设置依据】

"护城河工程"即北京、天津、河北、内蒙古、辽宁、山西、山东七省区市启动的保卫首都的安保工程。它是 1996 年以来北京市与周边各省区市围绕维护首都安全稳定建立的地区间联防、联控、联调、联打的工作模式和工作机制，在维护首都地区稳定工作中发挥了多方面的综合效益和重要作用。2009 年 9 月初，在七省区市"护城河工程"工作会议上，七省区市有关领导同志共同签署了《新中国成立 60 周年国庆安保工作"护城河工程"工作协议》。共同协商决定：七省区市共同开辟联络沟通渠道，设立 24 小时联络热线，及时通报情况信息；实施进出京道口安全检查，坚决将各类不安定因素挡在京门之外；启动矛盾纠纷联动处置机制，将矛盾纠纷解决在当地；建立省区市间警务协作，有效遏制跨区域犯罪；落实流动人口服务管理措施，实现对可能危及国庆安全的人员的有效掌控；加大危险物品监管检查和涉危案件的查处力度，严防危险物品流入北京；加大公共安全管理力度，确保公共危机事件得到迅速处置。

"环京护城河工程"有三道防线，其中第一道防线以环京区域为重点，以"环京护城河工程"为中心，以社会治安综合治理工作为支撑，设置20余个检查站、近40个临时卡、140余个乡村道路卡点。严格按照"交警拦车疏导、巡警检查核录、武警武装震慑、辅警密切配合"的模式，落实24小时勤务查控机制，全面加强对进京路口、重要设施、重点部位的安全保卫，加强对人、事、物、地四个方面的依法管理，加强对违法犯罪行为的严厉打击，加强对矛盾纠纷、稳定隐患的源头控制。同时，充分依托"7+7"区域警务合作机制，强化与周边省区市的信息互通和协调联动。

首都外围检查站发挥着"防火墙"过滤筛查的重要作用，全体执勤人员不畏辛苦、不舍昼夜，认真开展检查核录、防范处置等各项工作，将各类危险因素发现、控制、阻拦在京门之外。各级领导在视察时也提出要严密检查措施，围绕人、车、物等关键因素，创新完善检查站各项工作机制，并采取加大搜毒搜爆警犬投入力度等举措，织严织密防控网络。加强协同配合，依托属地党委、政府，充分整合综治、交通、治安志愿者等力量，并加强同相邻津冀公安检查站的协作，坚持统一标准、一体运行、细化分工、落实责任，确保形成最大合力。要注重方式方法，坚持严格规范公正文明执法，同步加快科技手段建设应用，最大限度减少对群众出行影响，实现保安全、保秩序、保畅通的有机统一。强化队伍教育管理，做深做细战时思想政治工作，在科学安排勤务等方面，多想办法、多出实招，确保队伍始终保持旺盛战斗力。

【评测方法】

评估数据来源包括网络调查和调查问卷两项。网络调查主要通过网络检索、党政官方网站搜索（首都之窗、首都政法综治网等）、官方文件搜集、电话咨询等方式进行，调查问卷主要通过实地发放问卷进行。

【评分标准】

该二级指标下又分为3个三级指标，评估来源包括网络调查和调查问

卷。评估来源只有网络调查的三级指标，网络调查的得分即三级指标的最终得分。评估来源只有调查问卷的三级指标，每一个调查问卷的得分由分析数据得出，具体评分标准由分析员确定，调查问卷问题的得分即三级指标的最终得分。三级指标得分加权和即为二级指标的最终得分。

（7）社会治安防控效果

【设置依据】

警情和案件数量是对危害个人或公共安全事件的客观统计，体现了社会违法犯罪的数量和类别。警情数量的统计数据，是衡量一个地区治安以及社会稳定的重要标准之一，是体现社会治安状况的重要指标。2002年公安部《关于改革和加强公安派出所工作的决定》要求努力实现"发案少、秩序好、社会稳定、群众满意"的工作目标。发案数量是公安工作的直接目标之一。此外，社会秩序是否有序、正常，发案率是否持续下降，社会环境是否稳定、和谐，人民群众是否满意，安全感和幸福感是否上升，更重要的直接相关因素是有关违法犯罪的指标，而警情和案件数量就是衡量违法犯罪的重要标准。治安、刑事警情数量，治安、刑事案件数量是警情和案件数量的重要组成部分，它们共同构成了社会治安防控效果。

【评测方法】

数据统计主要通过统计年鉴查询和网络检索进行。

【评分标准】

该二级指标下又分为4个三级指标。评估来源只有数据统计的三级指标，数据统计的得分即三级指标的最终得分，具体评分标准由评测员确定。三级指标得分加权和即为二级指标的最终得分。

二　总体评估结果分析

（一）二级指标得分

每项三级指标总分均为100分，根据三级指标占二级指标的权重将二级指标包含的三级指标得分累加即该二级指标的得分。

如表2所示，二级指标得分分别为："社会面治安防控"得80.33分，"重点行业治安防控"得81.23分，"乡镇（街道）和村（社区）治安防控"得54.17分，"机关、企事业单位内部安全防控"得85.80分，"信息网络防控"得81.61分，"首都外围防控"得91.17分，"社会治安防控效果"得90分。

（二）一级指标得分

每项二级指标总分均为100分，根据二级指标占一级指标的权重将一级指标包含的二级指标得分累加即该一级指标的得分。

根据上面所述的二级指标得分和权重，计算"社会治安防控"一级指标得分为 $80.33 \times 20\% + 81.23 \times 10\% + 54.17 \times 10\% + 85.80 \times 10\% + 81.61 \times 10\% + 91.17 \times 10\% + 90 \times 30\% = 82.46$（分）。

表2　"社会治安防控"各指标得分

一级指标（得分）	二级指标（得分）	三级指标（得分）
社会治安防控（82.46分）	社会面治安防控（80.33分）	街面巡逻防控情况（70.22分）
		公共交通场所防控情况（92.44分）
		学校、单位、银行、医院防控情况（81.71分）
	重点行业治安防控（81.23分）	旅馆业、印章业等行业、场所治安管理情况（85.39分）
		物流寄递业安全管理情况（58.85分）
		枪支、管制刀具、危爆物品管理情况（98.07分）
	乡镇（街道）和村（社区）治安防控（54.17分）	网格化管理情况（70.95分）
		综合管理服务平台建设情况（35.72分）
		社区警务实施情况（50.26分）
	机关、企事业单位内部安全防控（85.80分）	单位治保制度建设情况（85分）
		单位视频监控系统普及应用情况（77.67分）
		水电气热等基础设施运营单位安全防范情况（95分）
	信息网络防控（81.61分）	信息网络管理制度建设情况（95分）
		手机网络实名制落实情况（95分）
		个人信息安全保护情况（50.38分）

续表

一级指标(得分)	二级指标(得分)	三级指标(得分)
社会治安防控 (82.46分)	首都外围防控(91.17分)	多元勤务查控机制建设情况(95分)
		环京外围公安检查站覆盖情况(82.22分)
		首都外围防控效果(95分)
	社会治安防控效果(90分)	刑事警情数量(90分)
		治安警情数量(90分)
		刑事案件数量(立案、结案)(90分)
		治安案件数量(立案、结案)(90分)

三　指标评估结果分析

（一）社会面治安防控

本指标有 3 个三级指标，分别为"街面巡逻防控情况""公共交通场所防控情况""学校、单位、银行、医院防控情况"。

1. 街面巡逻防控情况

（1）问卷调查评估结果

针对该指标设计了两个问题，问题一是"所居住社区之外的乡镇或街道中会经常看到戴有红袖标的治安志愿者吗？"对该问题回答"经常看到"的占 51.71%，回答"偶尔看到"的占 41.20%，回答"看不到"的占 7.09%。"经常看到"赋值 100 分，"偶尔看到"赋值 50 分，"看不到"赋值 0 分，因此该问题总分为 72.31 分。

问题二是"所居住的街道或乡镇中会经常见到警察或警车吗？"对该问题回答"经常看到"的占 43.33%，回答"偶尔看到"的占 49.58%，回答"看不到"的占 7.08%。"经常看到"赋值 100 分，"偶尔看到"赋值 50 分，"看不到"赋值 0 分，因此该问题总分为 68.12 分。

上述两项分数取平均值，得调查问卷项得分为 70.22 分。

（2）该三级指标评估得分

该三级指标评估来源只有调查问卷，调查问卷得分即为最终得分，因此该三级指标得分为 70.22 分。

2. 公共交通场所防控情况

（1）问卷调查评估结果

针对该指标设计了 5 个问题，问题一是"您认为北京市下列交通场站的安防力量是否充足——地铁站？"回答"地铁站力量充足"的占有效回答的 95.55%，回答"地铁站力量充足"的得分为 100 分，因此该问题得分为 95.55 分。

问题二是"您认为北京市下列交通场站的安防力量是否充足——公交站？"回答"公交站力量充足"的占有效回答的 82.64%，回答"公交站力量充足"的得分为 100 分，因此该问题得分为 82.64 分。

问题三是"您认为北京市下列交通场站的安防力量是否充足——火车站？"回答"火车站力量充足"的占有效回答的 95.47%，回答"火车站力量充足"的得分为 100 分，因此该问题得分为 95.47 分。

问题四是"您认为北京市下列交通场站的安防力量是否充足——汽车站？"回答"汽车站力量充足"的占有效回答的 90.13%，回答"汽车站力量充足"的得分为 100 分，因此该问题得分为 90.13 分。

问题五是"您认为北京市下列交通场站的安防力量是否充足——飞机场？"回答"飞机场力量充足"的占有效回答的 98.39%，回答"飞机场力量充足"的得分为 100 分，因此该问题得分为 98.39 分。

上述 5 项分数取平均值，计算得出调查问卷该项总分为 92.44 分。

（2）该三级指标评估得分

该三级指标评估来源只有调查问卷，调查问卷得分即为最终得分，因此该三级指标得分为 92.44 分。

3. 学校、单位、银行、医院防控情况

（1）问卷调查评估结果

针对该指标设计了两个问题，问题一是"您认为北京市医院的整体安

全防范能力如何？"对该问题回答"强"的占 45.08%，对该问题回答"一般"的占 52.00%，对该问题回答"弱"的占 2.92%。对该问题回答"强"的赋值 100 分，对该问题回答"一般"的赋值 50 分，对该问题回答"弱"的赋值 0 分。因此该问题的总分为 71.08 分。

问题二是"据您了解，您或您亲属的孩子在校园当中是否存在下列安全问题？"该问题根据孩子所处的校园类型，又分为幼儿园、中小学、大学三类，另外还有一个适用于所有学校的问题。

对于孩子在幼儿园的情况，问题一是"教师等工作人员是否有虐待学生的行为"，对该问题回答"否"的占 98.97%，对该问题回答"是"的占 1.03%；问题二是"是否有猥亵儿童的行为"，对该问题回答"否"的占 98.97%，对该问题回答"是"的占 1.03%；问题三是"校园食品是否安全"，对该问题回答"否"的占 90.77%，对该问题回答"是"的占 9.23%；问题四是"校园基础设施是否安全"，对该问题回答"否"的占 96.41%，对该问题回答"是"的占 3.59%；问题五是"在上学期间是否走失"，对该问题回答"否"的占 98.45%，对该问题回答"是"的占 1.55%。上述问题回答"是"的赋值 100 分，回答"否"的赋值 0 分。因此，对于孩子在幼儿园的问题的回答总分为（98.97 + 98.97 + 90.77 + 96.41 + 98.45）÷ 5 = 96.71（分）。

对于孩子在中小学的情况，问题一是"是否有校园斗殴、欺凌行为"，对该问题回答"否"的占 88.46%，对该问题回答"是"的占 11.54%；问题二是"是否有教师体罚学生的行为"，对该问题回答"否"的占 97.92%，对该问题回答"是"的占 2.08%；问题三是"是否有性侵或者性骚扰行为"，对该问题回答"否"的占 99.11%，对该问题回答"是"的占 0.89%；问题四是"是否有校园周边文化娱乐场所引起的不安全问题"，对该问题回答"否"的占 91.69%，对该问题回答"是"的占 8.31%；问题五是"是否有校园盗窃行为"，对该问题回答"否"的占 92.86%，对该问题回答"是"的占 7.14%；问题六是"是否有校园欺诈行为"，对该问题回答"否"的占 97.63%，对该问题回答"是"的占 2.37%；问题七是

"是否有心理健康危机"，对该问题回答"否"的占 90.80%，对该问题回答"是"的占 9.92%；问题八是"是否有食品安全风险"，对该问题回答"否"的占 94.35%，对该问题回答"是"的占 5.65%；问题九是"是否存在校园基础设施安全问题"，对该问题回答"否"的占 97.31%，对该问题回答"是"的占 2.69%；问题十是"在上学期间是否走失"，对该问题回答"否"的占 99.09%，对该问题回答"是"的占 0.91%。上述问题回答"是"的赋值 100 分，回答"否"的赋值 0 分。因此，对于孩子在中小学的问题的回答总分为（88.46 + 97.92 + 99.11 + 91.69 + 92.86 + 97.63 + 90.80 + 94.35 + 97.31 + 99.09）÷10 = 94.92（分）。

对于孩子在大学的情况，问题一是"是否有校园斗殴、欺凌行为"，对该问题回答"否"的占 91.04%，对该问题回答"是"的占 8.96%；问题二是"是否有性侵或性骚扰问题"，对该问题回答"否"的占 88.81%，对该问题回答"是"的占 11.19%；问题三是"是否有校外文化娱乐场所引起的不安全问题"，对该问题回答"否"的占 74.63%，对该问题回答"是"的占 25.37%；问题四是"是否有校园盗窃行为"，对该问题回答"否"的占 69.40%，对该问题回答"是"的占 30.60%；问题五是"是否有校园欺诈行为"，对该问题回答"否"的占 79.85%，对该问题回答"是"的占 20.15%；问题六是"是否有人际关系危机"，对该问题回答"否"的占 69.40%，对该问题回答"是"的占 30.60%；问题七是"是否有心理健康危机"，对该问题回答"否"的占 78.36%，对该问题回答"是"的占 21.64%；问题八是"是否有国外敌对势力渗透"，对该问题回答"否"的占 93.28%，对该问题回答"是"的占 6.72%；问题九是"是否涉及邪教问题"，对该问题回答"否"的占 94.78%，对该问题回答"是"的占 5.22%；问题十是"是否有传销"，对该问题回答"否"的占 92.54%，对该问题回答"是"的占 7.46%；问题十一是"是否涉黄"，对该问题回答"否"的占 88.06%，对该问题回答"是"的占 11.94%；问题十二是"是否涉赌"，对该问题回答"否"的占 93.28%，对该问题回答"是"的占 6.72%；问题十三是"是否涉毒"，对该问题回答"否"的占 94.03%，对

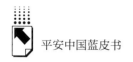
该问题回答"是"的占 5.97% ；问题十四是"是否有校园食品安全问题"，对该问题回答"否"的占 82.09% ，对该问题回答"是"的占 17.91% ；问题十五是"是否有校园基础设施安全问题"，对该问题回答"否"的占 90.91% ，对该问题回答"是"的占 9.09% 。上述问题回答"是"的赋值 100 分，回答"否"的赋值 0 分。因此，对于孩子在大学的问题的回答总分为 $(91.04 + 88.81 + 74.63 + 69.40 + 79.85 + 69.40 + 78.36 + 93.28 + 94.78 + 92.54 + 88.06 + 93.28 + 94.03 + 82.09 + 90.91) \div 15 = 85.36$ （分）。

上述三项分数取平均值，得"您或您亲属的孩子在校园当中是否存在下列安全问题"得分为 $(96.71 + 94.92 + 85.36) \div 3 = 92.33$ （分）。

上述两项分数取平均值，计算得出调查问卷该项总分为 81.71 分。

（2）该三级指标评估得分

该三级指标评估来源只有调查问卷，调查问卷得分即为最终得分，因此该三级指标得分为 81.71 分。

4. 该二级指标得分

"街面巡逻防控情况"三级指标所占权重为 40% ，"公共交通场所防控情况"三级指标所占权重为 30% ，"学校、单位、银行、医院防控情况"三级指标所占权重为 30% 。因此，该二级指标得分为 $70.22 \times 40\% + 92.44 \times 30\% + 81.71 \times 30\% = 80.33$ （分）。

（二）重点行业治安防控

本指标有 3 个三级指标，分别为"旅馆业、印章业等行业、场所治安管理情况""物流寄递业安全管理情况""枪支、管制刀具、危爆物品管理情况"。本指标网络调查的标准是北京市委发布的有关平安建设的规范性文件、北京市公安局关于特种行业管理的文件等，特别是考察北京市旅馆业、印章业、典当业等治安管理特种行业治安管理工作的现状；北京市公安局关于物流寄递业管理的文件、举措等，特别是考察北京市物流寄递业的治安管理工作的现状；北京市公安局、北京市安监局等关于枪支、管制刀具、危爆物品管理的文件、举措等，特别是考察北京市公安机关对枪支、管制刀具、危爆物品的管理规范及安全治理工作。

1. 旅馆业、印章业等行业、场所治安管理情况

（1）问卷调查评估结果

针对该指标设计了两个问题，问题一即"旅店执行登记旅客信息情况如何？"对该问题回答"所有入住人员均严格登记"的占 54.70%，回答"同行人员一人或少数人登记"的占 3.83%，回答"无须登记"的占 0.17%，回答"没住过"的占 41.30%。对该问题回答"所有入住人员均严格登记"的赋值 100 分，回答"同行人员一人或少数人登记"的赋值 50 分，回答"无须登记"的赋值 0 分，回答"没住过"的不算有效回答。因此，对该问题回答的分数为 96.45 分。

问题二即"进入歌厅或舞厅时有无遇见过纠纷？"对该问题回答"遇见过"的占 10.25%，回答"没有遇见过"的占 29.67%，回答"没进过歌厅或舞厅"的占 60.08%。对该问题回答"遇见过"的赋值 0 分，回答"没有遇见过"的赋值 100 分，回答"没进过歌厅或舞厅"的不算有效回答。因此，对该问题回答的分数为 74.32 分。

上述两项分数取平均值，计算得出调查问卷该项总分为 85.39 分。

（2）该三级指标评估得分

该三级指标评估来源只有调查问卷，调查问卷得分即为最终得分，因此该三级指标得分为 85.39 分。

2. 物流寄递业安全管理情况

（1）问卷调查评估结果

针对该指标设计了两个问题，问题一是"在北京邮寄快递时是否现场检查邮寄物品？"对该问题回答"全部会检查"的占 25.58%，回答"大多数会检查"的占 27.17%，回答"检查与否比例相当"的占 2.25%，回答"偶尔检查"的占 12.17%，回答"不检查"的占 11.58%，回答"未邮寄"的占 21.25%。回答"全部会检查"的赋值 100 分，回答"大多数会检查"的赋值 75 分，回答"检查与否比例相当"的赋值 50 分，回答"偶尔检查"的赋值 25 分，回答"不检查"的赋值 0 分，回答"未邮寄"的不算有效回

答。因此，对该问题回答的分数为63.66分。

问题二是"在北京邮寄快递时是否要求提供身份证件？"对该问题回答"全部会要求"的占25.42%，回答"大多数会要求"的占18.39%，回答"要求与否比例相当"的占1.84%，回答"偶尔要求"的占11.87%，回答"不要求"的占22.24%，回答"未邮寄"的占20.23%。对该问题回答"全部会要求"的赋值100分，回答"大多数会要求"的赋值75分，回答"要求与否比例相当"的赋值50分，回答"偶尔要求"的赋值25分，回答"不要求"的赋值0分，回答"未邮寄"的不算有效回答。因此，对该问题回答的分数为54.04分。

上述两项分数取平均值，计算得出调查问卷该项总分为58.85分。

（2）该三级指标评估得分

该三级指标评估来源只有调查问卷，调查问卷得分即为最终得分，因此该三级指标得分为58.85分。

3. 枪支、管制刀具、危爆物品管理情况

（1）问卷调查评估结果

针对该指标设计了三个问题。问题一是"有没有在北京见到过有人携带下列危险物品——枪支？"对该问题回答"没有"的占98.49%，回答"有"的占1.51%。对该问题回答"没有"的赋值100分，回答"有"的赋值0分。因此，对该问题回答的分数为98.49分。

问题二是"有没有在北京见到过有人携带下列危险物品——管制刀具？"对该问题回答"没有"的占97.65%，回答"有"的占2.35%。对该问题回答"没有"的赋值100分，回答"有"的赋值0分。因此，对该问题回答的分数为97.65分。

问题三是"有没有在北京见到过有人携带下列危险物品——危爆物品？"对该问题回答"没有"的占98.07%，回答"有"的占1.93%。对该问题回答"没有"的赋值100分，回答"有"的赋值0分。因此，对该问题回答的分数为98.07分。

上述三项分数取平均值，计算得出调查问卷该项总分为98.07分。

（2）该三级指标评估得分

该三级指标评估来源只有调查问卷，调查问卷得分即为最终得分，因此该三级指标得分为 98.07 分。

4. 该二级指标得分

"旅馆业、印章业等行业、场所治安管理情况"三级指标所占权重为 40%，"物流寄递业安全管理情况"三级指标所占权重为 30%，"枪支、管制刀具、危爆物品管理情况"三级指标所占权重为 30%。因此，该二级指标得分为 $85.39 \times 40\% + 58.85 \times 30\% + 98.07 \times 30\% = 81.23$（分）。

（三）乡镇（街道）和村（社区）治安防控

本指标有 3 个三级指标，分别为"网格化管理情况""综合管理服务平台建设情况""社区警务实施情况"。本指标网络调查的标准是北京市委发布的有关平安建设的规范性文件，北京市"十三五"规划，以及北京市社会建设办公室、北京市公安局和北京市城市管理委等关于网格化管理的文件等，特别是考察北京市网格化管理工作的落实情况。还关注关于综合管理服务平台的文件、新闻报道等，特别是考察北京市综合管理服务平台的建设情况及覆盖范围。此外，关注关于基层社区管理的工作报告、新闻报道等，特别是考察北京市社区警务的建设情况及工作机制。

1. 网格化管理情况

（1）网络调查评估结果

针对网格化管理指标，有如下文件和报道。

北京市制定了《北京市城市服务管理网格化体系建设基本规范（试行）》《关于加强网格化工作督导员队伍建设的工作方案》《关于加强北京市城市服务管理网格化体系建设的意见》《关于在全市开展吸毒人员网格化服务管理工作的实施意见》等文件，通州区出台《关于深入推进网格化治理体系建设的实施意见》。

据《我市积极创新"小巷管家"新模式》报道，北京市自 2018 年起，在全市推广建立"小巷管家"志愿服务队伍，全市 249 个街道及试点乡镇

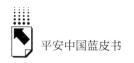

共招募 35950 名"小巷管家",各区累计培训 4 万余人次,上岗巡访时长 454 万小时,累计处理解决事项 56.8 万余件,其中随手解决事项 47.2 万件、上报协调解决事项 9.6 万件。2018 年,全市评选出 231 名优秀"小巷管家"作为先进典型。本市交通、城管、劳动保障、卫生健康等多个部门都向街道层级派驻了协管员。《北京市社区"网格化"2017 年底搭建完毕》报道称,协管员隶属于各个部门,缺乏统一协调,无法形成合力。根据北京"十三五"时期社会治理规划,本市将建立健全协管员队伍总量控制、准入与退出、待遇保障等机制,逐步建成一支结构合理、素质较高、管理规范、工作高效的协管员队伍,2020 年协管员将统一归街道管。《北京市网格化 E 通车正式上线运行》报道称,目前,全市共划分 3.65 万个基础网格,配备各类网格员 18.1 万人,其中专职 1.26 万人,已有 8 万余名专兼职网格员信息纳入 E 通车平台。2017 年,全市 16 个区网格化信息系统共接报各类事件 554.46 万件,解决 520.40 万件,在加强城市管理、完善社会服务、创新社会治理、促进和谐稳定中发挥越来越重要的作用。

从以上检索信息可以看出,北京市已经对网格化管理制定了规范性文件,确立了标准,并且建立了工作程序,在人员配置和信息化平台方面也有进展。因此,本指标网络调查得 85 分。

(2)问卷调查评估结果

针对该指标设计了一个问题,即"所居住的社区是否设有负责主体?"又分为 3 个小问题。

其一是"是否设有物业公司?"对该问题回答"有"的占 69.28%,回答"没有"的占 20.03%,回答"不清楚"的占 10.69%。对该问题回答"有"的赋值 100 分,回答"没有"的赋值 0 分,回答"不清楚"的不算有效回答。因此,对该问题回答的分数为 77.57 分。

其二是"是否设有业主委员会?"对该问题回答"有"的占 45.05%,回答"没有"的占 30.54%,回答"不清楚"的占 24.41%。对该问题回答"有"的赋值 100 分,回答"没有"的赋值 0 分,回答"不清楚"的不算有效回答。因此,对该问题回答的分数为 59.60 分。

其三是"是否设有网格长?"对该问题回答"有"的占 27.04%，回答"没有"的占 29.81%，回答"不清楚"的占 43.16%。对该问题回答"有"的赋值 100 分，回答"没有"的赋值 0 分，回答"不清楚"的不算有效回答。因此，对该问题回答的分数为 47.56 分。

上述三项分数取平均值，计算得出调查问卷该项总分为 61.58 分。

（3）该三级指标评估得分

该三级指标评估来源包括网络调查和调查问卷两项，网络调查部分得分权重为 40%，调查问卷得分权重为 60%，两者的得分之和即最终得分。因此，该三级指标得分为 85 × 40% + 61.58 × 60% = 70.95 分。

2. 综合管理服务平台建设情况

（1）问卷调查评估结果

针对该指标设计了一个问题，即"是否通过政府网络服务平台办理过就业、劳动、社会保障、治安管理或医疗卫生等相关业务?"对该问题回答"办过"的占 35.72%，回答"没办过"的占 64.28%。对该问题回答"办过"的赋值 100 分，回答"没办过"的赋值 0 分。因此，对该问题回答的分数为 35.72 分。

（2）该三级指标评估得分

该三级指标评估来源只有调查问卷的数据，调查问卷问题的得分即该指标的最终得分，因此该三级指标得分为 35.72 分。

3. 社区警务实施情况

（1）问卷调查评估结果

针对该指标设计了两个问题，问题一是"所居住社区的社区警务室开放的频率?"对该问题回答"经常开放"的有效回答占 39.88%，回答"偶尔开放"的有效回答占 22.06%，回答"不开放"的有效回答占 6.83%。对该问题回答"经常开放"的赋值 100 分，回答"偶尔开放"的赋值 50 分，回答"不开放"的赋值 0 分。因此，对该问题回答的分数为 74.03 分。

问题二是"所居住的社区中社区民警是否曾经去家里入户调查或走访?"对该问题回答"是"的占 26.48%，回答"否"的占 73.52%。对该

问题回答"是"的赋值 100 分，回答"否"的赋值 0 分。因此，对该问题回答的分数为 26.48 分。

上述两项分数取平均值，计算得出调查问卷该项总分为 50.26 分。

（2）该三级指标评估得分

该三级指标评估来源只有调查问卷的数据，调查问卷问题的得分即该指标的最终得分，因此该三级指标得分为 50.26 分。

4. 该二级指标的得分

"网格化管理情况"三级指标所占权重为 40%，"综合管理服务平台建设情况"三级指标所占权重为 30%，"社区警务实施情况"三级指标所占权重为 30%。因此，该二级指标得分为 $70.95 \times 40\% + 35.72 \times 30\% + 50.26 \times 30\% = 54.17$（分）。

（四）机关、企事业单位内部安全防控

本指标有 3 个三级指标，分别为"单位治保制度建设情况""单位视频监控系统普及应用情况""水电气热等基础设施运营单位安全防范情况"。

本指标网络调查的标准是北京市委、北京市公安局、北京市城市管理委、北京市安全监管局等部门发布的有关平安建设的规范性文件、媒体报道、会议等材料以及北京市"十三五"规划等，考察北京市单位内部负责人制度、巡逻检查、守卫防护、要害保卫、治安隐患和问题排查处理等制度建设情况，北京市单位内部视频监控系统的普及应用情况，以及北京市水电气热等基础设施运营单位安全防范情况。

1. 单位治保制度建设情况

（1）网络调查评估结果

北京市政府、安监局、公安局等部门制定了《北京市单位内部重点防范部位安全保卫规定》《北京市生产安全事故隐患排查治理办法》《北京市楼宇内生产经营单位安全生产规范（试行）》《北京市单位内部重点防范部位安全保卫规定》等规范性文件。

针对机关、企事业单位内部安全防控，《北京市生产经营单位安全生产

主体责任规定》已经于 2019 年 4 月 16 日第 32 次市政府常务会议审议通过，5 月 30 日由陈吉宁市长签发，以第 285 号市政府令的形式公布，自 2019 年 7 月 15 日起施行。该规定不仅有利于单位内部的安全生产顺利进行，也能够间接促进生产经营企业的内部治安保卫工作。

从以上检索信息可以看出，北京市已经对机关、企事业单位内部安全防控制定了规范性文件，确立了标准，并且建立了工作程序。因此，本指标得 85 分。

（2）该三级指标评估得分

该三级指标评估来源只有网络调查资料，网络调查的得分即该指标的最终得分，因此该三级指标得分为 85 分。

2. 单位视频监控系统普及应用情况

（1）问卷调查评估结果

针对该指标设计了一个问题，该问题是"所在单位的视频监控体系是否有效运行？"对该问题回答"非常有效"的占 37.56%，回答"比较有效"的占 43.19%，回答"一般"的占 13.73%，回答"不太有效"的占 3.40%，回答"无效"的占 2.11%。对该问题回答"非常有效"的赋值 100 分，回答"比较有效"的赋值 75 分，回答"一般"的赋值 50 分，回答"不太有效"的赋值 25 分，回答"无效"的赋值 0 分。因此，该问题的得分即调查问卷项得分为 77.67 分。

（2）该三级指标评估得分

该三级指标评估来源只有调查问卷的数据，调查问卷问题的得分即该指标的最终得分，因此该三级指标得分为 77.67 分。

3. 水电气热等基础设施运营单位安全防范情况

（1）网络调查评估结果

针对水电气热等基础设施运营单位安全防范情况，有如下文件和报道。2018 年，北京市城市管理委员会制定了《关于进一步加强我市石油天然气管道保护工作的意见》。《北京市发布"十三五"时期城市管理发展规划》报道称，未来 5 年的主要任务围绕市政公用、环境卫生、城市容貌、综合协

调管理与安全运行、综合支撑保障 5 个方面来确定。为强化落实国家重要战略部署，规划编制了专门的篇章，制定了具体的任务来落实京津冀协同发展、生态文明建设、城乡协调发展、深化改革与依法行政。《北京电网负荷创历史新高，国网北京电力多项举措确保电网供电可靠》报道称，为了保证北京电网运行平稳和居民正常生活用电，国网北京电力于 7 月 31 日早 8 时启动电网大负荷预警Ⅲ级应急响应，开启所有应急指挥系统，北京电力两级调控人员密切跟踪电网负荷走势，加强对重载设备的运行监视，提前调整电网运行方式；根据电网设备负荷增长，增强电力设备巡视力量，缩短设备巡视周期；应急抢险队伍、人员全部上岗就位，随时应对各类突发电力故障。《建立排查系统揪隐患》报道称，从 2015 年起，燃气管线占压消隐工作被列入市政府折子工程进行督办，东城、西城、朝阳等 11 个区共汇总统计了 681 处隐患点，3 年之内全部消除。

从以上检索信息可以看出，北京市已经建立了基础设施安全运营制度，对有关薄弱地区和环节持续展开安全检查和清理整顿活动。因此，本指标得95 分。

（2）该三级指标评估得分

该三级指标评估来源只有网络调查的数据，网络调查问题的得分即该指标的最终得分，因此该三级指标得分为 95 分。

4. 该二级指标的得分

"单位治保制度建设情况"三级指标所占权重为 40%，"单位视频监控系统普及应用情况"三级指标所占权重为 30%，"水电气热等基础设施运营单位安全防范情况"三级指标所占权重为 30%。因此，该三级指标得分为 $85 \times 40\% + 77.67 \times 30\% + 95 \times 30\% = 85.80$ 分。

（五）信息网络防控

本指标有 3 个三级指标，分别为"信息网络管理制度建设情况""手机网络实名制落实情况""个人信息安全保护情况"。本指标网络调查的标准是北京市委、网监部门等发布的有关信息网络管理制度建设的规范性文件、报道、相关调查报告等，考察北京市信息网络管理制度建设情况、手机网络实名制落实情况和个人信息安全保护情况。

1. 信息网络管理制度体系建设情况

（1）网络调查评估结果

针对信息网络管理制度建设情况，有如下文件和报道。《公安机关互联网安全监督检查规定》已于2018年实施。《北京市落实2018网络市场监管专项行动（网剑行动）实施方案》要求坚持新发展理念，强化创新驱动，以抓好"三件大事"、打好"三大攻坚战"为统领，以开展网剑行动为抓手，以打击网络侵权假冒、刷单炒信、虚假宣传、虚假违法广告等违法行为和落实平台责任、规范格式合同为重点，全面实现网络市场全流程、全链条精准监管，有效遏制互联网领域突出违法问题，为构建与首都城市战略定位相适应的现代化经济体系保驾护航。2018年8月，由中央网信办违法和不良信息举报中心主办、新华网承办的中国互联网联合辟谣平台在北京正式上线。《"净网2018"专项行动　北京破获涉网案件6600余起》报道称，全局相关警种部门认真贯彻公安部"净网2018"专项行动的部署要求，始终保持对网上突出违法犯罪主动进攻、高压震慑的打击势头，共破获各类涉网案件6600余起，抓获涉案嫌疑人3100余名。首都网警网上巡查执法源于2011年，在全国首创网警巡查执法工作模式。2015年，公安部将"首都网警"工作模式向全国公安机关推广，在全国范围内建立网警常态化公开巡查执法机制。

从以上检索信息可以看出，北京市已经通过了有关信息网络安全的地方性法规，建立了网络安全防范机制，开展了网上打击违法犯罪活动。因此，本指标得95分。

（2）该三级指标评估得分

该三级指标的评估来源只有网络调查文本，网络调查的得分即该指标的最终得分，因此该三级指标得分为95分。

2. 手机网络实名制落实情况

（1）网络调查评估结果

针对手机网络实名制落实情况，有如下文件和报道。《北京市通信管理局开展基础企业物联网卡和手机实名制工作集中检查》称，2018年7月，按照工信部的统一部署，北京市通信管理局对北京地区基础电信企业物联网行业卡及电话用户实名登记管理工作进行了为期三天的集中式监督检查。2016年5月，工信部下发《进一步做好电话用户真实身份信息登记工作的通知》（工信部网安〔2016〕182号），要求各基础电信企业确保在2016年12月31日前本企业全部电话用户实名率达到95%以上，2017年6月30日前全部电话用户实现实名登记。对在规定的时间内未补办登记手续的用户，基础电信企业要暂停其通信服务。

从以上检索信息可以看出，北京市已经基本落实了个人手机实名制。因此，本指标得95分。

（2）该三级指标评估得分

该三级指标评估来源只有网络调查的数据，网络调查的得分即该指标的最终得分，因此该三级指标得分为95分。

3. 个人信息安全保护情况

（1）问卷调查评估结果

针对该指标设计了一个问题，该问题是"最近一年个人信息是否发生过被泄露的情况？"对该问题回答"经常被泄露"的占29.77%，回答"偶尔有泄露"的占39.72%，回答"未泄露"的占30.52%。对该问题回答"经常被泄露"的赋值0分，回答"偶尔有泄露"的赋值50分，回答"未泄露"的赋值100分。因此，该问题的得分即调查问卷项得分为50.38分。

（2）该三级指标评估得分

该三级指标评估来源只有调查问卷的数据，调查问卷问题的得分即该指标的最终得分，因此该三级指标得分为50.38分。

4. 该二级指标的得分

"信息网络管理制度建设情况"三级指标所占权重为40%，"手机网络实名制落实情况"三级指标所占权重为30%，"个人信息安全保护情况"三级指标所占权重为30%。因此，该二级指标得分为 $95 \times 40\% + 95 \times 30\% + 50.38 \times 30\% = 81.61$（分）。

（六）首都外围防控

本指标有 3 个三级指标，分别为"多元勤务查控机制建设情况""环京外围公安检查站覆盖情况""首都外围防控效果"。本指标网络调查的标准是北京市委、北京市公安局、北京市公交总队等发布的有关勤务制度的文件、新闻报道以及百度搜索等，考察北京市外围多元勤务查控机制建设情况、环京外围公安检查站覆盖情况以及北京外围防控效果。

1. 多元勤务查控机制建设情况

（1）网络调查评估结果

针对多元勤务查控机制情况，有如下报道。《京津冀八地启动公安警务联防合作机制 实现常态协作互助》报道称，2017 年，平谷、蓟州、三河、兴隆召开京津冀京东四地警务合作会议，共同会商研究高峰论坛安保警务协作工作，并签订了《京东四地区域警务合作框架协议》。《北京"五结合"织密立体治安防控体系》报道称，据统计，永乐店检查站 2017 年全年查获各类违法嫌疑人员 620 余人。而像永乐站这样的进京检查站，北京目前共有 56 个。

从以上检索信息可以看出，北京市已经建立了外围防控网，与环京地区建立了多元协作查控机制。因此，本指标得 95 分。

（2）该三级指标评估得分

该三级指标评估来源只有网络调查的数据，网络调查的得分即该指标的最终得分，因此该三级指标得分为 95 分。

2. 环京外围公安检查站覆盖情况

（1）问卷调查评估结果

针对该指标设计了一个问题，该问题是"自驾或乘坐车辆进京时是否接受过交通卡口的治安检查？"对该问题回答"全部检查"的有效回答占55.17%，对该问题回答"大部分检查"的有效回答占 30.35%，对该问题回答"检查不检查各占一半"的有效回答占 5.22%，对该问题回答"偶尔检查"的有效回答占 6.17%，对该问题回答"不检查"的有效回答占

2.56%。对该问题回答"全部检查"的赋值100分，对该问题回答"大部分检查"的赋值75分，对该问题回答"检查不检查各占一半"的赋值50分，对该问题回答"偶尔检查"的赋值25分，对该问题回答"不检查"的赋值0分。因此，该问题的得分即调查问卷项得分为82.22分。

（2）该三级指标评估得分

该三级指标评估来源只有调查问卷的数据，调查问卷问题的得分即该指标的最终得分，因此该三级指标得分为82.22分。

3. 首都外围防控效果

（1）网络调查评估结果

针对首都外围防控效果，有如下报道。《市公安局外围检查站，多举措全力应对春节返京高峰》报道称，2016年春节期间，外围防线共检查进京车辆48.9万余辆，人员75.3万余人，查获拘留处理以上嫌疑人69人。《首都巡警外围检查站防线升级满周年 一年缴毒6公斤》报道称，2015年一年来，全市56个外围检查站，共盘查检查各类车辆2000余万辆，人员3000余万人次，查获做拘留以上处理的涉毒违法犯罪嫌疑人1700余人，收缴毒品6100余克。

从以上检索信息可以看出，北京市比较充分地发挥了外围过滤"防火墙"作用，遏制了危险物品、毒品等违禁物品的流入，维护了市内社会治安。因此，本指标得95分。

（2）该三级指标评估得分

该三级指标评估来源只有网络调查的数据，网络调查的得分即该指标的最终得分，因此该三级指标得分为95分。

4. 该二级指标的得分

"多元勤务查控机制建设情况"三级指标所占权重为40%，"环京外围公安检查站覆盖情况"三级指标所占权重为30%，"首都外围防控效果"三级指标所占权重为30%。因此，该二级指标得分为95×40%+82.22×30%+95×30%=91.17（分）。

（七）社会治安防控效果

1. 刑事警情数量

本指标网络调查的标准是北京市委、北京市公安局等发布的有关工作报告以及北京市统计局的相关数据，主要考察北京市近年来刑事警情数量。

针对该指标，有如下报道和统计数据。《北京市公安局举行"向首都市民报告工作"新闻发布会》报道称，2017年北京警方共破获当年刑事案件5.2万起，依法处理违法犯罪人员9.3万名。2017年，北京市接报110刑事类警情同比下降14.1%。

从以上数据统计信息可以看出，近年来，北京市刑事警情数量呈下降趋势，因此该指标得分为90分。由于评估来源只有数据统计，数据统计的得分即该三级指标的最终得分。

2. 治安警情数量

本指标网络调查的标准是北京市委、北京市公安局等发布的有关工作报告以及北京市统计局的相关数据，主要考察北京市近年来治安警情数量。

针对该指标，有如下报道和统计数据。《北京市公安局举行"向首都市民报告工作"新闻发布会》报道称，2017年，北京市接报治安秩序类警情同比下降28.3%，"122"拥堵、事故报警数量同比分别下降4%和4.1%。

从以上数据统计信息可以看出，近年来，北京市治安警情数量呈下降趋势，因此该指标得分为90分。由于评估来源只有数据统计，数据统计的得分即该三级指标的最终得分。

3. 刑事案件数量（立案、结案）

本指标网络调查的标准是北京市委、北京市公安局等发布的有关工作报告以及北京市统计局的相关数据，主要考察北京市近年来刑事案件数量。

针对该指标，有如下报道和统计数据。《北京召开全市公安工作会议》报道称，2016年接报违法犯罪警情、刑事案件立案总量同比分别下降7.1%

和13.8%，全年破获刑事案件6.5万起，群众安全感达到95.6%。《北京举行向市民报告工作发布会》报道称，2017年破获"盗抢骗"现案数量同比上升38%，新发命案连续3年100%侦破，8类危害严重刑事案件破案率创历史最高水平，全市治安秩序总体平稳有序。

《北京市统计年鉴》显示，2014年全市刑事案件立案数为153334件，2015年全市刑事案件立案数为174379件，2016年全市刑事案件立案数为150312件，2017年全市刑事案件立案数为140250件。

《2019年北京市高级人民法院工作报告》称，2018年，全市法院新收案件895224件，比上年增长16.3%；结案893570件，增长15.4%。全市法官人均结案357.1件，居全国首位。

根据以上数据统计信息，该指标得分为90分。由于评估来源只有数据统计，数据统计的得分即该三级指标的最终得分。

4. 治安案件数量（立案、结案）

本指标网络调查的标准是北京市委、北京市公安局等发布的有关工作报告以及北京市统计局的相关数据，主要考察北京市近年来治安案件数量。

针对该指标，有如下报道和统计数据：根据"北京市宏观经济与社会发展基础数据库"数据，2011年北京市公安机关受理治安案件384139件，查处373686件；2012年受理治安案件364633件，查处358676件；2013年受理治安案件338319件，查处331714件。

根据以上数据统计信息，该指标得分为90分。由于评估来源只有数据统计，数据统计的得分即该三级指标的最终得分。

5. 该二级指标的得分

"刑事警情数量"三级指标所占权重为25%，"治安警情数量"三级指标所占权重为25%，"刑事案件数量（立案、结案）"三级指标所占权重为25%，"治安案件数量（立案、结案）"三级指标所占权重为25%。因此，该二级指标得分为90×25%＋90×25%＋90×25%＋90×25%＝90（分）。

四　评估结论

（一）存在的主要问题

本部分指标体系共有 7 个二级指标，22 个三级指标。其中得分最低的 4 个二级指标为"乡镇（街道）和村（社区）治安防控"（得分 54.17 分）、"社会面治安防控"（得分 80.33 分）、"重点行业治安防控"（得分 81.23 分）、"信息网络防控"（得分 81.61 分）。

"乡镇（街道）和村（社区）治安防控"得分较低，其原因在于问卷调查评估结果分数偏低。问卷调查说明社区网格化人员参与网格管理不充分，群众熟悉度不高，影响网格化管理的效果。同时，政府网络服务平台没有深入社区，尚未充分发挥便民服务的功能。社区民警走访调查，掌握信息，开展宣传、服务的工作还有待进一步推动和深入。

排名倒数第二的二级指标是"社会面治安防控"，为 80.33 分。在该二级指标的 3 个三级指标中，"街面巡逻防控情况"得分最低，为 70.22 分。其原因在于，问卷调查评估结果分数偏低。问卷调查说明，社区见警率有待提升，群防群治力量的投入还要加大。

"重点行业治安防控"得分较低，其原因在于"物流寄递业安全管理情况"得分偏低。问卷调查显示，邮寄物品还需要加大物品检查和验证身份证的力度。

"信息网络防控"得分较低，其原因也在于问卷调查评估结果分数偏低。针对问题"最近一年个人信息是否发生过被泄露的情况？"回答"经常被泄露"的占 29.77%。这充分说明个人信息保护工作尚未到位，民众对个人信息泄露有担忧，缺乏安全感。值得注意的是，该数值相比于 2018 年的数值 40.46% 要大幅下降，这说明过去的一年中，信息网络保护还是有较大的效果。

在有计算结果的 22 个三级指标中，"综合管理服务平台建设情况"得

分最低，为 35.72 分，因为针对该指标设计的问题"是否通过政府网络服务平台办理过就业、劳动、社会保障、治安管理或医疗卫生等相关业务？"回答"办过"的占 35.72%，回答"没办过"的占 64.28%。这说明大部分居民并未享受到综合服务管理平台的便利。值得注意的是，回答"办过的"数值比 2018 年的 28.05% 有较大的提升，这说明过去一年中利用综合服务管理平台的居民增多。

此外，"社区警务实施情况"得分为 50.26 分，在三级指标中排名倒数第二，这比 2018 年的分值 65.88 分要低不少。这主要是因为评分项目中，删除了网络调查的分值，而以问卷调查为主的原因。"个人信息安全保护情况"得分为 50.38 分，在三级指标中排名倒数第三；"物流寄递业安全管理情况"得分为 58.85 分，在三级指标中排名倒数第四。其原因在之前已经分析过。

这几个三级指标得分偏低，拉低了社会治安防控的分数，使得社会治安防控 2019 年度的总分为 82.46 分，相比 2018 年的 85.22 分有所下降。以上情况都说明，首都基层社会治理体制机制还有待完善，其效果还有待提升。

（二）完善建议

应当按照首都社会治安防控标准和要求，适应日益复杂的动态社会治安环境，以大事牵动为第一推动力，增强社会治安局势掌控能力。

应当继续加强社区警务建设，为社区警务工作室配齐配强民警。社区民警承担实有人口管理、公共安全管理、社区安全防范、出租房屋管理、治安管理、消防管理、情报信息搜集研判、群众矛盾纠纷调处、为民服务等任务，同时以"发案少、秩序好、社区稳定、群众满意"作为考核主要指标，建立全时运转、应急处置、督查考核、群众评议、效能监测等长效工作机制，切实保障社区民警真正下沉到社区、扎根在社区，达到夯实基层基础、密切党和政府与群众的联系、预防和减少犯罪发生的目的。农村地区治安防控中，应当强力推进村庄社区化管理工作，通过建设三站两室、安装监控、设门岗、建围墙、建设五项便民服务设施、建立长效效能监测机制等工作措施，努力实现流动人口、违法建设得到有效控制，可防性案件和安全生产事故下降的"双控双降"工作目标。将社区（村）、街道（镇）的治安防控工作纳入网格化的管理模式，将防控工作融入社区（村）、街道（镇）服务或群防群治建设。将人、地、物、事、组织等基本治安要素纳入网格管理范畴，建立健全党政主导、综治牵头、各部门齐抓共管的网格化服务管理体系。

在社会面整体实施实名防控、区域防控、等级防控、网格巡控，全市由内向外实行分区管控，梯次投入安保力量，形成防控措施由外至内层层收紧、对不安全因素层层过滤的态势。街面巡逻按照"警力跟着警情走"的要求，采取动态巡逻与定点设岗相结合、步行巡逻与车辆巡逻相结合、实兵巡逻与视频巡逻相结合等方式，最大限度地把巡防力量摆上街面，投放到治安复杂、案件多发、群众需要的重点部位和时段，着力构建打防控结合、点线面相连、全天候运作的新型动态巡防机制。建立公安与辅警的联勤治安巡逻制度，适时启动等级巡防机制，强化对中心区域、治安复杂地区，以及在重大活动、重要敏感节点期间的武装巡逻。针对不同区域、时段的防控标准、发案特点，探索推出首都政治中心区防控、高峰勤务、社区民警驻区制、巡逻民警站巡制、内部单位驻警制（院警制）和村庄社区化管理等警务创新模式。

进一步加强物流寄递业的治安防控。第一，落实《快递暂行条例》的规定要求。除信件和已签订安全协议用户交寄的快件外，经营快递业务的企业收寄快件，应当对寄件人身份进行查验，并登记身份信息，但不得在快递运单上记录除姓名（名称）、地址、联系电话以外的用户身份信息。寄件人拒绝提供身份信息或者提供身份信息不实的，经营快递业务的企业不得收寄。经营快递业务的企业收寄快件，应当依照《邮政法》的规定验视快件，并贴上验视标识。寄件人拒绝验视的，经营快递业务的企业不得收寄。经营快递业务的企业发现寄件人交寄禁止寄递物品的，应当拒绝收寄；发现已经收寄的快件中有疑似禁止寄递物品的，应当立即停止分拣、运输、投递。对快件中依法应当没收、销毁或者可能涉及违法犯罪的物品，经营快递业务的企业应当立即向有关部门报告并配合调查处理。第二，邮政部门应当加强对

快递企业的监督检查，利用随机抽查、暗访等方式加大对企业、人员的监督检查力度。第三，对违反《快递暂行条例》的行为，应当在法规规定内从严处罚。第四，快递企业应当完善内保制度，将落实快递实名核验、实物核验作为企业安全管理的必要内容，纳入内保责任管理的范围，从而强化源头管理、事先防范，通过内保制度体系落实快递企业的事前控制。第五，设置有奖举报制度，对于长期不遵守"两实"管理的企业，应当对提供线索的单位、个人，在查证属实的情况下进行奖励，从而发动社会监督的作用，夯实快递物流阵地管控。

继续加强公共网络信息和个人网络信息安全管控。完善互联网新应用、新服务安全评估制度，研究实行网络区域性、差别化管控措施，落实手机和网络用户实名制。健全信息安全等级保护制度，完善网络安全风险监测预警、通报处置机制，加强公民个人信息安全保护。要加强源头打击和治理，必须对涉案行业部门进行有效规制和惩戒。惩戒违反规定倒卖公民个人信息的个人和组织，包括信息的买方和卖方，惩戒信息的卖方，还要追究单位和部门负责人的连带责任。只有清除侵害个人信息的犯罪源头，才能斩断整个利益链条。应继续保持严打高压态势，不间断地开展集中行动，坚决遏制侵害个人信息的源头，通过对信息渠道的倒查，揪出泄露个人信息的"内鬼"，严厉打击侵害公民个人信息安全、损害群众合法权益的违法犯罪活动，为实名制信息防控体系创造良好的外部环境。

参考文献

1. 熊一新、李建和：《治安管理学概论》（修订本），中国人民公安大学出版社，2007。
2. 胡建淼：《中国现行行政法律制度》，中国法制出版社，2011。
3. 王宏君：《新编治安案件查处教程》，中国人民公安大学出版社，2014。
4. 柯良栋、吴明山：《治安处罚法释义与实务指南》，中国人民公安大学出版社，2014。

5. 崔亚东：《群体性事件：应急管理与社会治理——瓮安之治到瓮安之乱》，中共中央党校出版社，2013。

6. 宫志刚等：《新时期社会治安防控体系建设研究》，经济科学出版社，2017。

7. 谢川豫等：《治安管理学概要》，中国人民大学出版社，2016。

8. 张小兵、戴锐：《论实名制的治安防控功能》，《中国人民公安大学学报》（社会科学版）2014 年第 3 期。

B.4

北京市安全生产调查报告（2019）

刘晓栋　刘　艺*

摘　要：　安全生产是平安北京建设的重要内容。本报告将一级指标
　　　　　"安全生产"分解为"安全生产责任体系""安全生产风险防
　　　　　控机制""安全生产指标完成情况""安全生产应急管理""安
　　　　　全宣传教育"5 项二级指标，并细化为 28 项三级指标。通过网
　　　　　络检索、问卷调查与访谈等方式，综合所得数据，"安全生产"
　　　　　总得分为 90.09 分。总体来讲，2018 年北京市安全生产形势出
　　　　　现好转，安全生产事故起数和死亡人数出现明显下降，但在部
　　　　　分地区和行业领域形势依然严峻，企业安全生产应急管理能
　　　　　力、隐患排查治理和监督执法检查等方面仍需加强。本报告建
　　　　　议，在下一阶段安全生产工作中，要健全落实安全生产责任
　　　　　制，深入开展城市安全隐患排查治理，提升城市安全风险评估
　　　　　管控能力，并推进安全生产与应急管理工作的融合。

关键词：　安全生产　应急管理　风险评估　主体责任

一　指标设置及评估标准

　　本次平安北京建设评估"安全生产"一级指标下设置 5 项二级指标，
分别为"安全生产责任体系""安全生产风险防控机制""安全生产指标完

* 刘晓栋，博士，中国人民公安大学治安与交通管理学院讲师；刘艺，博士，中国人民公安大
学治安与交通管理学院副教授。

成情况""安全生产应急管理""安全宣传教育"（见表 1）。5 项二级指标
分别对应安全生产评价的 5 个方面，根据不同的定位和具体措施划分，通过
28 项三级指标来考量安全生产政策措施的具体落实情况，进而判断安全生
产在平安北京建设中的效能。

表 1 　"安全生产"评价指标构成

一级指标（权重）	二级指标（权重）	三级指标（权重）
安全生产（15%）	安全生产责任体系（20%）	党委、政府领导责任是否明确（25%）
		部门监管责任是否落实（25%）
		企业主体责任是否落实（25%）
		责任追究制度是否落实（25%）
	安全生产风险防控机制（20%）	政府是否建立实施安全风险评估与论证机制（20%）
		政府是否制定生产安全事故隐患分级和排查治理标准（20%）
		政府安全生产行政执法工作状况（20%）
		企业是否定期开展风险评估和危害辨识（20%）
		企业是否开展安全生产标准化创建（20%）
	安全生产指标完成情况（20%）	安全生产事故起数（10%）
		安全生产死亡人数（10%）
		亿元地区生产总值生产安全事故死亡率（20%）
		工矿商贸就业人员十万人生产安全事故死亡率（10%）
		道路交通万车死亡率（10%）
		铁路交通事故死亡人数（10%）
		火灾（消防）十万人口死亡率（10%）
		安全生产举报投诉情况（20%）
	安全生产应急管理（20%）	政府是否建立安全生产应急救援指挥平台（20%）
		政府是否出台安全生产应急管理的标准和规范文件（20%）
		政府是否建立应急救援联动机制（10%）
		安全生产应急救援队伍（10%）
		安全生产事故应急预案（10%）
		安全生产应急救援保障能力（20%）
		企业安全管理人员配备状况（10%）
	安全宣传教育（20%）	政府开展安全宣传教育状况（25%）
		是否将安全生产纳入干部培训内容（25%）
		企业是否定期开展安全知识教育（25%）
		企业是否定期开展应急演练（25%）

（一）二级指标设置依据

"安全生产"一级指标下5项二级指标设置的主要依据是党的十九大报告、《中华人民共和国安全生产法》、《关于推进安全生产领域改革发展的意见》、《安全生产"十三五"规划》、《关于推进城市安全发展的意见》、《生产安全事故应急条例》、《北京市国民经济和社会发展第十三个五年规划纲要》、《北京城市总体规划（2016～2035年)》和《北京市"十三五"时期安全生产规划》等文件中关于安全生产的要求。

党的十九大报告指出要树立安全发展理念，弘扬生命至上、安全第一的思想，健全公共安全体系，完善安全生产责任制，坚决遏制重特大安全事故，提升防灾减灾救灾能力。《中华人民共和国安全生产法》是为了加强安全生产监督管理，防止和减少生产安全事故，保障人民群众生命和财产安全，促进经济发展而制定的。《关于推进安全生产领域改革发展的意见》是新中国成立以来第一个以党中央、国务院名义出台的安全生产工作的纲领性文件。文件指出要依靠严密的责任体系、严格的法治措施、有效的体制机制、有力的基础保障和完善的系统治理，切实增强安全防范治理能力，大力提升我国安全生产整体水平。《安全生产"十三五"规划》中指出要弘扬安全发展理念，遵循安全生产的客观规律，主动适应经济发展新常态，科学统筹经济社会发展与安全生产。《关于推进城市安全发展的意见》指出要牢固树立安全发展理念，弘扬生命至上、安全第一的思想，强化安全红线意识，推进安全生产领域改革发展，切实把安全发展作为城市现代文明的重要标志，落实完善城市运行管理及相关方面的安全生产责任制，健全公共安全体系。《生产安全事故应急条例》是第一部专门针对生产安全事故应急工作的行政法规，对生产安全事故应急体制、应急准备、现场应急救援及相应法律责任等内容提出了规范和要求，为全面提升安全生产应急管理工作水平提供了有力的法律支撑。《北京市国民经济和社会发展第十三个五年规划纲要》提出强化生产经营单位的安全生产主体责任，建立企业安全生产诚信评价制度。大力推动安全生产标准化建设，强化行业强制性标准的制定实施。《北京城市总体规划（2016～2035年)》提出要健全公共安全体系，提升城市安全保障能力。健全落实安全生产责任制，全面梳理各种风险源、风险点、危险源、事故隐患，建立排查、登记数据库和信息系统，进行风险评估，编制应急预案。《北京市"十三五"时期安全生产规划》提出统筹推进安全生产法制化、标准化、信息化、社会化建设，着力构建安全生产责任体系、安全生产隐患排查治理体系和安全预防控制体系，加快形成与首都经济社会发展相适应的安全生产体制机制，全面促进企业落实安全生产主体责任，夯实安全生产基层基础工作，有效遏制安全生产事故。

依据上述规定和要求，课题组将安全生产的评价指标分为5个方面，每个指标权重设定为20%。

（二）三级指标及评分标准

1. 党委、政府领导责任是否明确

（1）设置依据

"党委、政府领导责任是否明确"是评价安全生产责任落实的重要方面。《关于推进安全生产领域改革发展的意见》强调地方党委和政府的领导责任，要求"坚持党政同责、一岗双责、齐抓共管、失职追责"，完善安全生产责任体系。《安全生产"十三五"规划》强调要落实安全监督管理责任，实行党政领导干部任期安全生产责任制。《关于推进城市安全发展的意见》强调全面落实城市各级党委和政府对本地区安全生产工作的领导责任、党政主要负责人第一责任人的责任。《地方党政领导干部安全生产责任制规定》要求实行地方党政领导干部安全生产责任制，坚持管行业必须管安全、管业务必须管安全、管生产经营必须管安全。因此，本课题组将"党委、政府领导责任是否明确"作为评价安全生产的1项三级指标。

（2）评测方法

本指标满分100分，指标权重设定为25%，主要通过网络检索、党政官方网站搜索（北京市应急管理局网站、首都之窗政务网站等）、官方文件搜集等方式获取相关文件和信息，来评测党委、政府安全生产领导责任是否明确。

（3）评分标准

通过检索，能够找到北京市已经明确党委、政府安全生产领导责任的依据，得 100 分；如果没有检索到相关信息，此项指标得 0 分。

2. 部门监管责任是否落实

（1）设置依据

"部门监管责任是否落实"是评价安全生产责任落实的直接依据，在整体安全生产监督体系中居于重要地位。《关于推进安全生产领域改革发展的意见》要求明确部门监管责任。《安全生产"十三五"规划》强调要明确省、市、县负有安全生产监督管理职责部门的执法责任和监管范围，落实各有关部门的安全监管责任。《关于推进城市安全发展的意见》再次强调不同监管部门在整体安全生产监管中的责任。因此，本课题组将"部门监管责任是否落实"作为评价安全生产的 1 项三级指标。

（2）评测方法

本指标满分 100 分，指标权重设定为 25%，主要通过网络检索、党政官方网站搜索（北京市应急管理局网站、首都之窗政务网站等）、官方文件搜集等方式获取相关文件和信息，来评测部门监管责任是否落实。

（3）评分标准

通过检索，能够找到北京市已经明确落实部门监管责任的依据，得 100 分；如果没有检索到相关信息，此项指标得 0 分。

3. 企业主体责任是否落实

（1）设置依据

"企业主体责任是否落实"是评价安全生产责任落实情况的重要指标。《中华人民共和国安全生产法》第三条要求强化和落实生产经营单位的主体责任，建立生产经营单位负责、职工参与、政府监管、行业自律和社会监督的机制。《安全生产"十三五"规划》强调要构建更加严密的责任体系，强化企业主体责任，严格实行企业全员安全生产责任制，明确各岗位的责任人员、责任范围和考核标准，加强对安全生产责任制落实情况的监督考核。《关于推进城市安全发展的意见》强调了城市安全发展中的企业主体责任落实。因此，本课题组将"企业主体责任是否落实"作为评价安全生产的1项三级指标。

（2）评测方法

本指标满分100分，指标权重设定为25%，主要通过网络检索、党政官方网站搜索（北京市应急管理局网站、首都之窗政务网站等）、官方文件搜集等方式获取相关文件和信息，来评测企业主体责任是否落实。

（3）评分标准

通过检索，能够找到北京市已经明确落实安全生产企业责任的依据，得100分；如果没有检索到相关信息，此项指标得0分。

4. 责任追究制度是否落实

（1）设置依据

"责任追究制度是否落实"可以反映安全生产责任的追责情况。《中华人民共和国安全生产法》第十四条明确国家实行生产安全事故责任追究制度，依照本法和有关法律、法规的规定，追究生产安全事故责任人员的法律责任。《关于推进安全生产领域改革发展的意见》，要求严格责任追究制度，实行党政领导干部任期安全生产责任制，依法依规制定各有关部门安全生产权力和责任清单，尽职照单免责、失职照单问责。《安全生产"十三五"规划》要求严格目标考核与责任追究，加大安全生产工作的考核权重，严格落实"一票否决"制度。《关于推进城市安全发展的意见》要求严格规范监管执法，对负有安全生产监督管理职责的部门未依法采取相应执法措施或降低执法标准的责任人实施问责。因此，本课题组将"责任追究制度是否落实"作为评价安全生产的1项三级指标。

（2）评测方法

本指标满分100分，指标权重设定为25%。本指标评估包括网络抓取和调查问卷两部分，网络抓取部分得分权重为40%，调查问卷得分权重为60%，两者得分之和即为该三级指标的最终得分。网络抓取部分，主要通过网络检索、党政官方网站搜索（北京市应急管理局网站、首都之窗政务网站等）、官方文件搜集等方式获取相关文件和信息，来评测责任追究制度是

否落实。问卷调查部分，主要通过对问题"所在单位发生安全生产事故后相关责任人是否被追责"的受访答案频次分析换算得出。

（3）评分标准

通过检索，能够找到北京市已经落实安全生产责任追究制度的依据，则网络抓取部分得100分；如果没有检索到相关信息，此项指标得0分。问卷调查部分，若特定问卷问题全部为肯定回答，则调查问卷部分得100分；若全部为否定回答，则调查问卷部分得0分；其余情况下，则根据肯定回答频次占总回答频次的比例换算得分。

5. 政府是否建立实施安全风险评估与论证机制

（1）设置依据

《关于推进安全生产领域改革发展的意见》要求地方各级政府建立完善安全风险评估与论证机制。《安全生产"十三五"规划》要求实施城市安全风险源普查，开展城市安全风险评估。《生产安全事故应急条例》要求县级以上人民政府及其负有安全生产监督管理职责的部门和乡、镇人民政府以及街道办事处等地方人民政府派出机关，应当针对可能发生的生产安全事故的特点和危害，进行风险辨识和评估。《北京市"十三五"时期安全生产规划》要求完善城市运行风险评估预警机制，建立城市运行安全风险评估机制，定期开展城市运行安全风险评估。《北京城市总体规划（2016～2035年)》指出要健全城市安全风险管理体系，进行风险评估。因此，本课题组将"政府是否建立实施安全风险评估与论证机制"作为评价安全生产的1项三级指标。

（2）评测方法

本指标满分100分，指标权重设定为20%，主要通过网络检索、党政官方网站搜索（北京市应急管理局网站、首都之窗政务网站等）、官方文件搜集等方式获取相关文件和信息，来评测政府是否建立实施安全风险评估与论证机制。

（3）评分标准

通过检索，能够找到北京市已经建立实施安全风险评估与论证机制的依据，得 100 分；如果没有检索到相关信息，此项指标得 0 分。

6. 政府是否制定生产安全事故隐患分级和排查治理标准

（1）设置依据

《关于推进安全生产领域改革发展的意见》要求地方各级政府制定生产安全事故隐患分级和排查治理标准。《关于推进城市安全发展的意见》要求深化隐患排查治理，制定城市安全隐患排查治理规范，健全隐患排查治理体系。强化对各类生产经营单位和场所落实隐患排查治理制度情况的监督检查，严格实施重大事故隐患挂牌督办。因此，本课题组将"政府是否制定生产安全事故隐患分级和排查治理标准"作为评价安全生产的 1 项三级指标。

（2）评测方法

本指标满分 100 分，指标权重设定为 20%，主要通过网络检索、党政官方网站搜索（北京市应急管理局网站、首都之窗政务网站等）、官方文件搜集等方式获取相关文件和信息，来评测政府是否制定生产安全事故隐患分级和排查治理标准。

（3）评分标准

通过检索，能够找到北京市已经制定生产安全事故隐患分级和排查治理标准的依据，得 100 分；如果没有检索到相关信息，此项指标得 0 分。

7. 政府安全生产行政执法工作状况

（1）设置依据

政府安全生产行政执法工作是安全生产依法治理的重要手段，对于全面提升城市安全生产法治化水平，加快建立城市安全治理长效机制具有重要意义。《关于推进安全生产领域改革发展的意见》要求进一步完善地方监管执法体制，加强安全生产执法队伍建设，强化行政执法职能。《安全生产"十三五"规划》要求加大监管执法力度，完善安全监管监察执法的制度规范，确定执法的主体、方式、程序、频次和覆盖面。全面落实行政执法责任制，建立执法行为审议和重大行政执法决策机制，评估执法效果，防止滥用职权。《关于推进城市安全发展的意见》要求增强监管执法能力，加强安全生

产监管执法机构规范化、标准化、信息化建设。因此，本课题组将"政府安全生产行政执法工作状况"作为评价安全生产的1项三级指标。

（2）评测方法

本指标满分100分，指标权重设定为20%，主要通过网络检索、党政官方网站搜索（北京市应急管理局网站、首都之窗政务网站等）、官方文件搜集等方式获取相关文件和信息，来评测政府安全生产行政执法工作状况。

（3）评分标准

通过检索，能够找到北京市已经开展安全生产行政执法工作的信息，得100分；如果没有检索到相关信息，此项指标得0分。

8. 企业是否定期开展风险评估和危害辨识

（1）设置依据

"企业是否定期开展风险评估和危害辨识"是落实生产经营企业主体责任的重要方式，可以作为评价安全生产防控机制的具体指标。《关于推进安全生产领域改革发展的意见》要求企业定期开展风险评估和危害辨识。《安全生产"十三五"规划》要求健全先期响应机制，建立企业安全风险评估及全员告知制度。《关于推进城市安全发展的意见》要求深化隐患排查治理，督促企业建立隐患自查自改评价制度，定期分析、评估隐患治理效果，不断完善隐患治理工作机制。《北京市"十三五"时期安全生产规划》要求企业健全完善风险辨识评估、风险预警预控、隐患排查治理、重大危险源监控、应急管理和持续改进的企业安全生产闭环管理模式，把风险管理落实到生产经营活动全环节、全过程。因此，本课题组将"企业是否定期开展风险评估和危害辨识"作为评价安全生产的1项三级指标。

（2）评测方法

本指标满分100分，指标权重设定为20%。本指标评估包括网络抓取和调查问卷两部分，网络抓取部分得分权重为40%，调查问卷得分权重为60%，两者得分之和即为该三级指标的最终得分。网络抓取部分，主要通过网络检索、党政官方网站搜索（北京市应急管理局网站、首都之窗政务网站等）、官方文件搜集等方式获取相关文件和信息，来评测企业是否定期开展风险评估和危害辨识。问卷调查部分，主要通过对问题"所在的单位是否定期对各岗位的安全状况进行检查"的受访答案频次分析换算得出。

（3）评分标准

通过检索，能够找到北京市企业已经定期开展风险评估和危害辨识的信息，则网络抓取部分得100分；如果没有检索到相关信息，此项指标得0分。问卷调查部分，若特定问卷问题全部为肯定回答，则调查问卷部分得100分；若全部为否定回答，则调查问卷部分得0分；其余情况下，则根据肯定回答频次占总回答频次的比例换算得分。

9. 企业是否开展安全生产标准化创建

（1）设置依据

"企业是否开展安全生产标准化创建"是落实生产经营企业主体责任的重要方式，能够强化企业安全生产基础工作的长效制度，有效防范事故发生。《关于推进安全生产领域改革发展的意见》要求强化企业预防措施，大力推进企业安全生产标准化建设，实现安全管理、操作行为、设备设施和作业环境的标准化。《安全生产"十三五"规划》要求严格落实企业安全生产条件，保障安全投入，推动企业安全生产标准化达标升级，实现安全管理、操作行为、设备设施、作业环境标准化。《关于推进城市安全发展的意见》要求结合企业管理创新，大力推进企业安全生产标准化建设，不断提升安全生产管理水平。因此，本课题组将"企业是否开展安全生产标准化创建"作为评价安全生产的1项三级指标。

（2）评测方法

本指标满分100分，指标权重设定为20%，主要通过网络检索、党政官方网站搜索（北京市应急管理局网站、首都之窗政务网站等）、官方文件搜集等方式获取相关文件和信息，来评测企业是否开展安全生产标准化创建。

（3）评分标准

通过检索，能够找到企业开展安全生产标准化创建情况，得100分；如

果没有检索到相关信息，此项指标得 0 分。

10. 安全生产指标完成情况

二级指标"安全生产指标完成情况"下设置 8 个三级指标，分别为：安全生产事故起数、安全生产死亡人数、亿元地区生产总值生产安全事故死亡率、工矿商贸就业人员十万人生产安全事故死亡率、道路交通万车死亡率、铁路交通事故死亡人数、火灾（消防）十万人口死亡率和安全生产举报投诉情况。

（1）设置依据

《安全生产"十三五"规划》围绕生产安全事故起数、生产安全死亡人数、亿元地区生产总值生产安全事故死亡率、工矿商贸就业人员十万人生产安全事故死亡率等安全生产指标设定了"十三五"规划目标。《北京市"十三五"时期安全生产规划》对北京市安全生产状况提出稳定可控的要求，重点行业（领域）安全生产状况持续改善，城市运行安全保障水平明显提高，重特大事故得到有效遏制，一般和较大事故总量持续下降；规范安全生产举报投诉案件办理程序，依法查处公众和媒体反映的安全生产违法问题。因此，本课题组将上述 8 项指标作为评价安全生产的三级指标。

（2）评测方法

每项指标满分 100 分，"安全生产事故起数""安全生产死亡人数""工矿商贸就业人员十万人生产安全事故死亡率""道路交通万车死亡率""铁路交通事故死亡人数""火灾（消防）十万人口死亡率"的权重均设定为 10%，"亿元地区生产总值生产安全事故死亡率""安全生产举报投诉情况"的权重均设定为 20%，主要通过网络检索、党政官方网站搜索（北京市统计局网站、北京市应急管理局网站、首都之窗政务网站等）、官方文件搜集等方式获取相关文件和信息，来评测各项指标是否达到预期规划目标。

（3）评分标准

通过检索和比较数据，若指标数据满足北京"十三五"规划目标要求，得 100 分；如果不满足，此项指标得 0 分。

11. 政府是否建立安全生产应急救援指挥平台

（1）设置依据

安全生产应急救援指挥平台是安全生产的应急管理平台，"政府是否建立安全生产应急救援指挥平台"可以作为评价应急管理能力的考量指标。《关于推进安全生产领域改革发展的意见》要求健全省、市、县三级安全生产应急救援管理工作机制，建设联动互通的应急救援指挥平台。《安全生产"十三五"规划》要求推进安全生产应急救援联动指挥平台建设，强化各级应急救援机构与事故现场的远程通信指挥保障。《北京市"十三五"时期安全生产规划》提出建立现代化应急救援体系，完善应急救援联动机制，建设完善市、区两级联动的安全生产应急指挥平台。因此，本课题组将"政府是否建立安全生产应急救援指挥平台"作为评价安全生产的1项三级指标。

（2）评测方法

本指标满分100分，指标权重设定为20%，主要通过网络检索、党政官方网站搜索（北京市应急管理局网站、首都之窗政务网站等）、官方文件搜集等方式获取相关文件和信息，来评测政府是否已经建立安全生产应急救援指挥平台。

（3）评分标准

通过检索，能够找到北京市已经建立安全生产应急救援指挥平台的依据，得100分；如果没有检索到相关信息，此项指标得0分。

12. 政府是否出台安全生产应急管理的标准和规范文件

（1）设置依据

"政府是否出台安全生产应急管理的标准和规范文件"是落实政府安全生产责任的具体方式，有利于提升安全生产法治化水平，可以作为评估安全生产应急管理能力的指标。《关于推进安全生产领域改革发展的意见》要求完善安全生产法律法规和标准体系，提高安全生产法治化水平。加强安全生产地方性法规建设，解决区域性安全生产突出问题。《安全生产"十三五"规划》要求强化安全生产依法治理，完善法律法规标准体系。《北京市"十

三五"时期安全生产规划》提出要推进安全生产法规标准体系建设，修订完善本市现有安全生产法规、规章和规范性文件，建立健全本市安全生产地方法律法规标准体系。因此，本课题组将"政府是否出台安全生产应急管理的标准和规范文件"作为评价安全生产的 1 项三级指标。

（2）评测方法

本指标满分 100 分，指标权重设定为 20%，主要通过网络检索、党政官方网站搜索（北京市应急管理局网站、首都之窗政务网站等）、官方文件搜集等方式获取相关文件和信息，来评测政府是否出台安全生产应急管理的标准和规范文件。

（3）评分标准

通过检索，能够找到政府出台安全生产应急管理的标准和规范文件，得100 分；如果没有检索到相关信息，此项指标得 0 分。

13. 政府是否建立应急救援联动机制

（1）设置依据

应急救援联动机制是全面加强生产安全应急救援与处置工作的有效手段，"政府是否建立应急救援联动机制"可以作为评价应急管理能力的考量指标。《安全生产"十三五"规划》要求推进安全生产应急救援联动指挥平台建设，建立京津冀等地区应急救援资源共享及联合处置机制。《关于推进城市安全发展的意见》要求完善应急救援联动机制，强化应急状态下交通管制、警戒、疏散等防范措施，提升应急管理和救援能力。《北京市"十三五"时期安全生产规划》要求完善应急救援联动机制，建设完善市、区两级联动的安全生产应急指挥平台，实现安全生产事故信息的及时上报和科学决策，提高事故处置能力。因此，本课题组将"政府是否建立应急救援联动机制"作为评价安全生产的 1 项三级指标。

（2）评测方法

本指标满分 100 分，指标权重设定为 10%，主要通过网络检索、党政官方网站搜索（北京市应急管理局网站、首都之窗政务网站等）、官方文件搜集等方式获取相关文件和信息，来评测政府是否已经建立应急救援联动机制。

（3）评分标准

通过检索，能够找到北京市已经建立应急救援联动机制的依据，得100分；如果没有检索到相关信息，此项指标得0分。

14. 安全生产应急救援队伍

（1）设置依据

"安全生产应急救援队伍"是安全生产应急救援能力的重要体现，可以作为评价安全生产应急管理能力的具体指标。《关于推进安全生产领域改革发展的意见》要求依托公安消防、大型企业、工业园区等应急救援力量，加强矿山和危险化学品等应急救援基地和队伍建设。《安全生产"十三五"规划》要求加快应急救援队伍和基地建设，规范地方骨干、基层应急救援队伍建设及装备配备，加强配套管理与维护保养。健全安全生产应急救援社会化运行模式，培育市场化、专业化应急救援组织。《北京市"十三五"时期安全生产规划》要求依托重点石化企业建设专业队伍救援基地，承担和服务区域内重特大、复杂危险化学品事故灾难应急救援及实训演练任务，逐步建成国家级的危险化学品应急救援基地。因此，本课题组将"安全生产应急救援队伍"作为评价安全生产的1项三级指标。

（2）评测方法

本指标满分100分，指标权重设定为10%。本指标评估包括网络抓取和调查问卷两部分，网络抓取部分得分权重为40%，调查问卷得分权重为60%，两者得分之和即为该三级指标的最终得分。网络抓取部分，主要通过网络检索、党政官方网站搜索（北京市应急管理局网站、首都之窗政务网站等）、官方文件搜集等方式获取相关文件和信息，来评测北京市是否开展安全生产应急救援队伍建设。问卷调查部分，主要通过对问题"所在的单位是否有应急救援队伍"的受访答案频次分析换算得出。

（3）评分标准

通过检索，能够找到北京市企业已经开展安全生产应急救援队伍建设的依据，则网络抓取部分得100分；如果没有检索到相关信息，此项指标得0分。问卷调查部分，若特定问卷问题全部为肯定回答，则调查问卷部分得

100 分；若全部为否定回答，则调查问卷部分得 0 分；其余情况下，则根据肯定回答频次占总回答频次的比例换算得分。

15. 安全生产事故应急预案

（1）设置依据

"安全生产事故应急预案"是安全生产应急管理的重要组成部分，可以作为评价安全生产应急管理能力的具体指标。2019 年应急管理部《生产安全事故应急预案管理办法》对生产安全事故应急预案的编制、评审、公布、备案、实施及监督管理工作提出了相应要求，并明确应急预案的管理实行属地为主、分级负责、分类指导、综合协调、动态管理的原则。完善事故应急救援预案，实现政府预案与部门预案、企业预案、社区预案有效衔接，定期开展应急演练。《生产安全事故应急条例》规定生产安全事故应急救援预案应当符合有关法律、法规、规章和标准的规定，具有科学性、针对性和可操作性。《北京城市总体规划（2016～2035 年)》要求全面梳理各种风险源、风险点、危险源、事故隐患，建立排查、登记数据库和信息系统，进行风险评估，编制应急预案。因此，本课题组将"安全生产事故应急预案"作为评价安全生产的 1 项三级指标。

（2）评测方法

本指标满分 100 分，指标权重设定为 10%。本指标评估包括网络抓取和调查问卷两部分，网络抓取部分得分权重为 40%，调查问卷得分权重为 60%，两者得分之和即为该三级指标的最终得分。网络抓取部分，主要通过网络检索、党政官方网站搜索（北京市应急管理局网站、首都之窗政务网站等）、官方文件搜集等方式获取相关文件和信息，来评测安全生产事故应急预案情况。问卷调查部分，主要通过对问题"是否了解本单位的应急预案"的受访答案频次分析换算得出。

（3）评分标准

通过检索，能够找到北京市政府和企业制定安全生产事故应急预案的，则网络抓取部分得 100 分；如果没有检索到相关信息，此项指标得 0 分。问卷调查部分，若特定问卷问题全部为肯定回答，则调查问卷部分得 100 分；

若全部为否定回答，则调查问卷部分得 0 分；其余情况下，则根据肯定回答频次占总回答频次的比例换算得分。

16. 安全生产应急救援保障能力

（1）设置依据

安全生产应急救援保障能力是应急管理的重要基础，可以作为评价安全生产应急管理能力的具体指标。《安全生产"十三五"规划》要求加快应急救援队伍和基地建设，规范地方骨干、基层应急救援队伍建设及装备配备，加强配套管理与维护保养。完善安全生产应急物资储备与调运制度，加强应急物资装备实物储备、市场储备和生产能力储备。《生产安全事故应急条例》要求应急救援队伍配备必要的应急救援装备和物资，并定期组织训练。《北京市"十三五"时期安全生产规划》要求争取财政支持加大安全生产事故应急救援装备投入，积极推广应用先进适用的应急救援技术和装备，健全应急救援物资保障机制，进一步提升救援队伍的硬件设施水平。因此，本课题组将"安全生产应急救援保障能力"作为评价安全生产的 1 项三级指标。

（2）评测方法

本指标满分 100 分，指标权重设定为 20%，主要通过网络检索、党政官方网站搜索（北京市应急管理局网站、首都之窗政务网站等）、官方文件搜集等方式获取相关文件和信息，来评测安全生产应急救援保障能力状况。

（3）评分标准

通过检索，能够找到北京市已经具备安全生产应急救援保障能力的依据，得 100 分；如果没有检索到相关信息，此项指标得 0 分。

17. 企业安全管理人员配备状况

（1）设置依据

"企业安全管理人员配备状况"反映了企业落实安全生产主体责任的情况，是评价安全生产应急管理能力的具体指标。《安全生产"十三五"规划》要求强化企业主体责任，督促企业依法设置安全生产管理机构，配备安全生产管理人员和注册安全工程师。《北京市"十三五"时期安全生产规

划》要求细化促进生产经营单位落实安全生产主体责任的政策措施。制定《北京市生产经营单位安全生产主体责任规范》，督促生产经营单位建立安全生产机构，按人数规模配备专（兼）职安全管理人员，配备一定比例的注册安全工程师。因此，本课题组将"企业安全管理人员配备状况"作为评价安全生产的1项三级指标。

（2）评测方法

本指标满分100分，指标权重设定为10%。本指标评估包括网络抓取和调查问卷两部分，网络抓取部分得分权重为40%，调查问卷得分权重为60%，两者得分之和即为该三级指标的最终得分。网络抓取部分，主要通过网络检索、党政官方网站搜索（北京市应急管理局网站、首都之窗政务网站等）、官方文件搜集等方式获取相关文件和信息，来评测企业安全管理人员配备状况。问卷调查部分，主要通过对问题"所在单位是否有专职安全管理人员"的受访答案频次分析换算得出。

（3）评分标准

通过检索，能够找到北京市针对企业安全管理人员配备的相关要求和规定，则网络抓取部分得100分；如果没有检索到相关信息，此项指标得0分。问卷调查部分，若特定问卷问题全部为肯定回答，则调查问卷部分得100分；若全部为否定回答，则调查问卷部分得0分；其余情况下，则根据肯定回答频次占总回答频次的比例换算得分。

18. 政府开展安全宣传教育状况

（1）设置依据

《国民经济和社会发展第十三个五年规划纲要》明确提出，要牢固树立安全发展观念，加强全民安全意识教育，实施全民安全素质提升工程。《关于推进安全生产领域改革发展的意见》要求推进安全文化建设，加强警示教育，强化全民安全意识和法治意识。2016年《关于加强全社会安全生产宣传教育工作的意见》要求深入加强全社会安全生产宣传教育工作。《关于推进城市安全发展的意见》要求推进安全生产和职业健康宣传教育进企业、进机关、进学校、进社区、进农村、进家庭、进公共场所，推广普及安全常识和职业病危害防治知识，增强社会公众对应急预案的认知、协同能力及自救互救技能。《北京市"十三五"时期安全生产规划》要求营造安全生产社会氛围，持续开展宣传教育品牌活动，力争建成集应急、培训、宣传教育功能于一体的北京市安全体验式基地。因此，本课题组将"政府开展安全宣传教育状况"作为评价安全生产的 1 项三级指标。

（2）评测方法

本指标满分 100 分，指标权重设定为 25%，主要通过网络检索、党政官方网站搜索（北京市应急管理局网站、首都之窗政务网站等）、官方文件搜集等方式获取相关文件和信息，来评测政府开展安全宣传教育状况。

（3）评分标准

通过检索，能够找到政府开展安全宣传教育的依据，则网络抓取部分得100 分；如果没有检索到相关信息，此项指标得 0 分。

19. 是否将安全生产纳入干部培训内容

（1）设置依据

将安全生产监督管理纳入干部培训内容，是提高安全生产管理水平的重要手段，"是否将安全生产纳入干部培训内容"可以作为评价安全宣传教育的考量指标。《关于推进安全生产领域改革发展的意见》指出要将安全生产监督管理纳入各级党政领导干部的培训内容。2018 年中共中央办公厅、国务院办公厅印发《地方党政领导干部安全生产责任制规定》，要求强化安全生产宣传教育和舆论引导，将安全生产方针政策和法律法规纳入党委理论学习中心组学习内容和干部培训内容。《北京市"十三五"时期安全生产规划》要求实施领导干部安全生产素质教育培训计划，将安全知识教学课程列入地方各级党政领导干部素质教育范畴，开展基层领导干部安全生产专题培训行动。因此，本课题组将"是否将安全生产纳入干部培训内容"作为评价安全生产的 1 项三级指标。

（2）评测方法

本指标满分 100 分，指标权重设定为 25%，主要通过网络检索、党政官方网站搜索（北京市应急管理局网站、首都之窗政务网站等）、官方文件

搜集等方式获取相关文件和信息，来评测政府是否将安全生产纳入干部培训内容。

（3）评分标准

通过检索，如果能够找到北京市已经将安全生产纳入干部培训内容的依据，得100分；如果没有检索到相关信息，此项指标得0分。

20. 企业是否定期开展安全知识教育

（1）设置依据

"企业是否定期开展安全知识教育"反映了企业安全宣传教育工作的具体情况，可以作为评价安全宣传教育工作的具体指标。《安全生产"十三五"规划》中指出，要完善企业从业人员安全生产教育培训制度。《生产安全事故应急条例》第十五条要求生产经营单位应当对从业人员进行应急教育和培训，保证从业人员具备必要的应急知识。《生产安全事故应急预案管理办法》规定各级人民政府应急管理部门、各类生产经营单位应当采取多种形式开展应急预案的宣传教育，普及生产安全事故避险、自救和互救知识，提高从业人员和社会公众的安全意识与应急处置技能。《北京市"十三五"时期安全生产规划》指出要加大企业安全生产培训，企业定期对从业人员进行安全生产教育和培训，并建立考核制度。因此，本课题组将"企业是否定期开展安全知识教育"作为评价安全生产的1项三级指标。

（2）评测方法

本指标满分100分，指标权重设定为25%，采用问卷调查方法，主要通过对问题"所在工作单位是否开展过安全警示教育活动"的受访答案频次分析换算得出。

（3）评分标准

若特定问卷问题全部为肯定回答，则调查问卷部分得100分；若全部为否定回答，则调查问卷部分得0分；其余情况下，则根据肯定回答频次占总回答频次的比例换算得分。

21. 企业是否定期开展应急演练

（1）设置依据

企业定期开展应急演练可以有效防范各类事故发生，或在事故发生时有效地实施应急救援，提高企业面对生产安全事故时的应急处置能力，因此"企业是否定期开展应急演练"可以作为评价安全宣传教育工作的具体指标。《关于推进安全生产领域改革发展的意见》在强化企业预防措施中提到，要开展经常性的应急演练和人员避险自救培训，着力提升现场应急处置能力。《安全生产"十三五"规划》要求强化安全生产应急救援实训演练，提高安全生产应急管理和救援指挥专业人员素养。《生产安全事故应急条例》要求易燃易爆物品、危险化学品等危险物品的生产、经营、储存、运输单位，矿山、金属冶炼、城市轨道交通运营、建筑施工单位，以及宾馆、商场、娱乐场所、旅游景区等人员密集场所经营单位，应当至少每半年组织1次生产安全事故应急救援预案演练。因此，本课题组将"企业是否定期开展应急演练"作为评价安全生产的1项三级指标。

（2）评测方法

本指标满分100分，指标权重设定为25%，采用问卷调查方法，主要通过对问题"所在单位是否组织过应急演练"的受访答案频次分析换算得出。

（3）评分标准

若特定问卷问题全部为肯定回答，则调查问卷部分得100分；若全部为否定回答，则调查问卷部分得0分；其余情况下，则根据肯定回答频次占总回答频次的比例换算得分。

二 总体评估结果分析

北京市安全生产总得分为90.09分（见表2）。总体评估结果分析主要是对北京市安全生产总体情况进行分析，侧重二级指标层面，即主要对安全生产责任体系、安全生产风险防控机制、安全生产指标完成情况、安全生产应急管理及安全宣传教育5项二级指标进行分析。

表 2　安全生产评价指标得分

一级指标(得分)	二级指标(得分)	三级指标(得分)
90.09 分	安全生产责任体系(96.77 分)	党委、政府领导责任是否明确(100 分)
		部门监管责任是否落实(100 分)
		企业主体责任是否落实(100 分)
		责任追究制度是否落实(87.06 分)
	安全生产风险防控机制(96.40 分)	政府是否建立实施安全风险评估与论证机制(100 分)
		政府是否制定生产安全事故隐患分级和排查治理标准(100 分)
		政府安全生产行政执法工作状况(90 分)
		企业是否定期开展风险评估和危害辨识(91.98 分)
		企业是否开展安全生产标准化创建(100 分)
	安全生产指标完成情况(80.00 分)	安全生产事故起数(100 分)
		安全生产死亡人数(100 分)
		亿元地区生产总值生产安全事故死亡率(100 分)
	安全生产指标完成情况(80.00 分)	工矿商贸就业人员十万人生产安全事故死亡率(100 分)
		道路交通万车死亡率(0 分)
		铁路交通事故死亡人数(0 分)
		火灾(消防)十万人口死亡率(100 分)
		安全生产举报投诉情况(100 分)
	安全生产应急管理(87.99 分)	政府是否建立安全生产应急救援指挥平台(80 分)
		政府是否出台安全生产应急管理的标准和规范文件(100 分)
		政府是否建立应急救援联动机制(100 分)
		安全生产应急救援队伍(78.40 分)
		安全生产事故应急预案(76.74 分)
		安全生产应急救援保障能力(90 分)
		企业安全管理人员配备状况(84.76 分)
	安全宣传教育(89.28 分)	政府开展安全宣传教育状况(100 分)
		是否将安全生产纳入干部培训内容(100 分)
		企业是否定期开展安全知识教育(84.85 分)
		企业是否定期开展应急演练(72.25 分)

（一）安全生产责任体系已基本建成，二级指标评分为96.77分

在党委、政府领导责任方面，实行党政领导干部安全生产责任制，建立

了党政同责、一岗双责、齐抓共管、失职追责等责任体系，明确了各级党委、政府的领导责任。在部门监管责任方面，细化各政府部门安全生产工作职责，层层落实安全生产责任，按照"谁主管、谁负责""谁审批、谁负责"的原则，坚决落实"管行业必须管安全、管业务必须管安全、管生产经营必须管安全""一岗双责"等要求，不断完善和加强市政府工作部门安全监管职责。在企业主体责任落实方面，北京市建立生产经营单位安全生产主体责任规定，构建了"1＋8"的主体责任体系，覆盖了生产经营单位安全生产工作的全过程和各环节，明确了生产经营单位是安全生产的责任主体。在生产安全责任追究方面，北京市制定了生产安全事故责任追究办法和"一岗双责"规定，对因工作失职、渎职而发生安全事故的，要严肃进行责任倒查，依法追究有关人员和领导的责任。

（二）安全生产风险防控机制逐步完善，二级指标评分为96.40分

在安全风险评估与论证机制实施方面，北京市已经出台了安全风险评估规范、风险管理办法、风险评估方案等一系列政策文件，在全市开展的风险评估试点工作取得了积极成效，全覆盖的城市安全风险评估正在推进，城市安全风险防控水平不断提升。在生产安全事故隐患分级和排查治理标准建设方面，北京市生产安全事故隐患排查治理信息系统已经生效，不同行业的隐患排查治理指导标准编制正逐步展开，城市安全风险分级管控和隐患排查治理双重预防体系逐步形成。在政府安全生产行政执法工作方面，相关法规规章和标准体系不断健全，具有首都特色的安全生产"四位一体"执法体系不断完善，执法信息化建设不断推进，安全监管执法能力水平大幅度提高，行政执法工作总体质量得到提高。在企业定期开展风险评估和危害辨识方面，北京市已经完成城市重点行业和重点企业安全风险评估试点工作，绘制了企业风险和区域风险"一张图"，形成了可复制、可借鉴、可推广的经验和模式。在企业安全生产标准化创建方面，北京市已经制定了企业安全生产标准化建设的管理办法以及相关评审办法、过程

控制规范、核查办法等一系列工作制度，企业安全生产标准化创建工作正在稳步推进。

（三）安全生产指标完成情况出现好转，二级指标评分为80.00分

2018年北京市安全生产形势实现持续稳定好转，扭转了2017年安全生产事故上升态势，实现了安全生产事故起数和死亡人数的双下降。具体来说，安全生产事故起数、安全生产死亡人数、亿元地区生产总值生产安全事故死亡率、工矿商贸就业人员十万人生产安全事故死亡率、火灾（消防）十万人口死亡率等指标明显下降，完成预计目标。安全生产举报投诉机制已经建立，发挥作用明显。然而，在道路交通万车死亡率和铁路交通事故死亡人数方面，没有达到预计目标。

（四）安全生产应急管理能力不断加强，二级指标评分为87.99分

在安全生产应急救援指挥平台建设方面，北京市成立了市应急指挥中心，在市级和区级层面都已经建立了应急指挥系统。在政府出台安全生产应急管理的标准和规范文件方面，北京市不断强化地方标准体系建设，大力推进安全生产百项地标的应用落地，进一步提升安全生产的应急管理水平。在应急救援联动机制方面，北京市已经在政企之间、部门之间、京津冀城市群之间建立了应急救援联动机制。在安全生产应急救援队伍方面，北京市已建立市级专业应急救援队伍、区应急救援队伍、企业兼职救援队伍和以社会专业应急救援志愿者队伍为补充的三级应急救援队伍体系。在安全生产事故应急预案方面，北京市突发事件应急预案已经制定，其中针对安全生产事故应急预案制定了管理办法和评审标准。在安全生产应急救援保障能力建设方面，北京市已经制定突发事件应急保障的具体要求，在应急救援队伍建设、应急专家库建设、应急装备和救援物资完善等方面取得明显进步。在企业安全管理人员配备方面，北京市针对企业安全管理人员配备已经制定明确要求，通过安全生产条件普查信息系统，可以动态掌握北京市企业安全管理人员配备的最新状况。

（五）安全宣传教育形成特色品牌，二级指标评分为89.28分

在政府开展安全宣传教育方面，北京市应急管理局成立了专门的宣传教育中心，打造多个安全宣传教育的特色品牌，2018 年取得了明显进步，营造了全社会关注安全的浓厚氛围。在将安全生产纳入干部培训内容方面，北京市已经针对企业和机关事业单位干部开展专门安全生产培训教育，并制定了相关教材、大纲和考核标准。

三 指标评估结果分析

（一）党委、政府领导责任是否明确

本指标得分为 100 分。

通过检索，在北京市应急管理局网站中搜索到《北京市安全生产"党政同责"规定》。文件规定要求各级党委主要负责人对本地区的安全生产负领导责任；各级政府主要负责人担任本级安全生产委员会主任，全面负责本地区安全生产工作。进一步明确了安全生产政府抓、党委也要抓，同时还规定了"抓什么、怎样抓"的问题，对于进一步加强党委对安全生产工作的统一领导、充分发挥党委对安全生产工作统揽全局的作用有重要意义。

通过检索，在北京市应急管理局网站中搜索到《北京市安全生产条例》。文件规定各级人民政府的主要领导人和政府有关部门的正职负责人对本行政区域和本部门的安全生产工作负全面领导责任，各级人民政府的其他领导人和政府有关部门的其他负责人对分管范围内的安全生产工作负领导责任。

通过检索，在首都之窗政务网站中搜索到《北京市安全生产工作考核办法》。坚持管行业必须管安全、管业务必须管安全、管生产经营必须管安全，明确和落实党委和政府领导责任、部门监管责任、企业主体责任，强化属地管理，严格工作考核，切实做到"党政同责、一岗双责、齐抓共管、

失职追责"。

通过检索，在首都之窗政务网站中搜索到《北京市党政领导干部安全生产责任制实施细则》。细则规定，实行党政领导干部安全生产责任制，应当坚持党政同责、一岗双责、齐抓共管、失职追责。各级党委和政府主要负责人对本地区安全生产工作负总责，是本地区安全生产第一责任人。

从以上检索信息可以看出，北京市已经在安全生产领域建立了党委、政府领导责任，明确了各级党政主要负责人是本地区安全生产第一责任人。因此，本指标得满分。

（二）部门监管责任是否落实

本指标得分为100分。

通过检索，在首都之窗政务网站中搜索到《北京市安全生产工作考核办法》，考核内容包括健全责任体系。

通过检索，在北京市应急管理局网站中搜索到《关于进一步推进安全生产领域改革发展的实施方案》。方案明确了北京市深化安全生产领域改革的发展蓝图和路径，明确了3类部门（安全生产监督管理部门、负有安全监管职责的部门、其他行业领域主管部门）的各自职责，是指导未来一个阶段安全生产领域改革发展的纲领性文件。

通过检索，在北京市应急管理局网站中搜索到《进一步完善和加强市政府工作部门安全监管（管理）职责的通知》。文件要求按照"谁主管、谁负责""谁审批、谁负责"的原则，进一步构建全市安全生产"党政同责、一岗双责、齐抓共管"的责任体系，完善安全生产监管体制机制建设。

通过检索，在北京市应急管理局网站中搜索到文件《北京市安全生产委员会办公室关于印发〈市政府有关部门建立本行业生产经营单位落实安全生产主体责任情况检查评估制度的指导意见（试行）〉的通知》。其中要求，负有安全生产监督管理职责的部门要建立行业生产经营单位落实安全生产主体责任情况的检查评估制度，每年组织开展监督管理职责范围内的生产经营单位落实生产安全主体责任情况的专项检查评估。

从以上检索信息可以看出，北京市安全生产各监管部门责任已经明确，部门监管责任已经得到落实。因此，本指标得满分。

（三）企业主体责任是否落实

本指标得分为 100 分。

通过检索，在北京市应急管理局网站中搜索到文件《关于进一步推进安全生产领域改革发展的实施方案》。其中要求，企业对本单位安全生产和职业健康工作负全面责任，要严格履行安全生产法定责任，建立健全自我约束、持续改进的内生机制。企业实行全员安全生产责任制度，法定代表人和实际控制人同为安全生产第一责任人。

通过检索，在北京市应急管理局网站中搜索到文件《北京市生产经营单位安全生产主体责任规范》。其中要求，生产经营单位必须遵守有关安全生产的法律法规，履行安全生产法定职责和义务，加强安全生产管理，承担本单位安全生产主体责任；生产经营单位安全生产工作应当做到党政同责、一岗双责。

通过检索，在北京市应急管理局网站中搜索到《关于在本市市属国有企业设立安全总监（试行）的意见》。文件明确企业主要负责人是本单位安全生产工作的第一责任人，其他负责人对各自分管领域的安全生产工作负有领导责任。安全总监协助分管安全生产工作的负责人开展工作，并对职责或授权范围内的事项承担直接责任。

通过检索，在首都之窗政务网站中搜索到文件《北京市生产经营单位安全生产主体责任规定》。规定共 55 条，以"责任"为主线，构建了"1 + 8"的主体责任体系，覆盖了生产经营单位安全生产工作的全过程和各环节，通过构建完善的安全生产主体责任体系，进一步健全企业自我约束、持续改进的安全生产内生机制，充分激发企业开展安全管理的主观能动性，为生产经营单位全面落实主体责任提供了制度保障。

从以上检索信息可以看出，北京市安全生产企业主体责任已经明确，安全生产责任已经得到落实。因此，本指标得满分。

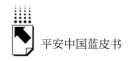
（四）责任追究制度是否落实

本指标得分为 87.06 分。

通过检索，在首都之窗政务网站中搜索到文件《北京市生产经营单位安全生产主体责任规定》。其中第三十四条规定，生产经营单位的主要负责人未履行第四条规定的安全生产管理职责，或者未组织制定第七条规定所列安全生产规章制度之一的，由负有安全生产监督管理职责的部门责令改正；拒不改正的，责令停产停业整顿，并处 2 万元以上 5 万元以下罚款。生产经营单位的主要负责人有前款违法行为，导致发生生产安全事故的，依法给予撤职处分；构成犯罪的，依法追究刑事责任。

通过检索，在北京市应急管理局网站中搜索到文件《北京市安全生产"一岗双责"暂行规定》。其中提出，进行安全生产事前问责，即把问责程序启动在事故发生之前。对各级政府及其部门领导干部不落实安全生产"一岗双责"制度、履行安全生产工作职责不认真造成不良影响的，监察部门要进行行政问责。同时严格落实事后问责：对于安全生产"一岗双责"履职不到位，因工作失职、渎职而发生安全事故的，要严肃进行责任倒查，依法追究有关人员和领导的责任。

通过检索，在北京市应急管理局网站中搜索到文件《北京市生产安全事故责任追究和整改措施落实情况评估办法》。文件要求，事故评估报告应当包括事故责任人员责任追究落实情况、事故责任单位责任追究落实情况和事故发生单位整改措施情况等。评估组队评估过程中出现的安全生产违法行为，应当予以纠正或者要求限期整改；对依法应当给予行政处罚的行为，依照安全生产法律、法规的规定给予处罚。

通过问卷调查，针对"所在单位发生安全生产事故后相关责任人是否被追责"问题，78.43% 的受访群众肯定其所在工作单位发生安全事故后相关人员受到责任追究（肯定回答 40 频次，否定回答 11 频次）。

综合以上，从网络抓取部分来看，北京市安全责任追究制度已经建立和落实，故网络抓取部分本指标得满分。从问卷调查结果来看，根据被调查人

对所在单位安全事故发生后的责任追究情况，问卷调查部分本指标得 78.43
分。根据计分规则，本指标最后得分 87.06 分。

（五）政府是否建立实施安全风险评估与论证机制

本指标得分为 100 分。

通过检索，在北京市应急管理局网站中搜索到文件《北京市城市安全
风险评估试点工作方案》。从中可看出，北京市已在全市开展安全风险评估
试点工作，对重点行业领域安全风险进行深入辨识与评估，探索建立规范的
安全风险数据库和信息管理系统。该方案主要工作任务包括：①构建配套标
准规范体系；②开展安全风险源普查，摸清底数；③开展安全风险评估；
④同步建设数据库与信息管理系统；⑤落实安全风险分级管控措施。

通过检索，在北京市应急管理局网站中搜索到文件《北京市安全风险
管理实施办法（试行）》。其中第四条明确规定，安全风险管理工作坚持分
级、属地管理和"谁主管、谁负责，突出重点、注重实效"的原则。第十
条明确规定，安全风险评估的内容主要包括各类安全风险可能造成的事故类
型、事故后果和影响范围等。

通过检索，在北京市应急管理局网站中搜索到文件《北京市安全风险
评估规范（试行）》。依据安全风险评估对象以及特定时间、空间特点，各
单位应明确安全风险评估的工作范围、具体目标、组织管理与工作机制、职
责分工、实施程序、进度安排和保障措施等，细化各项工作任务，落实协同
工作职责，开展安全风险评估工作。

通过检索，在首都之窗政务网站中搜索到新闻《全市城市安全风险评
估试点工作总结交流会成功召开》。其中提到，2017~2018 年，市安委会组
织相关单位，在本市危险化学品单位，人员密集场所单位，建筑施工项目，
生活垃圾处理设施，规模以上工业企业，"两客一危"企业，矿山、非煤矿
山及尾矿库 7 个行业领域，以及涉及城市运行的水、电、气、热和公共交通
等 13 家国有企业、11 家市属公园开展安全风险评估试点工作，取得了积极
成效：①出台了一个办法，即《北京市安全风险管理实施办法（试行）》；

②建立了一个工作机制，即安全风险评估工作机制；③研究制定了一套标准规范，包括《北京市安全风险评估规范（试行）》《北京市生产安全事故应急能力评估规范（试行）》《北京市生产安全应急资源调查规范（试行）》等配套规范，编制了《企业安全风险源辨识建议清单》《重大安全风险源辨识建议清单》；④开发建设了一个信息化系统，即"北京市安全风险云服务系统"的政府端和企业端；⑤绘制了一张风险电子地图，即北京市安全风险电子地图；⑥培养和锻炼了一支评估队伍。在风险评估过程中，切实落实"三个责任"（行业管理部门责任、属地监管责任、企业主体责任），充分发挥"三个力量"（政府的主导力量、街乡镇专职安全员队伍力量、专业机构和专家的力量），严格坚持"三个到位"（重大安全风险源辨识到位、管控主体和管控责任落实到位、属地政府行业管理部门监管到位），破解了"谁来管""管什么""怎么管"的行业监管难题。

从以上检索信息可以看出，北京市行业安全风险评估活动已经得到开展，安全风险评估与论证机制已经建立，全覆盖的城市安全风险评估正在推进，城市安全风险防控水平不断提升。因此，本指标得满分。

（六）政府是否制定生产安全事故隐患分级和排查治理标准

本指标得分为100分。

通过检索，在北京市应急管理局网站中搜索到文件《北京市生产安全事故隐患排查治理办法》。其中明确，事故隐患排查治理工作应当坚持生命至上、预防为主、科学管理、单位主责、政府监督、社会参与的原则。市和区安全生产监督管理部门对本行政区域内事故隐患的排查治理实施综合监督管理，指导、协调、监督政府有关部门履行事故隐患排查治理监督管理职责，并依法对生产经营单位的事故隐患排查治理工作实施监督管理。

通过检索，在北京市应急管理局网站中搜索到文件《北京市生产安全事故隐患排查治理评价考核办法（试行）》。考核办法以督促落实生产经营单位和各地区的隐患排查治理工作为目标，以信息系统为手段，建立生产安全事故隐患排查治理评价考核指标，实现生产经营单位、属地政府隐患排查治理工作的量化评估，为实施差别化、有针对性的监管提供支撑，逐步形成全过程、动态化、重预防的隐患排查治理绩效考核机制。

通过检索，在首都之窗政务网站中搜索到文件《北京市人民政府办公厅关于印发〈北京城市安全隐患治理三年行动方案（2018～2020年）〉的通知》。工作目标是通过城市安全隐患治理三年行动，依法集中整治一批重大隐患，取缔一批非法场所，拆除一批违章建筑，关闭取缔一批违法违规和不符合安全条件的生产经营单位。到2020年，城市安全风险分级管控和隐患排查治理双重预防体系基本建立，企业和单位主体责任、属地和部门监管责任有效落实，重点行业领域安全状况明显改善，全市较大和重特大安全事故得到有效遏制，城市安全发展水平明显提升。

通过检索，在北京市应急管理局网站中搜索到文件《北京市百项安全生产等级评定技术规范（地方标准）实施方案》。为解决安全生产标准不统一、部分行业安全生产标准缺失、安全生产标准化评定方法不统一等问题，2015年1月，北京市安监局、质监局联合印发《北京市百项安全生产等级评定技术规范（地方标准）实施方案》，正式启动为期3年的安全生产百项地标编制工作。截至2018年12月，安全生产百项地标已经发布53项，11项标准正在进行报批，25项标准处于送审阶段，预计2019年全部发布。百项地标系列标准的编制实施，对进一步落实企业安全生产主体责任，强化政府监管提供了强有力的标准依据。

从以上检索信息可以看出，北京市生产安全事故隐患排查治理信息系统已经生效，不同行业的隐患排查治理指导标准编制逐步展开，城市安全风险分级管控和隐患排查治理双重预防体系逐步形成。因此，本指标得满分。

（七）政府安全生产行政执法工作状况

本指标得分为90分。

通过检索，在北京市应急管理局网站中搜索到文件《关于进一步推进安全生产领域改革发展的实施方案》。方案要求大力推进安全生产依法治理。建立科学长效的安全生产法治体系，是安全生产领域贯彻落实"依法

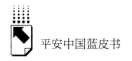
治国"方略和依法行政方式的必然要求。为此，从 6 个方面做出部署：①健全法规规章和标准体系；②建立完善安全准入负面清单制度；③规范监管执法行为；④完善执法监督机制；⑤健全监管执法保障体系；⑥完善事故调查处理机制。要求各区安全生产监督管理部门成立生产安全事故调查处理的专门机构，建立专项保障经费。

通过检索，在北京市应急管理局网站中搜索到新闻《提升履职能力提高执法效能〈北京市安全生产行政执法案例汇编〉编制工作顺利完成》。新闻提到，为进一步提高安全生产行政职权履行率，规范依法行政标准，提升执法监察效能，搜集整理了北京市、区 3 年来的 86 个安全生产行政执法案例。从案件基本情况、涉嫌违反问题、处理意见及依据 3 个方面对案例进行详细阐述和全面分析，并列举了相关的法律规定、处罚依据、自由裁量等内容。《北京市安全生产行政执法案例汇编》的编制对北京市、区安全生产执法员开展日常执法工作具有良好的指导和借鉴意义。

通过检索，在北京市应急管理局网站中搜索到文件《北京市人民政府办公厅关于进一步加强安全生产监管执法有关事项的通知》。为进一步加强安全生产监管执法工作，结合北京市实际情况，在 7 个方面提出本市加强安全生产监管执法工作要求：①加强安全生产执法监管执法保障建设；②建立并落实企业主体责任检查评估制度；③加大安全生产综合监管和督查力度；④建立基层安全生产巡查员制度；⑤探索推进安全生产与职业卫生一体化监管；⑥实施安全生产重点监管执法；⑦健全完善安全生产地方标准体系。

通过检索，在北京市应急管理局网站中搜索到文件《关于 2018 年全市安全生产情况的通报》和《北京市安全监管系统 2018 年工作情况》。前者在介绍重点任务指标完成情况中指出，北京市不断加强行政执法工作。不断提高执法装备建设水平，全市乡镇街道安全生产检查队装备配备率达到95%，东城区等 10 个地区职能部门专职安全员检查移动终端基本配发到位。截至 2018 年 12 月 20 日，全市各区共实施执法检查 39259 件，人均检查量为 60.40 件，同比上升 36.8%；共实施行政处罚 6385 件，人均处罚量为9.82 件，同比上升 64.5%。各区均已完成年度目标任务。后者介绍 2018 年全市乡镇、街道专职安全员共排查生产经营单位 21 万余家，检查覆盖率达到 99.42%，发现隐患 63 万余项目，隐患整改率 99.6%。但部分地区检查停留在只查人员培训、消防器材、电器线路、标识标牌等表面问题上，对责任制落实、隐患排查治理、应急预案等深层次隐患问题查处不够。城市安全隐患治理三年行动累计出动检查人员 22 万余人次，排查挂账隐患 4000 余项，发现隐患问题的能力需要继续提升。

从以上检索信息可以看出，北京市安全生产行政执法相关法规规章和标准体系不断健全，具有首都特色的安全生产"四位一体"执法体系不断完善，行政执法系统正在建设与推广中，执法信息化建设不断推进，安全监管执法能力水平大幅度提高，执法检查量和处罚量明显提升。虽然完成了年度目标任务，但执法检查力度需要继续加大，行政执法工作总体质量需要进一步提高。因此，本指标得 90 分。

（八）企业是否定期开展风险评估和危害辨识

本指标得分为 91.98 分。

通过检索，在首都之窗政务网站中搜索到文件《北京市生产经营单位安全生产主体责任规定》。第二十九条规定，生产经营单位应当定期对作业场所、工艺、设备和岗位进行危害辨识，开展风险评估，确定风险等级，采取相应的风险管控措施；按照国家和本市有关规定开展生产安全事故隐患排查治理；发现直接危及人身安全的紧急情况，现场负责人有权停止作业、撤离人员。

通过检索，在北京市应急管理局网站中搜索文件《北京市安全风险管理实施办法（试行）》。其中第十四条明确，生产经营单位是本单位安全风险控制的主体，应及时、如实向本单位主管部门和属地区政府提供本单位的相关信息，按照相关规定和标准规范制定并落实相应风险级别的具体管控措施。

通过检索，在北京市应急管理局网站中搜索北京市地方标准 DB11/1478 – 2017《生产经营单位安全生产风险评估规范》。标准规定了生产经营单位安

全生产风险评估的一般要求、计划与准备、风险识别、风险分析、风险评价、风险评估报告和持续改进。这为北京市企业开展安全生产风险评估提供了标准，企业可以按照标准要求确定风险评估的内容，包括识别危害因素、分析可能发生的事故后果、评估事故危害程度并确定风险等级。

通过检索，在北京市应急管理局网站中搜索到新闻《北京市安全监管系统 2018 年工作情况》。其中介绍，北京市完成城市安全风险评估试点。以城市安全运行所需的水、电、气、热和公共交通等 13 家国有企业、11 家市属公园，以及危险化学品单位、人员密集场所单位等 7 个重点行业领域作为试点，完成安全风险评估、应急资源评估和应急资源调查，绘制了企业风险和区域风险"一张图"。截至 2018 年 12 月 25 日，全市 9911 家生产经营单位共计上报安全风险源 162699 项。生产经营单位共上传安全风险专项应急预案 22131 份、风险评估报告 8620 份、应急资源调查报告 8618 份、应急能力评估报告 86111 份。

通过问卷调查，针对"所在单位是否定期对各岗位的安全状况进行检查"问题，86.63% 的受访群众肯定其所在工作单位会定期对各岗位的安全状况进行检查（肯定回答 557 频次，否定回答 86 频次）。

综合以上，从网络抓取部分来看，北京市企业已经开展风险评估和危害辨识，故网络抓取部分本指标得满分。从问卷调查结果来看，根据被调查人所在单位定期对各岗位安全状况进行检查情况，问卷调查部分本指标得86.63 分。根据本课题组计分规则，网络抓取部分得分权重为 40%，调查问卷得分权重为 60%，因此本指标最后得分 91.98 分。

（九）企业是否开展安全生产标准化创建

本指标得分为 100 分。

通过检索，在北京市应急管理局网站中搜索到文件《北京市企业安全生产标准化建设管理办法》。其中第三条规定，企业标准化建设应当坚持政策引导支持、部门组织推进、企业自主创建、社会机构评审的原则。第四条规定，市人民政府每年向各区人民政府下达标准化创建任务指标，纳入安全生产综合考核的内容。坚持问题导向，在总结本市标准化建设工作的基础上，全面梳理存在的问题，强化了对标准化达标企业安全生产持续改进的监管措施，对于规范和加强企业标准化创建工作，强化企业安全生产主体责任落实，具有十分重要的意义和作用。

通过检索，在北京市应急管理局网站中搜索到文件《北京市安全生产委员会办公室关于印发〈北京市企业安全生产标准化评审组织单位管理办法〉等标准化工作制度的通知（京安办发〔2017〕38号）》。北京市安全生产委员会办公室组织制定了《北京市企业安全生产标准化评审组织单位管理办法》《北京市企业安全生产标准化评审单位管理办法》《北京市企业安全生产标准化评审员管理办法》《北京市企业安全生产标准化评审专家管理办法》《北京市企业安全生产标准化评审过程控制规范》《北京市企业安全生产标准化核查办法》6项标准化工作制度。这说明北京市高度重视企业安全生产标准化工作，相关制度的发布将进一步规范和加强北京市企业安全生产标准化建设工作，促进标准化建设提质增效，发挥标准化建设在推进企业落实安全生产主体责任中的作用。

通过检索，在首都之窗政务网站中搜索到文件《北京市安全生产监督管理局关于下达2018年度安全生产标准化创建任务的通知》。该文件发布了2018年度北京市各区企业安全生产标准化创建的任务指标，2018年全市标准化三级及小微企业创建数量为8242家。其中：东城区500家，西城区1500家，朝阳区1800家，海淀区700家，丰台区700家，石景山区400家，门头沟区40家，房山区100家，通州区250家，顺义区260家，大兴区500家，昌平区300家，平谷区340家，怀柔区300家，密云区232家，延庆区200家，开发区120家。文件要求各区把标准化工作作为推动落实企业安全生产主体责任的重要抓手，推进标准化建设与事故隐患排查治理、安全风险辨识管控和重点领域专项治理等重点工作紧密结合，持续推进标准化建设提质增效。

通过检索，在北京市应急管理局网站中搜索到新闻《北京市安全监管系统2018年工作情况》。新闻中介绍，企业安全生产标准化信息管理系统显

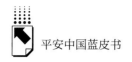

示，2018年达标企业数量为118949家，其中一级标准化工业企业12家、二级标准化企业198家、三级标准化企业12979家、小微岗位达标企业105760家。金属、非金属矿山企业全部通过二级以上安全生产标准化等级评审，其中一级标准化达标率78%，稳居全国前列。金属、非金属矿山企业全部通过二级以上安全生产标准化等级评审，其中一级标准化达标率78%，稳居全国前列。

从以上检索信息可以看出，北京市已经制定了企业安全生产标准化建设的管理办法以及相关评审办法、过程控制规范、核查办法等一系列工作制度。同时制定了2018年度企业安全生产标准化创建任务，并超额完成任务。因此，本指标得满分。

（十）安全生产事故起数

本指标得分为100分。

通过检索，在北京市统计局网站中搜索到《北京统计年鉴》。从中得知，2017年北京市共发生工矿商贸生产安全事故、生产经营性道路交通事故、生产经营性火灾事故、铁路交通事故、农业机械事故等各类安全生产事故569起，2018年安全生产事故数为476起，同比下降16.3%。

通过检索，在北京市应急管理局网站中搜索到文件《关于2018年全市安全生产情况的通报》。文件指出，截至2018年11月底，工矿商贸生产安全事故86起，同比下降35.3%；生产经营性道路交通事故356起，同比下降15.8%；生产经营性火灾事故1起，同比持平。未发生特种设备、农业机械死亡事故。未发生重大、特别重大事故。

从以上信息可知，2018年全市安全生产形势实现持续稳定好转，扭转了2017年事故上升态势，完成预计目标，故该指标得分为满分。

（十一）安全生产死亡人数

本指标得分为100分。

通过检索，在北京市统计局网站中搜索到《北京统计年鉴》。从中得知，

2017 年北京市共发生工矿商贸生产安全事故、生产经营性道路交通事故、生产经营性火灾事故、铁路交通事故、农业机械事故等各类安全生产事故 569 起，造成死亡 631 人，2018 年安全生产事故死亡人数为 511 人，同比下降 19%。

通过检索，在北京市应急管理局网站中搜索到《关于 2018 年全市安全生产情况的通报》。文件指出，截至 2018 年 11 月底，工矿商贸生产安全事故造成人员死亡 90 人，同比下降 37.9%；生产经营性道路交通事故造成人员死亡 386 人，同比下降 15.7%；生产经营性火灾事故造成人员死亡 4 人，同比下降 78.9%。从各区情况看，大部分地区压减事故成效显著，共有 13 个区完成死亡人数下降 5% 以上的任务目标。其中西城区、昌平区、门头沟区压减幅度最大，均同比下降 50%。

从以上信息可知，2018 年北京市安全生产形势实现持续稳定好转，扭转了 2017 年事故死亡人数上升态势，实现了事故起数和死亡人数"双下降"，完成预计目标，故该指标得分为满分。

（十二）亿元地区生产总值生产安全事故死亡率

本指标得分为 100 分。

通过检索，在北京市统计局网站中搜索到《北京市国民经济和社会发展统计公报》。从中可知，2016 年亿元地区生产总值生产安全事故死亡率为 0.024 人，2017 年亿元地区生产总值生产安全事故死亡率为 0.023 人，2018 年亿元地区生产总值生产安全事故死亡率为 0.017 人。

通过检索，在北京市应急管理局网站中搜索到《北京市"十三五"时期安全生产规划》。从中可知，在北京市"十三五"时期安全生产规划中，单位地区生产总值生产安全事故死亡率目标累计下降 20% 以上。

从以上信息可得，2018 年亿元地区生产总值生产安全事故死亡率较 2017 年下降 26%，完成预计目标，故该指标得分为满分。

（十三）工矿商贸就业人员十万人生产安全事故死亡率

本指标得分为 100 分。

通过检索，在北京市统计局网站中搜索到《北京统计年鉴》。从中可知，2016 年工矿商贸就业人员十万人生产安全事故死亡率为 1.03 人，2017 年工矿商贸就业人员十万人生产安全事故死亡率为 1.31 人。2018 年工矿商贸就业人员十万人生产安全事故死亡率暂未公布，通过分析截至 2018 年 11 月底的数据，工矿商贸生产安全事故和死亡人数分别比 2017 年下降 35.3% 和 37.9%，预计 2018 年工矿商贸就业人员十万人生产安全事故死亡率比 2017 年下降 35% 以上。

通过检索，在北京市应急管理局网站中搜索到《北京市"十三五"时期安全生产规划》。从中可知，在北京市"十三五"时期安全生产规划中，工矿商贸就业人员十万人生产安全事故死亡率目标控制在 0.861 人以内。

从以上信息可得，2018 年工矿商贸生产安全事故数和死亡人数均比 2017 年下降明显，通过死亡人数下降幅度估算 2018 年工矿商贸就业人员十万人生产安全事故死亡率在 0.861 人以内，完成预计目标，故该指标得分为满分。

（十四）道路交通万车死亡率

本指标不得分。

通过检索，在北京市统计局网站中搜索到《北京统计年鉴》和《北京市国民经济和社会发展统计公报》。从中可知，2016 年道路交通万车死亡率为 2.38 人，2017 年道路交通万车死亡率为 2.33 人，2018 年道路交通万车死亡率为 2.33 人。

通过检索，在北京市应急管理局网站中搜索到《北京市"十三五"时期安全生产规划》。从中可知，在北京市"十三五"时期安全生产规划中，道路交通万车死亡率目标控制在 1.62 人以内。

从以上信息可得，2018 年和 2017 年道路交通万车死亡率持平，未完成预计目标，故该指标不得分。

（十五）铁路交通事故死亡人数

本指标不得分。

通过检索，在北京市应急管理局网站中搜索到《关于 2018 年全市安全生产情况的通报》。文件指出，截至 2018 年 11 月底，北京市共发生铁路交通事故 17 起、死亡 17 人，均比 2017 年上升 54.5%。

从以上信息可得，2018 年相对 2017 年发生铁路交通事故死亡人数上升，未完成预计目标，故该指标不得分。

（十六）火灾（消防）十万人口死亡率

本指标得分为 100 分。

通过检索，在北京市统计局网站和北京市应急管理局网站中分别搜索到《北京统计年鉴》和《关于 2018 年全市安全生产情况的通报》。从中可知，2016 年北京市常住人口 2172.9 万人，全市火灾死亡人数 56 人；2017 年北京市常住人口 2170.7 万人，全市火灾死亡人数 50 人；2018 年北京市常住人口 2154.2 万人，全市火灾死亡人数较 2017 年减少 15 人，即 35 人。

通过检索，在北京市应急管理局网站中搜索到《北京市"十三五"时期安全生产规划》。从中可知，在北京市"十三五"时期安全生产规划中，火灾（消防）十万人口死亡率目标控制在 0.35 人以内。

从以上信息计算可得，2018 年火灾（消防）十万人口死亡率为 0.16 人，完成预计目标，故该指标得满分。

（十七）安全生产举报投诉情况

本指标得分为 100 分。

通过拨打北京市安全生产举报投诉电话"12350"，与举报投诉中心工作人员进行访谈。通过对相关问题的提问与回复，整理如下信息：市民拨打"12350"是免费的，中心实施 7×24 工作制，每日全时段进行人工接听，双休日、节假日不休息。此外，市民还可以通过书信、来访、传真、在线咨询等方式进行安全生产举报投诉，中心将收集到的举报投诉事项按照政府职责划分，分发至具体相关部门进行处理，并将处理结果及时向举报人反馈。中心会对核查属实的举报投诉事项给予奖励，奖励金额为 200～2000 元人民

币，北京市安全生产（12350）举报投诉中心除承担举报投诉业务外，还向公众提供有关安全生产方面的信息咨询服务。

通过检索，在北京市应急管理局网站中搜索到文件《2017 年安全生产举报统计》。从中得知，2017 年北京市安全生产（12350）举报投诉中心共接听市民来电 10956 个，接收举报案件线索 2396 件，立案查处 1779 件，解答市民咨询 8560 件，办结 10956 件，办结率 100%。2018 年第一季度，举报投诉中心共接听各类来电 1985 个，接收举报案件线索 394 件，立案查处 177 件，解答群众咨询 1591 件，共办结 1985 件，办结率 100%。群众咨询内容涉及特种作业、危险化学品、职业危害等多类咨询，均已按相关规定进行了答复。

通过检索，在北京市应急管理局网站中搜索"12350 安全生产举报投诉办理情况和举报奖励"专栏。通过查询，可以看到最新的举报投诉和办理情况，从每一起举报投诉事项可以看到举报的时间、地点和存在的安全隐患，以及受理和整改情况，举报属实的话，举报人可获得奖励金。北京市安全生产（12350）举报投诉中心会定期对举报奖励情况进行公示，以 2018 年 7~9 月为例，应发奖励金额为 18200 元，举报案件数 47 件，实际领取奖励金额 12200 元，领取件数 29 件。

通过检索，在北京市应急管理局网站中搜索到新闻《北京市安全监管系统 2018 年工作情况》。在介绍完善安全监管体制相关内容时，提到要推动行政审批改革和举报投诉热线整合。大力精简审批材料、压缩审批时限，对无现场审核许可事项，在法定时限上压缩 50% 以上，对有现场审核许可事项，在法定时限上压缩 30% 以上。全年受理事项均实现"零投诉、零差错"，事项办结率基本实现 100%。落实市政府第 105 次专题会议精神，推进安全生产举报投诉与市政府服务热线整合，理顺工作机制，明确工作职责，细化工作流程。2018 年 11 月 1 日零时起，"12350"热线顺利迁入市非紧急救助服务中心，实现"统一接收、分类处置"的目标。

从以上检索信息可以看出，北京市已经建立以 12350 安全生产举报投诉中心为主体的举报投诉机制，工作流程规范，鼓励人民群众积极举报安全生产事故隐患和各类非法违法生产建设经营行为，发挥了群众的监督作用，举报事项办结率基本 100%。因此，本指标得满分。

（十八）政府是否建立安全生产应急救援指挥平台

本指标得分为 80 分。

通过检索，在北京市应急管理局网站中搜索到新闻《北京市安全生产科技工作取得新进展》。2006 年，北京市安排专项资金 3600 多万元，建设北京市安全生产应急指挥平台及移动应急指挥车、事故指挥车。建立了 OA 办公系统、网上申报系统、办事大厅系统、安全生产培训机构管理系统、安全生产事故统计分析系统、安全生产数据报送及统计系统等 23 个系统。目前，应急救援指挥平台基本实现了应急值守、指挥调度、辅助决策和视频监控四大功能。2009 年，再投入 800 万元，建设执法检查全流程管理系统、综合数据指标管理系统、隐患排查治理系统、重大危险源监控系统 4 个系统。

通过检索，在北京市应急管理局网站中搜索到《北京市应急指挥技术支撑系统建设情况介绍》。2014 年北京市按照整合、信息共享、平战结合的原则，建成了以市级指挥平台为核心，各专项指挥部、各区指挥平台互联互通的技术支撑体系，具备软件应用、视频会议、移动指挥、图像健康、无线指挥和有限调度六大功能。

通过检索，从北京市应急管理局网站的应急机构介绍中得知，北京市突发事件应急委员会下设市应急指挥中心，包括市交通安全、森林防火、空气重污染和生产安全事故应急指挥部等多个专项指挥部。其中市生产安全事故应急指挥部办公室为市生产安全事故应急指挥部的常设办事机构，设在市应急管理局，具体负责指挥本市特别重大、重大生产安全事故应急处置工作，依法指挥协调或协助做好较大、一般生产安全事故应急处置工作，组织开展北京市生产安全事故应急指挥部所属应急救援队伍的建设管理以及应急物资的储备保障等工作。

通过检索，在北京市应急管理局网站中搜索到新闻《市局信息中心赴

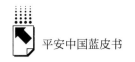

市应急办调研应急通讯指挥车建设应用情况》。其中表述，2017 年 11 月 3 日，信息中心技术保障部相关同志在应急办车场，调研应急通讯指挥车建设应用情况，分别对卫星通信系统、视频会议系统、显示图像系统、照明系统、供电系统等进行了试用，并对车辆执行任务情况进行了调研。

从以上检索信息可以看出，北京市级和区级层面已经建立了应急指挥系统，生产安全事故的应急指挥是其中的一部分。市应急指挥中心为生产安全事故设置了专项指挥部，在北京市级层面也有安全生产应急指挥平台，在区级层面未查询到专门针对安全生产设置的应急指挥平台。在《北京市"十三五"时期安全生产规划》中提到，完善应急救援联动机制，建设完善市、区两级联动的安全生产应急指挥平台，实现安全生产事故信息的及时上报和科学决策，提高事故处置能力。因此，综合考虑市级和区级层面安全生产相关应急指挥平台的建设以及联动情况，本指标得 80 分。

（十九）政府是否出台安全生产应急管理的标准和规范文件

本指标得分为 100 分。

通过检索，在首都之窗政务网站中搜索到新闻《市安全监管局谈"关注安全生产应急管理工作"》。其中提到，2015 年为了推进北京市安全生产"四化三体系双基"总任务的要求，在全市加油加气站行业开展了应急管理示范试点的创建活动，同时，根据各区推荐选定 88 家单位，制定了《企业安全生产应急管理示范试点工作标准》，对创建的内容、创建的形式都进行了规定。从年底示范实地验收的情况看，成效显著，完善了安全生产应急管理的相应制度。

通过检索，在北京市应急管理局网站中搜索到新闻《市安全监管局不断强化地方标准体系建设》。其中提到，为大力推动危险化学品安全法制化建设，夯实安全监管工作基础，市安全监管局近年来不断强化地方标准体系建设。实施"两手抓"的工作策略，即一方面抓好指向性明确的专业技术标准的编制工作，对关键性条款进行反复论证；另一方面抓好"百部地标"中涉及危险化学品监管方面的起草与规划工作，紧密做好内部配合和衔接。

2018 年，将地方标准的制定与修订作为一项重点工作，强化地方标准的发布和宣贯工作，充分发挥地方标准的作用，进一步提升危险化学品领域的安全管理水平。

通过检索，在北京市应急管理局网站中搜索到新闻《共话安全生产访谈——关注安全生产百项地标》。其中提到，安全生产百项地标与其他的地方标准有不同之处：一是率先提出了危险化学品储存使用标准，二是率先提出了企业用电安全管理标准，三是率先对安全生产制度文件的具体要素做出规定，四是率先对安全生产等级评定工作给予规范。

通过检索，在北京市应急管理局网站中搜索到文件《北京市百项安全生产等级评定技术规范（地方标准）实施方案》。为解决安全生产标准不统一、部分行业安全生产标准缺失、安全生产标准化评定方法不统一等问题，2015 年 1 月，北京市安监局、质监局联合印发《北京市百项安全生产等级评定技术规范（地方标准）实施方案》，正式启动为期 3 年的安全生产百项地标编制工作。截至 2018 年 12 月，安全生产百项地标已经发布 53 项，11 项标准正在进行报批，25 项标准处于送审阶段，预计 2019 年内全部发布。

从以上检索信息可以看出，北京市高度重视安全生产应急管理工作，不断强化地方标准体系建设，大力推进安全生产百项地标的应用落地，进一步提升安全生产的应急管理水平，故该指标得满分。

（二十）政府是否建立应急救援联动机制

本指标得分为 100 分。

通过检索，在北京市应急管理局网站中搜索到文件《京津冀安全生产应急联动机制正式启动》。2016 年 6 月 13 日，京津冀安全生产应急联动机制工作会在天津市召开，三地安监局局长共同签署了关于建立区域安全生产应急联动工作机制的协议，标志着三地安全生产应急工作的正式联手。其中提到，积极推进安全生产应急联合指挥机制建设，通过组织跨区域应急联合演练，强化协调配合，提高应急处置实战能力，同时在突发事件信息、应急平台互通、应急保障能力建设等常态工作方面进行长期交流，提升三地协同

应对突发事件的能力，维护地区安全生产形势的稳定。

通过检索，在北京市应急管理局网站中搜索到文件《京津冀三区市建应急联动机制》。2017 年 5 月 12 日，北京市通州区、天津市武清区、河北省廊坊市安全监管局签署《关于建立次区域安全生产应急联动工作机制的协议》，标志着这三个地方安全生产应急联动机制建设工作正式启动，京津冀协同应对事故灾难试点工作由准备阶段正式转入实施阶段。三区市安监部门将每年定期召开联席会议，通力合作、密切协同，按照试点工作方案规定的时间节点，完成各项任务。

通过检索，在北京市应急管理局网站中搜索到新闻《开发区安监局着力构建相邻企业间的应急联动机制》。2014 年初，北京市经济技术开发区加强片区企业之间的联系，搭建沟通平台，建立了企业间的应急救援联动机制，能够提高应急响应能力，做到信息及时共享、物资共享，最大限度地减少损失。

通过检索，在北京市应急管理局网站中搜索到新闻《东城区安全监管局与公安消防支队建立突发危险化学品事件应急救援联动机制》。2014 年 6 月，东城区安全监管局与区公安消防支队建立了东城区突发危险化学品事件应急救援联动机制。通过检索，在北京市应急管理局网站中搜索到新闻《东城区开展商务行业安全生产综合应急演练》。2018 年 5 月，北京市东城区安全监管局联合区商务委、区应急办、公安分局、消防支队、东直门街道办事处等单位在东方银座购物中心组织开展了安全生产综合应急演练。在北京市应急管理局网站中搜索到新闻《昌平区开展应急救援演练》。2018 年 10 月，由昌平区旅游委主办，联合区质监局、公安分局、消防支队、城南街道等部门在乐多港奇幻乐园举行大型游乐设施应急救援演练活动。

从以上检索信息可以看出，北京市已经在政企之间、部门之间、城市群之间建立了应急救援联动机制。因此，本指标得满分。

（二十一）安全生产应急救援队伍

本指标得分为 78.40 分。

通过检索，在北京市应急管理局网站中搜索到文件《北京市生产经营单位安全生产主体责任规范》。其中要求，危险物品的生产、经营、储存单位和矿山、金属冶炼、城市轨道交通运营、建筑施工单位，应当建立应急救援组织，配备相应的应急救援器材及装备。不具备单独建立专业应急救援队伍的规模较小的生产经营单位，应当指定兼职应急救援人员。

通过北京市应急管理局网站政民互动板块的在线咨询栏目，通过问题"北京市专业应急救援队伍数量及人数有多少？"得到答复："（2019 年）目前，我市经市应急委认定的市级专业应急救援队伍共有 20 支，涉及电力、建筑工程、城市公共设施、交通、防汛抗旱、安全生产等多个领域。鉴于各支专业救援队伍人员的动态流动性，具体人数随时在发生变化，我们也将定期进行更新统计。"

通过检索，在首都之窗政务网站中搜索到新闻《市安全监管局谈"关注安全生产应急管理工作"》。其中提到，2016 年北京市安全生产救援队伍体系是三级。

通过检索，在中国首都网中搜索到新闻《北京市应急志愿者实名注册已超 17 万》。其中提到，北京市应急志愿者服务总队是在北京团市委、市应急办、市志愿服务联合会领导下的全市应急志愿者枢纽型组织，截至 2018 年 9 月，北京市在"志愿北京"平台实名注册应急志愿者已超过 17 万人，应急志愿服务组织有 537 支，包括"应急通信、紧急救护、城市救援、山域救援、水域救援、地震救援、空中救援、洞穴救援、消防防化、心理救援、大型活动保障、机动（车）、普及宣教、环境救援，以及特勤队、预备队"16 支直属专业分队。在突发事件应对、培训和演练、基层宣教、大型活动保障等多维度，已形成北京应急志愿者常态化工作模式。

通过问卷调查，针对"所在单位是否有应急救援队伍"问题，64.00%的受访群众肯定其所在工作单位有应急救援队伍（肯定回答 352 频次，否定回答 198 频次）。

综合以上，从网络抓取部分来看，北京市已建立市级专业应急救援队伍、区级应急救援队伍、企业兼职救援队伍和以社会专业应急救援志愿者队

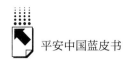

伍为补充的三级应急救援队伍体系，网络抓取部分得分为100分。从问卷调查结果来看，根据被调查人所在单位应急救援队伍建设情况，问卷调查部分本指标得64.00分。根据本课题计分规则，网络抓取部分得分权重为40%，调查问卷得分权重为60%，因此本指标最后得78.40分。

（二十二）安全生产事故应急预案

本指标得分为76.74分。

通过检索，在北京市应急管理局网站中搜索到文件《北京市安全生产监督管理局关于公开征求〈北京市生产安全事故应急预案管理办法（征求意见稿）〉修改意见的公告》。其中提到，为贯彻落实《生产安全事故应急预案管理办法》（国家安全生产监督管理总局令第88号），规范北京市生产安全事故应急预案管理工作，北京市安全生产监督管理局制定了《北京市生产安全事故应急预案管理办法（征求意见稿）》。

通过检索，在北京市应急管理局网站中搜索到文件《北京市突发事件应急预案管理办法（2017年修订）》。其中提到，为进一步完善本市突发事件应急预案体系，增强应急预案的针对性、实用性和可操作性，实现应急预案的动态、科学和规范化管理，制定本办法。其中第二章第六条明确，应急预案体系涵盖自然灾害、事故灾难、公共卫生事件和社会安全事件等各类突发事件。按市、区、街道（乡镇）三级管理，延伸到社区（村）、机关、团体、企业事业单位等。

通过检索，在北京市应急管理局网站中搜索到"应急预案"专栏。专栏公布了北京市应急管理相关的各类应急预案，包括《北京市空气重污染应急预案（2018年修订）》《北京市道路突发事件应急预案（2018年修订）》《北京市火灾事故应急救援预案（2018年修订）》《北京市防汛应急预案（2018年修订）》《北京市城镇房屋安全突发事故应急预案》等专项应急预案，以及《东城区突发事件总体应急预案》《西城区突发事件总体应急预案》等各区总体应急预案。

通过检索，在首都之窗政务网站中搜索到北京市地方标准《生产经营单位生产安全事故应急预案评审规范》。标准于 2017 年 12 月 15 日发布，规定了生产经营单位生产安全事故应急预案评审的一般要求、评审方法、评审流程，适用于生产经营单位生产安全事故应急预案评审。标准要求，应急预案应符合 GB/T29639 的要求，重点审查应急预案层次结构、内容格式、语言文字及编制过程的规范性和完整性。该标准的发布为北京市生产经营单位应急预案的编制和评审提供了很好的参考。

通过问卷调查，针对问题"是否了解本单位的应急预案"，61.23% 的受访群众了解其所在工作单位的应急预案（肯定回答 308 频次，否定回答 195 频次）。

综合以上，从网络抓取部分来看，北京市突发事件应急预案已经制定，其中针对安全生产事故应急预案制定了管理办法和评审标准，网络抓取部分得分为 100 分。从问卷调查结果来看，根据被调查人所在单位的应急预案情况，问卷调查部分本指标得 61.23 分。根据本课题计分规则，网络抓取部分得分权重为 40%，调查问卷得分权重为 60%，因此本指标最后得 76.74 分。

（二十三）安全生产应急救援保障能力

本指标得分为 90 分。

通过检索，在首都之窗政务网站中搜索到文件《北京市突发事件总体应急预案（2016 年修订）》。其中，针对北京市应急保障中的指挥系统技术保障、应急队伍保障、通信保障、交通运输保障、物资保障、医疗卫生保障、治安保障、人员防护保障、应急避难场所保障、气象服务保障、资金保障、技术开发与储备、法制保障、应急产业发展保障等多个层面的保障能力提升提出了要求。

通过检索，在北京市应急管理局网站中搜索到新闻《应急处赴昊华矿山救护队调研应急救援装备更新工作》。其中提到，2018 年 5 月 4 日，为做好北京市市级专业应急救援队伍装备更新补助工作，应急处负责人及相关人员到昊华矿山救护队调研应急救援装备更新工作，与救护队相关负责同志进行了座谈，并对应急救援装备更新提出了具体要求。为保障昊华矿山救护队

和燕化消防支队两支市级专业应急救援队伍的装备器材满足应对区域日常救援任务需要及复杂危险化学品道路运输抢险救援工作的基本需求，提升安全生产事故应急救援能力，根据《北京市市级专业应急队伍管理办法》有关精神，北京市应急管理局向市财政局为两支市级专业应急救援队伍申请了装备更新补助经费830.86万元。

通过访谈，与北京市应急管理局参与北京市安全生产实训基地建设的同志交流实训基地情况。了解到北京市安全生产实训基地是北京市应急管理局和首钢集团联合打造的安全生产领域政校合作基地，填补了安监系统实训基地的空白，是国内一流、富有特色、实用性强的高标准安全生产执法检查综合实训基地。立足安全隐患排查和安全风险辨识实战化培训，关注全国安全应急领域的需求，在建设过程中运用了VR、数字沙盘、三维动画、红外感应等多种先进技术，目前已完成二期建设，实训基地占地面积2700平方米，总体呈现"5厅2室1走廊"的布局，即：高危行业厅、工业综合厅、城市风险厅、仓储综合厅、综合业态厅、配电室、危化品实验室、公共安全走廊。实训基地以提升从业人员安全隐患排查和安全风险识别能力为核心目标，全流程、全要素模拟真实的隐患执法检查过程，以实景服务实战，以实训促进实践，以实用促进实效，着力建设专业型、法制型、实景型、实战型、科技型、改善型的"六型"实训基地，致力于打造立足北京、辐射津冀、影响全国的安全生产应急领域的"朱日和"。

通过访谈，与北京市安全生产科学技术研究院的工作人员交流北京市安全生产科技保障能力。北京市安全生产科学技术研究院是北京市应急管理局直属事业单位，承担北京市安全生产战略规划及安全生产重点领域科技攻关任务，正在打造成为安全应急领域"公益型、应用研究型"智库。近年来，研究院在城市运行安全、事故与灾害评估、风险与应急技术等方面开展了大量研究工作，承担了多项科技部、北京市科委等省部级重点项目，研发了安全生产监管大数据平台、安全应急大数据中心平台、生产安全事故调查报告查询系统、安全生产隐患排查VR实训系统等安全生产支撑技术，运用科技手段全面提升北京市安全生产应急救援保障能力。

通过检索，在北京市应急管理局网站中搜索到文件《关于 2018 年全市安全生产情况的通报》。其中提到，2018 年全市 9698 家生产经营单位共排查确认各类安全风险源 16 万余项，汇总登记专兼职应急救护队伍 16628 支、应急专家 5589 人、应急装备 274 万余件、救援物资 210 万余件。在《关于 2017 年北京市安全风险评估工作情况通报》中提到，2017 年汇总登记了专兼职应急救护队 6501 支、应急专家 1851 人、应急装备 33827 件、救援物资 18459 件、社会应急资源信息 100 条。

综合以上，从网络抓取部分来看，北京市已经制定突发事件应急保障的具体要求。通过深入访谈了解，北京市应急管理局近年来打造的北京市安全生产实训基地，是创新安全应急培训方式的典范，有助于提升北京市安全生产应急保障能力，为探索促进应急管理事业发展提供新思路、新方法、新路径。然而，未检索到北京市出台专门针对安全生产应急救援保障工作的支持文件。因此，本指标得分为 90 分。

（二十四）企业安全管理人员配备状况

本指标得分为 84.76 分。

通过检索，在首都之窗政务网站中搜索到文件《北京市生产经营单位安全生产主体责任规定》。其中第十一条规定，矿山、金属冶炼、建筑施工、道路运输、危险物品的生产经营单位，应当按照下列规定设置安全生产管理机构或者配备专职安全生产管理人员，但国家另有规定的除外：①从业人员总数超过 100 人的，应当设置安全生产管理机构，按照不少于从业人员总数 1% 的比例配备专职安全生产管理人员，且最低不得少于 3 人；②从业人员总数在 100 人以下的，应当配备专职安全生产管理人员。

通过检索，在北京市应急管理局网站搜索到新闻《本市首次开展企业安全生产条件普查》和《安全生产条件普查试点工作座谈会》。2014 年，北京市为全面掌握本市生产经营单位的安全现状，进一步核实各类企业安全生产条件，在全市开展第一次企业安全生产条件普查。内容主要包括企业基本信息和企业安全生产条件信息，涵盖工商注册信息、组织机构信息、安全生

产规章制度、安全投入、安全管理机构设置、安全管理人员情况、安全培训考核等。其中规定企业安全生产条件普查每5年进行一次，每3个月进行一次数据更新和共享交换。2019年8月，第二次生产经营单位安全生产条件普查试点全面启动，明确了普查工作目标、职责分工和时间安排，组织编制了五大类普查表共102项指标项，其中企业安全管理人员配备状况是重要普查数据。

通过检索，搜索到新闻《北京市开展规范生产经营单位安全生产管理机构设置和安全生产管理人员配备工作》。其中提到，2016年8月，市安全监管局、市经济信息化委联合召开了生产经营单位安全生产管理机构设置和人员配备工作现场会。会上提到，今后北京市生产经营单位不按规定要求设置安全生产管理机构或者配备安全生产管理人员的，将会受到最高10万元的经济处罚。对企业直接负责的主管人员和其他直接责任人，最高可处2万元罚款。通过约谈一批、曝光一批、处罚一批等强制手段，全力推进机构设置和人员配备工作的落实。

通过问卷调查，针对问题"所在单位是否有专职安全管理人员"，74.60%的受访群众肯定其所在工作单位有专职安全管理人员（肯定回答461频次，否定回答157频次）。

综合以上，从网络抓取部分来看，北京市针对企业安全管理人员配备已经制定明确要求，通过安全生产条件普查信息系统，可以动态掌握北京市企业安全管理人员配备的最新状况，对于不按规定配备安全管理人员的企业也出台了明确的处罚措施。因此，网络抓取部分得分为100分。从问卷调查结果来看，根据被调查人所在单位专职安全管理人员的配备情况，问卷调查部分本指标得74.60分。根据本课题计分规则，网络抓取部分得分权重为40%，调查问卷得分权重为60%，因此本指标最后得84.76分。

（二十五）政府开展安全宣传教育状况

本指标得分为100分。

通过检索，在北京市应急管理局网站的"机构设置"板块中搜索到北京市应急管理宣传教育中心（之前为北京市安全生产宣传教育中心）。宣传教育中心承担北京市安全生产方面的宣传工作，组织编写有关宣传资料，联系相关新闻媒体，参与相关新闻宣传和报道工作，组织落实安全生产教育培训工作，承担安全社区建设相关事务性工作。在北京市应急管理局网站搜索到"科普宣教"专栏，设置了应急管理、防灾减灾、安全生产三大主题，涵盖应急知识动画、应急手册、安全知识短片、安全生产典型案例警示片等多种宣传方式。

通过检索，在北京市应急管理局网站中搜索到文件《关于印发〈加强全社会安全生产宣传教育工作实施意见〉的通知》。其中提到，为大力加强全社会安全生产宣传教育工作，进一步提高全社会整体安全水平，提出了如下实施意见：①认真宣贯、凝聚共识，形成安全生产宣传教育工作强大合力；②丰富内容、创新形势，持续加强安全生产宣传教育重点工作，包括安全生产法治、主体责任落实、安全知识技能、典型人物和措施经验、安全生产警示等宣传教育等；③拓宽渠道、加强纵深，构建全媒体、分众化的宣传工作格局，包括聚合传统媒体、融合新兴媒体、整合社会载体；④突出重点、全面覆盖，推进安全生产宣传教育"七进"活动，包括进企业、进学校、进机关、进社区、进农村、进家庭、进公共场所；⑤确定主题、精准发力，着力打造安全生产宣传教育特色品牌；⑥健全机制、加强领导，强化安全生产宣传教育工作保障支撑。

通过检索，在首都之窗政务网站中搜索到新闻《"2018 安监之星·北京榜样"主题活动颁奖典礼暨北京市"安全生产月"活动总结会隆重召开》。2018 年 11 月 2 日下午，颁奖典礼对"2018 安监之星·北京榜样"主题活动和"安全生产月"活动进行了总结并举行了颁奖仪式。现场通过播放"2018 安监之星"事迹片和颁奖词，生动全面地展示了 10 名"2018 安监之星"获得者执着奉献、攻坚克难的精神风貌，同时对他们进行了现场采访。

通过检索，在北京市应急管理局网站中搜索到文件《北京市安全监管系统 2018 年工作情况》。以"2018 安监之星·北京榜样"等特色品牌活动为带动力，全力推进安全生产"大宣教"的工作格局。组织新闻发布 20 余

次，媒体采访 40 余次；在北京电视台播出电视新闻 103 条，安监主题成就宣传片在《北京新闻》专栏播出；在《中国应急管理报》等媒体平台刊发专版 80 余期。

从以上检索信息可以看出，北京市应急管理局成立了专门的宣传教育中心，并已制定相应的安全生产宣传教育实施意见，已打造多个安全宣传教育的特色品牌，2018 年在安全宣传教育方面取得了明显进步，营造了全社会关注安全的浓厚氛围。因此，本指标得分为 100 分。

（二十六）是否将安全生产纳入干部培训内容

本指标得分为 100 分。

通过检索，在北京市应急管理局网站中搜索到文件《北京市 2018 年生产经营单位主要负责人和安全生产管理人员安全生产培训考核工作方案》。其中要求，对于生产经营单位主要负责人和安全生产管理人员，统一建立安全生产培训考核管理制度，统一安全生产培训考核工作流程，统一确定安全生产培训内容，统一建立安全生产培训教师库，统一安全生产培训考核发证，统一建立安全生产培训考核管理信息平台。

通过检索，在北京市应急管理局网站中搜索到新闻《安全生产大培训试点区召开企业负责人安全生产培训协调部署会》。其中提到，东城、西城、朝阳、通州区安监局作为大培训试点区，分别召开了 2018 年试点区企业生产经营单位主要负责人和安全生产管理人员安全生产培训动员及协调部署会，就此拉开了试点区 2018 年度安全生产大培训的序幕，以此带动辖区生产经营单位开展安全生产大培训工作，为不断增强企业安全意识和安全管理能力，提高试点各区安全生产整体水平奠定良好的基础。

通过检索，在北京市应急管理局网站中搜索到新闻《北京市安全生产和应急管理专题培训班在国家行政学院开班》《关于认真做好 2018 年局机关及安全监管监察系统干部教育培训工作的通知》《石景山区领导干部安全生产专题培训班正式开班》《全市乡镇街道领导干部安全生产专题培训班开班》《市属国有企业安全生产大培训试点工作座谈会议》等。这说明北京市针对市、区、乡镇街道和企业领导干部的安全生产培训教育已经做了大量专门工作。同时检索到文件《领导干部安全培训教材》《北京市领导干部安全培训大纲和考核标准》。这说明，北京市已经针对领导干部安全生产培训制定了专业教材、大纲和考核标准。

从以上检索信息可以看出，北京市已经将安全生产内容纳入企业和机关事业单位干部培训的课程体系。因此，本指标得满分。

（二十七）企业是否定期开展安全知识教育

本指标得分为84.85分。

通过检索，在首都之窗政务网站中搜索到文件《北京市生产经营单位安全生产主体责任规定》。其中规定，生产经营单位的主要负责人对本单位的安全生产工作全面负责，包括组织制定并实施安全生产教育和培训计划；对从业人员进行安全生产教育和培训，保证从业人员具备必要的安全生产知识，熟悉有关安全生产规章制度和安全操作规程，掌握本岗位安全操作技能，了解事故应急处理措施，知悉自身在安全生产方面的权利和义务；教育和培训的内容和学时，符合法律、法规、规章的规定；生产经营单位未履行安全生产教育和培训责任的，由负有安全生产监督管理职责的部门责令改正，拒不改正的，责令停产停业整顿，可以处2万元以下罚款。

通过问卷，针对问题"所在工作单位是否开展过安全警示教育活动"，84.85%的受访群众肯定所在工作单位开展过安全警示教育活动（肯定回答588频次，否定回答105频次）。

从以上检索信息可以看出，北京市对于企业开展安全知识教育已经出台了明确规定，从问卷调查结果来看，根据被调查人所在单位的开展安全警示教育活动情况，问卷调查部分本指标得84.85分。本指标通过问卷调查部分确定得分，因此本指标得分为84.85分。

（二十八）企业是否定期开展应急演练

本指标得分为72.25分。

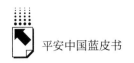
通过检索，在首都之窗政务网站中搜索到文件《北京市生产经营单位安全生产主体责任规定》。其中规定，生产经营单位的安全生产管理机构或者安全生产管理人员履行的职责包括组织或者参与应急救援演练；生产经营单位应当履行下列生产安全事故应急救援的责任，包括每年至少组织一次应急救援演练。

通过问卷，针对问题"所在单位是否组织过应急演练"，72.25%的受访群众肯定所在工作单位组织过应急演练（肯定回答479频次，否定回答184频次）。

从以上检索信息可以看出，北京市对于企业开展应急演练已经出台了明确规定，从问卷调查结果来看，根据被调查人所在单位开展应急演练的情况，问卷调查部分本指标得72.25分。本指标通过问卷调查部分确定得分，因此本指标得分为72.25分。

四 评估结论

（一）存在的主要问题

1.部分地区和行业领域安全生产事故形势依然严峻

2018年北京市总体安全生产形势出现好转，扭转了2017年安全生产事故上升的态势，实现了安全生产事故起数和死亡人数"双下降"，但部分地区工矿商贸生产安全事故多发，大兴区发生15起、死亡15人，朝阳区发生12起、死亡14人，海淀区发生12起、死亡12人，昌平区发生11起、死亡12人。建筑行业事故依然多发，共发生死亡事故53起、死亡55人。2018年底，北京多所高校发生火灾火情，12月26日北京交通大学发生实验室爆炸事故，3名研究生不幸遇难。这说明高校实验室在安全管理机制、危险源管理等方面存在很多隐患。同时，结合问卷调查相关问题"所在单位过去5年是否发生过安全生产事故"反映的统计结果，6.94%的受访者回答所在单位在过去5年发生过安全事故。

2. 部分企业安全生产应急管理能力存在不足

部分企业主体责任落实不到位，对企业安全生产应急管理能力建设不重视。根据问卷调查反映的结果：肯定回答"所在单位是否有应急救援队伍"的比例占 64%；肯定回答"所在单位是否有专职安全管理人员"的比例占 74.60%；肯定回答"是否了解本单位的应急预案"的比例占 61.23%；肯定回答"所在工作单位是否开展过安全警示教育活动"的比例占 84.85%；肯定回答"是否听过安全生产（12350）举报投诉电话（中心）"的比例占 59.82%；肯定回答"所在单位是否组织过应急演练"的比例占 72.25%。这表明，目前有很多企业在应急救援队伍建设、安全管理人员配备、应急预案制定、安全知识教育和应急演练开展等应急管理能力建设多个方面存在着不足，亟待完善。

3. 城市安全隐患排查治理不全面、不彻底

2018 年，北京市发布了《北京城市安全隐患治理三年行动方案（2018~2020 年)》，计划通过隐患治理，依法集中整治一批重大隐患，取缔一批非法场所，拆除一批违章建筑，关闭取缔一批违法违规和不符合安全条件的生产经营单位。2018 年已经完成 4000 余项挂账隐患治理，取得了初步成效。但在道路交通、建设施工、城市运行等行业事故多发、易发领域存在隐患排查治理不全面、不彻底的问题。城乡接合部地区安全隐患问题突出，安全生产管理相对比较混乱，容易形成监管盲区和管理死角，对城市安全构成极大威胁。部分地区和行业部门在隐患挂账时避重就轻，挂账隐患很多是容易治理、细枝末节的一般隐患，对于治理难度较大的安全隐患不愿挂账，导致部分地区挂账隐患数量较少、质量较低。

4. 安全监管部门监督执法检查力度不够

北京市制定了一系列落实部门安全监管责任和加大行政执法检查力度的文件，但在执行过程中，存在不同程度的职责缺失和内容空泛等情况，部分区级行业执法力度偏小、处罚不够严格。部分企业现场管理混乱，违规违章现象严重，隐患整改片面简单，企业事故隐患长期得不到治理。

（二）完善建议

1. 健全落实安全生产责任制

（1）强化地方党政领导干部安全生产责任

加强《北京市党政领导干部安全生产责任制实施细则》的学习宣贯工作，推进党政领导干部落实安全生产责任考核督查制度建设。在党委安全生产责任考核、党政领导干部安全生产责任考核、市区两级安全生产督查、安全生产专项资金等制度建设方面加强管理，通过安全生产巡查督查机制，推动各级安全生产责任的落实。

（2）落实部门安全监管责任

根据北京市机构改革后各部门承担的安全生产职责，科学实施安全生产综合考核，严格落实各部门安全监管责任。强化执法检查程序化、制度化建设，梳理细化检查流程，完善配套检查制度。结合北京市重点工作，加大对重点区域、重点行业、重大活动的执法检查力度，发现安全隐患及时督促整改，确保北京社会安全稳定。加强对一线执法人员的业务培训，系统化开展执法监督工作，不断提升执法检查规范化水平，提升执法工作质量。

（3）狠抓企业安全生产主体责任

深入贯彻落实《北京市生产经营单位安全生产主体责任规定》，探索实行差别化监管制度，不断加强对企业安全管理机构设置、人员配备、安全投入、应急演练、安全教育、设备设施等关键环节的督促检查，开展企业落实安全生产主体责任评估，倒逼企业加强安全管理，全面落实企业安全生产主体责任。进一步深化安全生产标准化建设，严格贯彻落实安全生产标准化"1＋6"工作制度，开展标准化核查，严格评审质量管理，完善标准化信息管理系统，提升企业安全水平。

2. 深入开展城市安全隐患排查治理

（1）推进企业和单位开展安全隐患自查

按照《北京城市安全隐患治理三年行动方案（2018～2020年）》要求，依据职责分工进行安全隐患排查，实时收集、动态更新本地区、本行业

（领域）安全隐患信息，依法如实记录安全隐患排查治理情况，逐步建立城市安全隐患台账，实现与安全生产监管部门事故隐患排查治理信息系统数据的共享对接。推进"一企业一标准、一岗位一清单"编制工作，指导生产经营单位编制符合企业实际的个性化隐患排查清单和岗位操作规程，促进企业落实隐患排查治理主体责任。

（2）加强安全隐患治理过程的监督检查

推动重点行业领域隐患整改，对道路交通、建筑施工、危险化学品等重点行业的安全风险和重大危险源重点监督检查，规范和强化高等学校和科研机构的实验室、医疗机构的危险化学品等安全隐患治理，重视大型商业综合体、文化建筑、电动自行车、电气火灾等消防安全治理中的督导检查。明确监督检查职责，对隐患整改不力的企业加大处罚力度。

（3）建立安全隐患排查治理长效机制

建立安全隐患台账管理制度，健全本市隐患排查治理信息系统，全过程记录生产经营单位事故隐患排查治理情况，分析、预测安全生产形势，实现事故隐患排查治理和监督管理的信息化。充分发挥"12350"投诉举报电话的作用，鼓励动员全社会参与城市安全隐患治理。完善隐患排查治理考核机制，制定相应的评价办法，将隐患排查治理情况与干部绩效考核相挂钩。

3. 提升城市安全风险评估管控能力

（1）健全城市安全风险评估工作机制

明确政府各部门的安全风险评估工作职责，建立健全安全风险评估标准体系，在全市城市安全风险评估试点工作的基础上，强化安全风险监测与监控，完善安全风险技术标准及清单，科学核定风险等级，落实安全风险分级管控措施。在交通、建筑施工、危险化学品等重点行业开展全覆盖的安全风险评估。

（2）建立城市安全风险分级管控制度

对城市安全风险进行分级分类管理，落实安全风险管控责任，密切关注风险变化，并动态更新，及时调整风险等级和管控措施，确保安全风险处于可控范围。绘制重大安全风险和重大安全隐患电子地图，利用云计算、大数

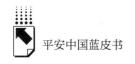

据等信息技术，开展典型事故案例分析。健全重大安全风险研判机制，制定重大风险源的防范化解措施，建立重大活动风险管控机制，编制好对应的应急预案。

（3）推进安全生产社会化治理

鼓励、引导社会组织、群众积极参与安全风险评估等安全生产社会治理工作，推进安全生产社会化治理，打造共建共治共享格局。加强城市社区专兼职安全员、安全生产巡查员队伍建设，开展规范化建设，加强业务技能培训，提升专业化水平，完善考核办法，发挥其在城市基层开展安全风险评估的作用。全面推行安全生产责任保险制度工作，鼓励企业积极参保安责险，充分发挥安责险制度的事前预防和事后保障作用，提高风险辨识管控和隐患排查治理水平。

4. 推进安全生产与应急管理工作的融合

（1）加快应急管理部门的机构和职能融合

组建应急管理部门后，安全生产作为应急管理部门的一项职责，在工作重点和运行机制等方面都发生了一些变化，需要结合机构改革后的职责，强化应急管理业务融合顶层设计，建立规范有序的应急管理制度体系，做好应急管理、防灾减灾与安全生产工作的融合，稳步推进安全生产相关工作。

（2）运用科技提升城市应急管理水平

运用互联网、物联网、大数据、云计算、VR、5G通信技术等先进科技手段，完善应急指挥系统，提升突发事件应急保障能力。加大应急救援装备投入，应用先进应急救援技术，健全应急救援物资保障机制，强化应急救援队伍保障，健全京津冀应急联动机制，加强协同信息化建设，开展联合应急演练。

（3）加强应急管理宣传教育工作

在安全生产宣传特色品牌的基础上，围绕应急管理工作，持续加强应急管理宣传教育。聚合传统媒体、融合新兴媒体，争取创建有首都特色的应急管理宣传品牌，增强全民的应急意识和能力。大力推进北京市应急志愿者的宣传与招募工作，打造全民参与应急管理工作的良好机制。

参考文献

1. 《中华人民共和国安全生产法》，2014 年 8 月 31 日。

2. 《关于推进安全生产领域改革发展的意见》，2016 年 12 月。

3. 国务院办公厅：《安全生产"十三五"规划》，2017 年 1 月 12 日。

4. 中共中央办公厅、国务院办公厅：《关于推进城市安全发展的意见》，2018 年 1 月。

5. 国务院：《生产安全事故应急条例》，2018 年 12 月 5 日。

6. 中共北京市委、北京市人民政府：《北京城市总体规划（2016～2035 年）》，2017 年 9 月 29 日。

7. 北京市安全监管局、北京市发改委：《北京市"十三五"时期安全生产规划》，2016 年 8 月 2 日。

8. 中共北京市委、北京市人民政府：《北京市党政领导干部安全生产责任制实施细则》，2019 年 6 月 4 日。

9. 北京市人民政府：《北京市生产经营单位安全生产主体责任规定》，2019 年 5 月 30 日。

10. 北京市人民政府：《北京市安全生产工作考核办法》，2017 年 2 月 20 日。

11. 北京市安全生产委员会：《北京市企业安全生产标准化建设管理办法》，2017 年 10 月 18 日。

12. 北京市人民政府：《北京城市安全隐患治理三年行动方案（2018～2020 年）》，2018 年 8 月 13 日。

13. 北京市安全生产委员会：《北京市城市安全风险评估三年工作方案（2019～2021 年）》，2019 年 5 月 23 日。

B.5
北京市矛盾纠纷化解调查报告（2019）

刘　蔚*

摘　要：　矛盾纠纷化解是新时期平安北京建设的重要内容，是社会治安综合治理发展的必然要求。本报告将一级指标"矛盾纠纷化解"分解为"社会矛盾源头预防和排查化解""矛盾纠纷多元调解""重大决策社会稳定风险评估""信访法治化建设"4项二级指标，并具体细化为14项三级指标。通过网络检索、问卷调查与访谈等方式，综合所得数据，矛盾纠纷化解总得分为77.68分。总体来讲，在平安北京建设中社会矛盾源头预防和排查化解工作开展较好，矛盾纠纷多元调解与信访法治化建设工作有待加强。在平安北京矛盾纠纷化解工作中，需要立足构建共建共治共享的社会治理格局，推动地方性立法，强化顶层设计与基层基础建设有机衔接、配套保障，进一步融合现代科技，注重专业性与多元化导向相结合，增强社会不同主体的参与性，畅通群众利益表达渠道，完善相关的标准体系与监督体系。

关键词：　矛盾纠纷化解　多元调解　重大决策社会稳定风险评估　信访法治化

* 刘蔚，博士，中国人民公安大学国家安全与反恐怖学院讲师。

一 指标设置及评估标准

（一）指标设置

主要介绍矛盾纠纷化解部分二、三级指标设置情况。

本次平安北京建设评估"矛盾纠纷化解"一级指标下设置 4 项二级指标，分别为"社会矛盾源头预防和排查化解""矛盾纠纷多元调解""重大决策社会稳定风险评估""信访法治化建设"（见表 1）。4 项指标分别对应矛盾纠纷化解 4 类重要的途径方式，根据不同路径的定位划分，通过 14 项三级指标来考量每一类途径在矛盾纠纷化解中的作用是否充分发挥，从而判断矛盾纠纷化解机制在平安北京建设中的效能如何。

表 1　矛盾纠纷化解指标设置

一级指标（权重）	二级指标（权重）	三级指标（权重）
矛盾纠纷化解（15%）	社会矛盾源头预防和排查化解（40%）	是否定期开展矛盾纠纷排查化解（25%）
		矛盾纠纷排查分级负责制度建设情况（25%）
		矛盾纠纷排查督办回访制度（25%）
		群众利益表达渠道是否畅通（25%）
	矛盾纠纷多元调解（20%）	矛盾纠纷多元调解组织建设情况（40%）
		矛盾纠纷多元调解覆盖范围（30%）
		矛盾纠纷多元调解创新（30%）
	重大决策社会稳定风险评估（30%）	重大决策社会稳定风险评估机制建设情况（25%）
		重大决策社会稳定风险评估的覆盖范围（25%）
		重大决策社会稳定风险评估是否纳入首都立法情况（25%）
		重大决策社会稳定风险评估落实情况（25%）
	信访法治化建设（10%）	信访网络综合服务平台建设情况（40%）
		逐级上访制度建设情况（30%）
		信访地方性立法情况（30%）

14 项三级指标主要考察是否定期开展矛盾纠纷排查化解、矛盾纠纷排查分级负责制度建设情况、矛盾纠纷排查督办回访制度、群众利益表达渠道

是否畅通、矛盾纠纷多元调解组织建设情况（各类组织、多元调解协会）、矛盾纠纷多元调解覆盖范围、矛盾纠纷多元调解创新、重大决策社会稳定风险评估机制建设情况、重大决策社会稳定风险评估的覆盖范围、重大决策社会稳定风险评估是否纳入首都立法情况、重大决策社会稳定风险评估落实情况、信访网络综合服务平台建设情况、逐级上访制度建设情况和信访地方性立法情况。矛盾纠纷化解部分的三级指标反映了从预防、调解、风险评估、法治化建设不同层次和路径对矛盾纠纷化解是否满足平安北京建设的相关要求进行考量。

（二）设置依据及评估标准

1. 二级指标设置依据

"矛盾纠纷化解"一级指标下4项二级指标设置的主要依据是党的十九大报告中关于共建共治共享社会治理格局的要求，以及《北京市国民经济和社会发展第十三个五年规划纲要》（以下简称《北京市"十三五"规划》）、《北京市"十三五"时期社会治理规划》和《关于全面深化平安北京建设的意见》中关于矛盾纠纷化解的要求。

党的十九大报告指出，要打造共建共治共享的社会治理格局，加强预防和化解社会矛盾机制建设，正确处理人民内部矛盾。《北京市"十三五"规划纲要》中指出要健全维护群众权益长效机制，完善民意反映和回应机制，重视网络民意，落实重大决策社会稳定风险评估制度。加强和改进信访工作，完善社会矛盾排查调处综合机制，推进信访法治化建设，引导广大群众理性表达诉求，依法维护权益。《北京市"十三五"时期社会治理规划》中指出要预防化解矛盾纠纷。把信访纳入法治化轨道，依照法律规定和程序，保障合理合法诉求得到解决。深化涉法涉诉信访改革，进一步落实终审和诉讼终结制度。完善矛盾调处机制，健全人民调解、行政调解、司法调解、行业调解联动工作机制。扶持和打造一批专业化、规范化、品牌化的社会组织，开展矛盾纠纷调解社会化公益服务，拓宽矛盾纠纷化解渠道。加强社会舆情监测分析和矛盾纠纷预警，及时把矛盾纠纷解决在基层和萌芽状态。完善重大决策社会稳定风险评估机制，建立分级分类评估制度，健全督办、考核、追责等措施，探索建立第三方评估机制。健全行政复议案件审理机制，发挥行政复议的监督纠错功能。强化社会建设骨干队伍运用法治思维和法治方式化解矛盾、维护稳定的能力，提高行政人员依法行政和做好群众工作的能力，充分用法治、协商等方式疏导和化解矛盾纠纷。《关于全面深化平安北京建设的意见》中指出要加强社会矛盾源头预防和排查化解，健全重大决策社会稳定风险评估机制，完善人民调解、行政调解、司法调解深度融合的多元调解体系，建立统一的信访网络综合服务平台，全面落实逐级信访制度，推进涉法涉诉信访改革。依据上述规定和要求，根据矛盾纠纷化解的内容分为4类主要路径。依据4类路径在上述规定要求和实际工作中的不同定位与功能，设置不同的权重，其中"社会矛盾源头预防和排查化解"的指标权重设定为40％，"矛盾纠纷多元调解"的指标权重设定为20％，"重大决策社会稳定风险评估"的指标权重设定为30％，"信访法治化建设"的指标权重设定为10％。

2. 三级指标及评分标准

（1）是否定期开展矛盾纠纷排查化解

【设置依据】

处于转型期的中国，矛盾纠纷具有类型多样化、主体多元化、内容复合化、调处疑难化、矛盾易激化等特点。定期开展矛盾纠纷排查化解对于从源头进行社会治理意义重大，有利于矛盾纠纷的预防、排查和化解，在了解社情民意的基础上，及时有效地将矛盾纠纷化解在基层，对于维护基层社会稳定具有极其重要的作用。党的十九大报告以及《北京市"十三五"规划》等重要文件中，都明确指出要加强和化解社会矛盾机制建设，完善民意反映和回应机制，完善社会矛盾排查调处综合机制，从源头上进行预防和排查化解，及时将矛盾纠纷解决在基层和萌芽之中。可以说，定期开展矛盾纠纷排查化解，是将社会矛盾进行源头预防和排查化解的重要关口。

【评测方法】

本指标满分100分，指标权重设定为25％，主要通过问卷调查的方式

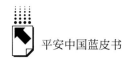

进行测评。调查问卷主要涉及 B6 一题，即"您是否了解自己所在社区会定期或在重大时间节点（如'两会'）进行矛盾纠纷排查？"

【评分标准】

通过调查问卷，了解所在社区会定期或在重大时间节点（如"两会"）进行矛盾纠纷排查的得 100 分，如果不了解所在社区定期或在重大时间节点（如"两会"）进行矛盾纠纷排查，此项指标得 0 分。通过数据分析，调查问卷问题的得分即该指标的最终得分。

（2）矛盾纠纷排查分级负责制度建设情况

【设置依据】

矛盾纠纷排查分级负责制度是按照"分级负责、归口管理"的原则推动矛盾纠纷化排查化解的重要机制，有利于建立起部门协调、统筹兼顾、标本兼治、齐抓共管的工作格局，同时在矛盾纠纷排查中做到防患于未然、及时处置、快速反应、妥善处理，将矛盾纠纷解决于萌芽状态。在《北京市"十三五"规划纲要》与《北京市"十三五"时期社会治理规划》中，强调了矛盾纠纷排查调处综合机制以及相关的追责措施，同时强调要逐级进行矛盾纠纷排查化解。这些具体的要求都直接体现了矛盾纠纷排查分级负责制度对于矛盾纠纷预防、疏导、依法处理以及防止各类矛盾纠纷激化的重要意义。

【评测方法】

本指标满分 100 分，指标权重设定为 25%，主要通过网络抓取的方式检索北京市矛盾纠纷排查分级负责制度建设情况。

【评分标准】

通过检索，能够找到北京市矛盾纠纷排查分级负责制度的依据，得 100 分；如果没有检索到相关信息，此项指标得 0 分。

（3）矛盾纠纷排查督办回访制度

【设置依据】

矛盾纠纷排查督办回访制度对于定期组织开展矛盾纠纷排查、了解并跟踪矛盾纠纷、走访相关的当事人、听取人民群众对矛盾纠纷调处的相关建议与意见具有重要意义。党的十九大报告与《北京市"十三五"规划》等重要文件中，虽无明确提出矛盾纠纷排查督办回访的具体要求与措施，但是明确提出健全多元化纠纷解决机制，完善民意反映和回应机制，而此排查督办回访制度重要的方面就在于跟进了解纠纷调处工作情况，解决未调解的矛盾纠纷，同时以制度约束回应民众的意见建议。

【评测方法】

本指标满分 100 分，指标权重设定为 25%，主要通过网络抓取的方式检索北京市矛盾纠纷排查督办回访制度。

【评分标准】

通过检索，能够找到北京市矛盾纠纷排查督办回访制度的依据，得 100 分；如果没有检索到相关信息，此项指标得 0 分。

（4）群众利益表达渠道是否畅通

【设置依据】

畅通的群众利益表达渠道是构建和谐社会的必然要求，在矛盾纠纷化解中群众利益表达渠道的畅通与否是矛盾纠纷形成乃至升级的重要影响因素。在人民权利意识日益强化的新时代，人民群众合法的利益诉求需要畅通的表达渠道和机制。在《中共中央关于全面推进依法治国若干重大问题的决定》中明确提出要构建对维护群众利益具有重大作用的制度体系，建立健全社会矛盾预警机制、利益表达机制、协商沟通机制，要畅通群众利益协调、权益保障法律渠道。同时，在《北京市"十三五"规划》和《北京市"十三五"时期社会治理规划》中都明确强调了要畅通群众诉求表达渠道，引导和支持群众理性表达诉求、依法维护权益。

【评测方法】

本指标满分 100 分，指标权重设定为 25%，主要通过问卷调查的方式进行测评。调查问卷主要涉及 B15 一题，即"您向社区居委会反映问题的渠道是否通畅？"

【评分标准】

通过调查问卷，向居委会反映问题的渠道很通畅得 100 分，比较通畅得

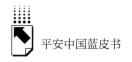
75 分，一般通畅得 50 分，不太通畅得 25 分，不通畅得 0 分。通过数据分析，调查问卷问题的得分即该指标的最终得分。

（5）矛盾纠纷多元调解组织建设情况

【设置依据】

矛盾纠纷多元调解组织是在社会转型时期应对社会变革、利益格局调整、基层多样性且复杂化的矛盾纠纷而相应需要设立的重要调解组织，是当前社会治理体系中的重要一环。面对当前社会矛盾纠纷的类型特点，原有的单一矛盾解决方式早已不适应当前社会矛盾纠纷解决的需要，现今矛盾纠纷的解决需要多种社会资源并且采取多种方式和手段，形成多元化纠纷解决机制的"中国方案"。在《关于完善矛盾纠纷多元化解机制的意见》中明确指出，完善矛盾纠纷多元化解机制，对于保障群众合法权益、促进社会公平正义具有重要意义。同时强调要建立有机衔接、协调联动、高效便捷的矛盾纠纷多元化解机制。此外，在《中华人民共和国国民经济和社会发展第十三个五年规划纲要》（以下简称《"十三五"规划》）与《北京市"十三五"规划》中都明确指出要完善多元化纠纷解决机制。

【评测方法】

本指标满分 100 分，指标权重设定为 40%，主要通过问卷调查的方式进行测评。调查问卷主要涉及问卷的 B14 与 C13 两道题，即"社区民警、社区居委会、社区业委会、物业公司、治安志愿者、相关社区居民 6 类主体在矛盾纠纷化解中是否有效发挥作用？""当您网购商品与商家产生矛盾纠纷时，是否有通畅的渠道来解决问题？"

【评分标准】

通过调查问卷，B14 一题中，社区民警、社区居委会、社区业委会、物业公司、治安志愿者、相关社区居民 6 类主体，能够有效发挥作用得 100 分，发挥作用一般得 50 分，发挥无效作用得 0 分，未参与得 0 分；针对 C13 一题，网购商品与商家产生矛盾纠纷有畅通渠道解决问题得 100 分，没有畅通渠道解决问题得 0 分。

（6）矛盾纠纷多元调解覆盖范围

【设置依据】

矛盾纠纷多元调解覆盖范围正是矛盾纠纷多元调解组织及机制建立与完善的目的所在。伴随社会转型，我国进入矛盾纠纷的凸显期，城市与农村在矛盾纠纷的类型上既有共性也有差异性，这也显现了当前社会矛盾纠纷的多元化及复杂化特征。矛盾纠纷多元调解覆盖范围的广度和深度决定着能否关照到民众的诉求，也决定着能否将多元动态的社会矛盾纠纷及时化解在基层，同时意味着是否能够凝聚多元调解资源、多种调解途径和手段有效地化解矛盾纠纷。在《关于完善矛盾纠纷多元化解机制的意见》中，指出要坚持党委领导、政府主导、综治协调，充分发挥各部门的职能作用，引导社会各方面力量积极参与矛盾纠纷化解，同时要将预防矛盾纠纷贯穿重大决策、行政执法、司法诉讼等全过程。在《关于全面深化平安北京建设的意见》中更是明确指出，要完善人民调解、行政调解、司法调解深度融合的多元调解体系，2020 年以前在矛盾多发领域实现行业性、专业性调解组织全覆盖。

【评测方法】

本指标满分 100 分，指标权重设定为 30%，主要通过问卷调查的方式进行测评。调查问卷主要涉及问卷的 B12、B13 与 C13 三道题，即"您在所居住的社区是否发生过下列类型的矛盾纠纷？"（B12，选项包括婚姻家庭纠纷，邻里纠纷，房屋、宅基地纠纷，损害赔偿纠纷，以上均没有）、"如果您遇到矛盾纠纷，您更倾向于选择哪几种方式解决？"（B13，选项包括与对方协商和解、找居委会干部调解、找业委会干部调解、找物业公司人员调解、找人民调解员调解、直接报警、向人民法院提起诉讼、其他）和"当您网购商品与商家产生矛盾纠纷时，是否有通畅的渠道来解决问题？"（C13）

【评分标准】

通过调查问卷，B12、B13、C13 题中每一选项被选择即得 100 分，如没有选择得 0 分。其中 B12 一题选择题中相关类型的矛盾纠纷"否"得 100分，"是"得 0 分，B13 一题选择题中的具体解决方式"是"得 100 分，选择

"否"得 0 分。通过数据分析，调查问卷问题的得分即该指标的最终得分。

（7）矛盾纠纷多元调解创新

【设置依据】

矛盾纠纷多元调解创新是在新时代背景下适应矛盾纠纷发展新特点与新挑战的必然选择，同时也符合创新社会治理发展的方向，只有在传承中不断创新和完善矛盾纠纷多元调解，才能够使得矛盾纠纷调解工作与时俱进，不断预防和化解在社会发展中新产生的社会矛盾纠纷，不断适应人民群众的新期待和社会形势的新发展。在《"十三五"规划》和《北京市"十三五"规划》中，均强调要完善调解、仲裁、行政复议、诉讼等有机衔接、相互协调的多元纠纷解决机制。

【评测方法】

本指标满分 100 分，指标权重设定为 30%，主要通过网络抓取的方式检索北京市矛盾纠纷多元调解创新。

【评分标准】

通过检索，能够找到北京市矛盾纠纷多元调解创新的依据，得 100 分；如果没有检索到相关信息，此项指标得 0 分。

（8）重大决策社会稳定风险评估机制建设情况

【设置依据】

重大决策社会风险评估机制对可能发生的突发事件进行综合评估，减少重大突发事件的发生，最大限度地减轻重大突发事件影响，对社会风险的防范意义重大。毋庸置疑，开展重大决策社会稳定风险评估，对于预防和化解社会矛盾、维护社会稳定意义重大。重大决策社会稳定风险牵涉广大人民群众切身利益的"四重一敏感"问题，对社会和人民群众会带来不可估量的影响。构建重大决策社会稳定风险评估机制对可能会引起社会稳定的群体性事件或危及人民群众生命安全的事项做出先期预测、先期研判、介入化解，有利于做出科学、合理、符合人民群众利益的决策。在《"十三五"规划》和《关于全面深化平安北京建设的意见》中均明确要求，落实、健全重大决策社会稳定风险评估机制，最大限度地把矛盾纠纷防患于未发、解决在萌芽。

【评测方法】

本指标满分 100 分，指标权重设定为 25%，主要通过网络抓取的方式检索北京市重大决策社会稳定风险评估机制建设情况。

【评分标准】

通过检索，能够找到北京市重大决策社会稳定风险评估机制建设的依据，得 100 分；如果没有检索到相关信息，此项指标得 0 分。

（9）重大决策社会稳定风险评估的覆盖范围

【设置依据】

重大决策社会稳定风险评估是从源头上预防化解社会矛盾的重要举措，是维护群众合法权益的基本要求，应该在最大范围上做到直接关系人民群众切身利益且涉及面广、影响深远、容易引发矛盾纠纷和社会稳定问题的重大决策事项全覆盖，覆盖范围包括容易引发社会矛盾的重大决策、重大工程项目以及其他重大决策事项。只有适应社会发展要求和人民群众期待的覆盖范围，才能够令重大决策依法有效推行落实，提升重大决策事项的科学性，提升人民群众的满意度。在《北京市"十三五"规划》《北京市"十三五"时期社会治理规划》《关于全面深化平安北京建设的意见》中，虽未明确提出相关的评估覆盖范围，但首要的一点都是维护群众合理合法的权益和诉求，从另一侧面明确了重大决策社会稳定风险评估的覆盖范围。

【评测方法】

本指标满分 100 分，指标权重设定为 25%，主要通过网络抓取的方式检索北京市重大决策社会稳定风险评估的覆盖范围。

【评分标准】

通过检索，能够找到北京市重大决策社会稳定风险评估的覆盖范围的依据，得 100 分；如果没有检索到相关信息，此项指标得 0 分。

（10）重大决策社会稳定风险评估是否纳入首都立法情况

【设置依据】

重大决策社会稳定风险评估关系改革发展稳定的大局，推进重大决策社

会稳定风险评估是一项长期性的基础工程。随着社会矛盾纠纷的不断变化，重大决策社会稳定风险评估的重要性日益凸显，成为党委和政府的共同责任。在推动北京市重大决策社会稳定风险评估工作质量水平的背景下，2014年北京市专门召开重大决策社会稳定风险评估工作会议，研究将社会稳定风险评估纳入立法范围。"稳评"的常态化和可持续发展需要法治的介入，使之上升为刚性的"法定程序"。

【评测方法】

本指标满分 100 分，指标权重设定为 25%，主要通过网络抓取的方式检索北京市重大决策社会稳定风险评估是否纳入首都立法或是否具有法律法规支撑。

【评分标准】

通过检索，能够找到重大决策社会稳定风险评估纳入首都立法或相关法律法规支撑情况的依据，得 100 分；如果没有检索到相关信息，此项指标得 0 分。

（11）重大决策社会稳定风险评估落实情况

【设置依据】

重大决策社会稳定风险评估机制的健全完善与工作成效都离不开工作的落实，唯有风险评估工作顺利实施，才会尽可能地从源头上预防社会矛盾纠纷的产生。对于涉及群众切身利益的重大决策需要认真组织社会稳定风险评估，做到"不评估、不决策，不评估、不实施"。杜绝"评归评、干归干"的情况需要严格落实责任，划定责任红线，维护重大事项社会稳定风险评估机制体系的严肃性，同时只有将重大事项社会稳定风险评估延伸至基层，并在基层依法有序开展才能切实减少社会矛盾纠纷在基层的发生，真正将关口前移，做到源头治理，切实维护好群众合理合法的权益。在《"十三五"规划》中明确提出，要落实重大决策社会稳定风险评估制度。

【评测方法】

本指标满分 100 分，指标权重设定为 25%，主要通过调查问卷的方式进行测评，调查问卷主要涉及的问题是 C20 一题，即"近 5 年，您是否参加过社会稳定风险评估（比方说，涉及居民的环境安全、集体财产安全等）

的听证会?"

【评分标准】

通过问卷调查，近 5 年参加过社会稳定风险评估的听证会，得 100 分，此项最终得分为 100 分乘以参加听证会人数的比例。如果近 5 年未参加过社会稳定风险评估的听证会，此项指标得 0 分。通过数据分析，调查问卷问题的得分即该指标的最终得分。

（12）信访网络综合服务平台建设情况

【设置依据】

信访工作是党和政府密切联系群众的桥梁和纽带，是党的群众路线的重要体现，是群众诉求的有效表达渠道。信访网络综合服务平台建设是将党的群众工作与现代科技有效融合，是信访工作信息化水平提升的体现，也是打造阳光信访的重要措施。通过信访网络综合服务平台，在为群众营造公正透明的信访环境时，将办理信访事项的全过程置于群众监督之下，实现网上网下联动解决群众合理合法的诉求，使信访工作阳光透明、便捷高效，使矛盾纠纷努力解决在初级阶段、化解在当地。在《"十三五"规划》中明确提出，全面推行阳光信访。在《关于全面深化平安北京建设的意见》中提出，要加强和创新信访工作，建立统一的信访网络综合服务平台。

【评测方法】

本指标满分 100 分，指标权重设定为 40%，主要通过网络抓取的方式检索北京市群众利益表达渠道是否畅通。

【评分标准】

通过检索，能够找到北京市群众利益表达渠道畅通的依据，得 100 分；如果没有检索到相关信息，此项指标得 0 分。

（13）逐级上访制度建设情况

【设置依据】

作为社会的"减压阀"和"稳定器"，信访工作需要依法、依规有序运行，引导群众诉求依法理性表达，依法保护群众合法权益。逐级上访制度的建设与完善即是在强化属地责任和规范信访行为的前提下，引导来访群众依

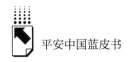

法逐级走访，引导群众遇事找法、办事循法，依法反映信访诉求，杜绝"非访"，提高信访工作的效能，推动群众合理合法信访事项依法、及时、就地解决，使信访问题在基层属地妥善解决，真正使基层政府建立起倾听访民诉求、有效化解矛盾纠纷的机制。同时，对来访群众做好疏导教育，减少越级上访和重复上访。在《关于全面深化平安北京建设的意见》中明确强调，要全面落实逐级信访制度，深入推进涉法涉诉信访改革。

【评测方法】

本指标满分100分，指标权重设定为30%，主要通过网络抓取的方式检索北京市逐级上访制度建设情况。

【评分标准】

通过检索，能够找到北京市逐级上访制度建设的依据，得100分；如果没有检索到相关信息，此项指标得0分。

（14）信访地方性立法情况

【设置依据】

信访地方性立法对于加强信访法治化建设意义重大，是以法治思维和法治方式解决矛盾纠纷的重要举措，也是畅通和拓宽人民群众诉求表达渠道，依法处理涉法涉诉信访问题的重要路径。信访地方性立法有利于地方根据各自情况有针对性地发挥法律引领作用，完善信访工作法规体系，依法解决人民群众的合理合法诉求，同时依法科学民主决策、依法履行职权、依法处理信访违法行为和信访责任追究等问题。在《"十三五"规划》中明确提及，要完善涉法涉诉信访依法终结制度。《北京市"十三五"规划》中强调，要强化诉访分离，促进信访与调解对接联动，建立健全运用法治思维和法治方式化解社会矛盾、协调利益关系的机制。《关于全面深化平安北京建设的意见》中也强调，要深入推进涉法涉诉信访改革。

【评测方法】

本指标满分100分，指标权重设定为30%，主要通过网络抓取的方式检索北京市信访地方性立法情况。

【评分标准】

通过检索，能够找到北京市信访地方性立法情况的依据，得100分；如果没有检索到相关信息，此项指标得0分。

二　总体评估结果分析

矛盾纠纷化解总得分为77.68分。总体评估结果分析主要是对矛盾纠纷化解得分总体情况进行分析，侧重于二级指标层面，即主要对"社会矛盾源头预防和排查化解""矛盾纠纷多元调解""重大决策社会稳定风险评估""信访法治化建设"4项二级指标进行分析。

（一）社会矛盾源头预防和排查化解

"社会矛盾源头预防和排查化解"总得分为79.64分。其中，"是否定期开展矛盾纠纷排查化解"得41.95分，"矛盾纠纷排查分级负责制度建设情况"得100分，"矛盾纠纷排查督办回访制度"得100分，"群众利益表达渠道是否畅通"得76.62分。通过网络检索抓取，可以较为全面地了解到矛盾纠纷排查化解、分级负责制度建设及督办回访制度在基层落实推进得较好，自上至下，从市至街道（乡镇）再到社区（村）在重点项目、民生问题、行业问题等方面均有覆盖，北京市相关区都根据自身实际特点落实创新社会矛盾的源头预防和排查化解。通过问卷调查可以了解到，民众对于所在社区定期或在重大时间节点（如"两会"）进行矛盾纠纷排查有所了解的人群比例达41.95%，居民在向社区居委会反映问题渠道上表示"很通畅"、"比较通畅"、"一般通畅"和"不太通畅"所占的比例共为97.75%。

从矛盾纠纷化解整体层面看，面对矛盾纠纷的复杂性、多元性、动态性以及高发态势，北京市将平安北京建设和首都社会治安综合治理工作作为重要的工作抓手，"消未起之患，治未病之病"，在源头上预防和排查化解矛盾纠纷，强化矛盾纠纷风险的预测、预警、预防，为群众营造具有安全感的

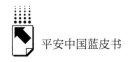

平安环境。在体系构建与机制建设上，不断完善立体化社会治安防控体系，从顶层构建经常化、制度化和规范化的矛盾纠纷源头预防与排查化解机制，从政府至企业，从行业到区域，对矛盾纠纷苗头性、倾向性问题及时了解跟进、及时报告、及时解决，抓早抓小，切实解决社会民众的矛盾纠纷问题，做到矛盾纠纷早发现、早调处、早解决，力求实现"小事不出村，大事不出镇，矛盾不上交"。

从矛盾纠纷化解相关的具体工作来讲，第一，在社会矛盾源头预防和排查化解工作中，北京市在重大时间节点（如"两会"期间）和重点时期均会强化排查，同时执行定期排查制度，做好日常化、规范化的社会矛盾纠纷源头预防和排查工作，对矛盾纠纷做好梳理分类汇总，建立相应工作台账，动态排查与定期排查相结合、边排查与边化解相结合；第二，在排查分级负责制度建设方面，北京市各级政府均有明确的矛盾纠纷排查分级负责制度以及矛盾纠纷化解制度，并且强化各级党委和政府的主体责任；第三，在排查督办回访制度方面，对各类社会矛盾纠纷，强化跟踪回访，严格督查督办，建立层级督办回访工作模式，依法解决群众的矛盾纠纷与合理诉求，在实际工作中定期和动态走访社会矛盾纠纷当事人，巩固调解成果；第四，在群众利益表达渠道方面，社会民众能够较为方便地向社区居委会反映问题，社区也会以党代会、社区代表大会或各种活动形式针对涉及居民切身利益的问题征询意见和方案，畅通并创新民众利益表达渠道。此外，面对社会发展中的新型矛盾纠纷，如网络购物纠纷，调查问卷显示，有70.07%的民众表示有畅通的渠道来解决问题。

（二）矛盾纠纷多元调解

矛盾纠纷多元调解总得分为75.70分，其中"矛盾纠纷多元调解组织建设情况"得72.52分，"矛盾纠纷多元调解覆盖范围"得55.63分，"矛盾纠纷多元调解创新"得100分。通过问卷调查与网络抓取资料可以了解到，当前北京市矛盾纠纷多元调解工作中，北京市不断筑牢"全网辐射"的组织体系，人民调解组织全覆盖，多元调解组织建设较为完善，不断拓展矛盾纠纷覆盖的领域范围和具体矛盾纠纷类型，同时不断推进矛盾纠纷多元调解创新工作，尝试探索建立区级调解中心、组建人民调解协会、建设品牌人民调解室等创新工作。从基层问卷调查看，在多元调解组织的效用发挥上，民众仍更加倾向于选择社区民警与社区居委会化解矛盾纠纷。

从矛盾纠纷多元化解工作的整体情况看，根据社会发展需求，北京市不断完善多元化解工作机制，全力打造北京升级版的"枫桥经验"，逐步建立人民调解工作领导体制，打造"1333"人民调解工作新格局，同时面对新的时代发展要求和现实问题，在矛盾纠纷多元调解组织建设中将知识产权人民调解组织纳入"诉调对接"范畴，并且在矛盾纠纷易发多发领域构建行业性、专业性人民调解组织，不断创新矛盾纠纷多元化解工作，全方位统筹激发各方活力，实现人民调解与治安调解、信访调解等行政调解的有机融合，实现人民调解与司法调解的有机衔接。做到源头上矛盾纠纷预防排查，也有效防止矛盾纠纷隐患蔓延与升级，确保最大限度从源头上减少不确定性因素，预防并化解各类矛盾纠纷，提升人民群众对矛盾纠纷多元化解工作的满意度，增强群众的安全感。

从矛盾纠纷多元化解工作的具体实践来讲，第一，在矛盾纠纷多元调解组织建设方面，北京市结合首都人民调解工作的实际任务，发挥首都矛盾多元调解专项组办公室的职能作用，推动形成源头预防—多元化解—依法处置—后期稳控的社会矛盾纠纷排查化解工作体系，打造"三级协调小组""四级调解组织"，构建"全网辐射"的组织体系支撑、"多元专业"的调解队伍支撑以及"深度融合"的信息化平台支撑；第二，在矛盾纠纷多元调解覆盖范围上，实现基层人民调解组织100%全覆盖，就矛盾纠纷易发多发领域建立行业性、专业性人民调解组织，并在互联网、知识产权领域展开试点，同时针对矛盾纠纷多元化解实现网上、网下相结合，网上平台化运行、网下实体化运作，以此确保矛盾纠纷不上交、不激化、不形成舆论炒作焦点；第三，在矛盾纠纷多元调解创新中，北京市除在实践中结合互联网技术等方式方法创新外，也不断创新区级实体平台全方位统筹调度模式，构建多调联动实战平台，同时加强品牌调解建设，对品牌调解室加以培育扶持；第

四，北京市与行政调解、公共法律服务实体以及诉调对接平台进行衔接，开展矛盾纠纷多元调解工作。

（三）重大决策社会稳定风险评估

重大决策社会稳定风险评估总得分为 78.94 分，其中"重大决策社会稳定风险评估机制建设情况"得 100 分，"重大决策社会稳定风险评估的覆盖范围"得 100 分，"重大决策社会稳定风险评估是否纳入首都立法情况"得 100 分，"重大决策社会稳定风险评估落实情况"得 15.75 分。通过网络资料检索，北京市建立了较为完善的重大决策社会稳定风险评估体系，并将评估的范围覆盖至涉及群众切身利益、需要社会广泛知晓的重要改革方案、重要政策措施、重大建设项目等重大决策事项领域。同时，在重大决策社会稳定风险立法方面，国务院于 2019 年出台了《重大行政决策程序暂行条例》，北京市重大决策社会稳定风险评估也需要照此条例执行，在一定时效内具有法律约束力。在重大决策社会稳定风险评估落实中，问卷调查显示，参加过社会稳定风险评估听证会的比例仅为 15.75%。

从重大决策社会稳定风险评估整体层面看，北京市将风险评估作为重大决策出台的前置程序和刚性门槛，注重重大风险的源头防范，坚持将重大决策社会稳定风险评估与舆情风险评估、法律风险评估相结合，做到"不评估、不决策，不评估、不实施"。进一步扩大评估覆盖范围，确保做到"应评尽评"，同时在评估过程中注重科学化、规范化，遵循倾听民意、化解民忧、赢得群众理解支持的实践要求，不断推动完善第三方评估，听取各方面意见。此外，在重大决策社会稳定风险评估工作中加大组织保障力度，从人、财、物等方面加强保障，加大责任落实力度，按照"属地管理、分级负责""谁决策谁负责、谁主管谁负责"的原则，严格落实风险评估工作责任。

从重大决策社会稳定风险评估具体工作看，第一，在重大决策社会稳定风险评估机制建设方面，北京市已经健全完善了市、区、街道（乡镇）三级重大决策社会稳定风险评估机制，并结合首都实际，深入开展社会稳定风险评估，不断创新，全面加强制度建设，将风险评估工作与各项改革发展任务同研究、同部署、同推进、同落实，逐步完善配套制度体系；第二，在重大决策社会稳定风险评估覆盖范围方面，北京市紧盯改革发展重要领域和重大举措，围绕推进"疏解整治促提升"专项行动，提升首都功能，围绕推动京津冀协同发展，疏解非首都功能，围绕实现城市空间布局，推进行政办公区建设，围绕深化改革，改善和保障民生，着力开展风险评估，并努力扩大评估覆盖范围，科学分类实施评估，提升风险评估规范化水平，充分听取各方意见，确保"应评尽评"；第三，在重大决策社会稳定风险评估是否纳入首都立法方面，目前，国务院出台《重大行政决策程序暂行条例》，该条例涵盖了重大决策的相关事项，对北京市重大决策社会稳定风险评估工作起到了法律规章的支撑作用；第四，关于重大决策社会稳定风险评估落实情况，目前北京市已将风险评估工作全面向基层延伸，社会稳定风险评估工作在街道、乡镇规范有序展开，风险评估所涉及的部门与16个区根据自身实际，也研究出台了具体、可操作性强的实施方案，并在风险评估落实工作中对应评未评、弄虚作假、化解稳控责任落实不到位等行为追究责任。但问卷调查显示，在基层社区，民众参加社会稳定风险评估相关事项的比例仍然较低，在重大决策社会稳定风险评估工作的社会参与方面较为薄弱。

（四）信访法治化建设

信访法治化建设的总体得分为 70 分，其中"信访网络综合服务平台建设情况"得 100 分，"逐级上访制度建设情况"得 100 分，"信访地方性立法情况"得 0 分。通过网络资料检索，北京市信访部门充分发挥"面对面"的优势，在第一地点把工作做到位，在第一时间解决群众反映的合理诉求，形成基层属地抓、责任单位办、信访部门督的工作合力，在实践中，北京实行"一单式"工作方法，最大限度发挥区、街道（乡镇）、社区（村委会）三级作用，解决信访问题。此外，北京市相关研究单位扎实开展了信访地方性立法研究工作，但在实践中信访地方性立法方面仍需进一步推进。

从信访法治化建设整体层面看，北京市积极适应新时代社会主要矛盾新变化，始终坚持以人民为中心，以依法及时就地解决群众合理诉求为根本，推进信访工作制度改革措施落实，不断深化阳光信访、责任信访、法治信访，不断提升信访工作专业化、法治化、信息化水平，有效维护了群众合法权益，信访结构不断优化，信访形势稳中向好。在信访网络综合服务平台建设上，初步形成了具有首都特色的"4321"信访信息化系统工作体系。在逐级上访制度建设中，坚持关口前移，强化基层信访基础业务规范化建设，坚持依法分类处理群众诉求，提高首接首办结案率，减少重信重访，广泛宣传教育，引导信访群众正确行使权利，依法逐级走访，依法理性反映诉求，改变"信访不信法"的观念，并在实践中坚持"诉访分离"，把解决涉法涉诉信访问题纳入法治轨道，由司法机关依法按程序处理。同时加强信访地方性立法的研究工作，为进一步推进北京市信访地方性立法做了学理及实践研究铺垫。

从信访法治化建设具体实践看，第一，在信访网络综合服务平台建设方面，群众可通过北京市信访网上综合服务平台查询自己通过书信、走访、互联网等形式向北京市信访办提出的投诉、建议、复查复核申请等请求的受理情况及办理过程，同时在"4321"信访信息化工作体系中构建了诉求工作平台以及非紧急救助咨询平台；第二，在逐级上访制度建设方面，强调关口前移，强化源头治理，以"干部多下访、群众少上访"的理念，将矛盾化解在基层和萌芽状态，同时严抓"谁主管、谁负责"和"属地管理、分级负责"的主体责任，落实诉访分离，依法分类处理信访诉求，引导群众逐级信访，促进信访事项依法高效解决，提升来信来访服务质量；第三，在信访地方性立法方面，北京市积极推动并加以研究，市信访矛盾分析研究中心在信访立法研究中提出了"首先是约束行为，其次才是规范程序"的立法原则，但在具体立法实践中，并未通过网络检索了解到更新的信访地方性立法信息。

三 指标评估结果分析

具体对每一个三级指标进行评估结果分析。

（一）是否定期开展矛盾纠纷排查化解

本指标得分为41.95分，以问卷调查为主（见表2）。

表2 是否定期开展矛盾纠纷排查化解问卷得分

三级指标	相关变量	类别	频数（个）	比例(%)	评分（分）	指标得分（分）
是否定期开展矛盾纠纷排查化解	B6是否了解自己所在社区会定期或在重大时间节点（如"两会"）进行矛盾纠纷排查	了解	503	41.95	100.00	41.95
		不了解	696	58.05	0.00	

（二）矛盾纠纷排查分级负责制度建设情况

本指标得分为100分。

通过网络检索，以平安北京、矛盾纠纷、矛盾化解、矛盾排查、分级负责、制度建设等关键词语，加上"北京市""平安建设"进行搜索，了解北京市是否定期开展矛盾纠纷排查化解，主要涉及具体职能部门实施矛盾纠纷排查分级负责的相关工作情况。

通过网络检索，了解到《市规划国土委门头沟分局第三规划国土所"三强化"着力做好重点时期矛盾纠纷排查化解》。其中涉及，强化责任，及时有效化解矛盾纠纷。以部门职责为基础，主动做好调解工作，维护社会稳定，避免纠纷扩大，发挥基层站所的第一道防线作用。

通过网络检索，了解到《北京市信访工作责任制实施细则》。其中涉及，各级党政机关应当重视事前的矛盾纠纷排查化解，坚持定期排查与动态排查相结合、边排查与边化解相结合，做到发现在早、防范在先、处置在小，防止矛盾扩大和激化。

通过网络检索到《北京市农村工作委员会关于进一步做好农村土地承包经营权确权登记颁证工作的通知》，其中涉及，要高度重视土地未确权等历史遗留问题的解决，按照属地管理、分级负责以及谁确权、谁负责的原

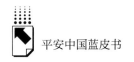

则，充分依靠协商、调解、仲裁和诉讼等渠道，妥善处理群众疑难信访问题，把纠纷解决在当地，把矛盾化解在基层，严肃查处"为官不为""为官不乱为"以及群众身边的不正之风和腐败问题，切实维护农民切身利益，促进农村社会和谐稳定。

（三）矛盾纠纷排查督办回访制度

本指标得分为 100 分。

通过网络检索，本指标主要看北京市委发布的有关平安建设的规范性文件以及召开的平安建设活动中是否建立起了矛盾纠纷排查督办回访制度，特别是考察是否有信息证明北京市地区党政负责人的落实情况。

通过网络检索到《北京市委常委会召开会议分析前三季度全市经济社会发展形势》。其中涉及，要学习"枫桥经验"，畅通表达渠道，及时就地处理信访诉求。强化跟踪回访，严格督查督办。要落实诉讼与信访分离制度，依法分类处理信访诉求，多元化解矛盾纠纷。

通过网络检索到《小汤山"四步走"排查化解矛盾纠纷》。其中涉及，为了避免很多矛盾纠纷经过调解之后，又出现新的纠纷，司法所工作人员定期走访村级组织及当事人，通过讲解相关的法律知识、规定，巩固调解成果。

通过网络检索到《西城法院创新党建模式"开放式党建"为化解纠纷引入社会资源》。其中涉及，法院案件解决后，法院工作人员与区妇联要对案件所涉家庭定期回访，西城法院家事纠纷调解室通过"开放式党建"，为家事纠纷调解引入了社会资源，充分发挥了法院基层党组织的辐射力。同时，西城法院还在金融、互联网、医疗、物业等诉讼高发领域与相关外部党组织建立常态化的共建关系，以此为依托进行业务深度对接。

（四）群众利益表达渠道是否畅通

本指标得分为 76.62 分，以问卷调查为主（见表 3）。

表3　群众利益表达渠道是否通畅问卷得分

三级指标	相关变量	类别	频数（个）	比例（%）	评分（分）	指标得分（分）
群众利益表达渠道是否通畅	B15——向社区居委会反映问题的渠道是否通畅	很通畅	420	34.94	100.00	76.62
		比较通畅	524	43.59	75.00	
		一般通畅	201	16.72	50.00	
		不太通畅	30	2.50	25.00	
		不通畅	27	2.25	0.00	

（五）矛盾纠纷多元调解组织建设情况

本指标得分为72.52分，以问卷调查为主（见表4）。

表4　矛盾纠纷多元调解组织建设情况问卷得分

三级指标	相关变量	类别	频数（个）	比例（%）	评分（分）	分项得分（分）	指标得分（分）
矛盾纠纷多元调解组织建设情况	B14A——在矛盾纠纷化解中是否有效发挥作用——社区民警	有效	798	67.34	100.00	79.41	72.52
		一般	286	24.14	50.00		
		无效	20	1.69	0.00		
		未参与	81	6.84	0.00		
	B14B——在矛盾纠纷化解中是否有效发挥作用——社区居委会	有效	763	64.28	100.00	78.18	
		一般	330	27.80	50.00		
		无效	18	1.52	0.00		
		未参与	76	6.40	0.00		
	B14C——在矛盾纠纷化解中是否有效发挥作用——相关社区居民	有效	605	51.14	100.00	67.29	
		一般	382	32.29	50.00		
		无效	67	5.66	0.00		
		未参与	129	10.90	0.00		
	C13——当您网购商品与商家产生矛盾时，是否有畅通的渠道来解决问题	是	192	70.07	100.00	70.07	
		否	82	29.93	0.00		

（六）矛盾纠纷多元调解覆盖范围

本指标得分为55.63分，以问卷调查为主（见表5）。

表5 矛盾纠纷多元调解覆盖范围问卷得分

三级指标	相关变量	类别	频数（个）	比例（%）	评分（分）	分项得分（分）	指标得分（分）
	B12A——所居住社区是否发生过下列类型的矛盾纠纷——婚姻家庭纠纷	否	855	71.37	100.00	71.37	
		是	343	28.63	0.00		
	B12B——所居住社区是否发生过下列类型的矛盾纠纷——邻里纠纷	否	671	56.01	100.00	56.01	
		是	527	43.99	0.00		
	B12C——所居住社区是否发生过下列类型的矛盾纠纷——房屋、宅基地纠纷	否	998	83.31	100.00	83.31	
		是	200	16.69	0.00		
	B12D——所居住社区是否发生过下列类型的矛盾纠纷——损害赔偿纠纷	否	1030	85.98	100.00	85.98	
		是	168	14.02	0.00		
	B12E——所居住社区是否发生过下列类型的矛盾纠纷——以上均没有	否	634	52.92	0.00	47.08	
		是	564	47.08	100.00		
	B13A——如果遇到矛盾纠纷更倾向于选择哪种方式解决——找对方协商和解	否	394	32.81	0.00	67.19	55.63
		是	807	67.19	100.00		
	B13B——如果遇到矛盾纠纷更倾向于选择哪种方式解决——找居委会干部调解	否	549	45.67	0.00	54.33	
		是	653	54.33	100.00		
	B13C——如果遇到矛盾纠纷更倾向于选择哪种方式解决——找业委会干部调解	否	1051	87.44	0.00	12.56	
		是	151	12.56	100.00		
	B13D——如果遇到矛盾纠纷更倾向于选择哪种方式解决——找物业公司人员调解	否	1026	85.36	0.00	14.64	
		是	176	14.64	100.00		
	B13E——如果遇到矛盾纠纷更倾向于选择哪种方式解决——找人民调解员调解	否	1059	88.10	0.00	11.90	
		是	143	11.90	100.00		
	B13F——如果遇到矛盾纠纷更倾向于选择哪种方式解决——直接报警	否	659	54.83	0.00	45.17	
		是	543	45.17	100.00		

三级指标	相关变量	类别	频数（个）	比例(%)	评分（分）	分项得分（分）	指标得分（分）
	B13G——如果遇到矛盾纠纷更倾向于选择哪种方式解决——向人民法院提起诉讼	否	1102	91.68	0.00	8.32	
		是	100	8.32	100.00		
	B13H——如果遇到矛盾纠纷更倾向于选择哪种方式解决——其他	否	1077	89.60	0.00	10.40	55.63
		是	125	10.40	100.00		
	C13 当您网购商品与商家产生矛盾纠纷时，是否有畅通的渠道来解决问题	是	192	70.07	100.00	70.07	
		否	82	29.93	0.00		

（七）矛盾纠纷多元调解创新

本项指标得分为 100 分。通过网络检索，本指标主要是看北京市委发布的有关平安建设的规范性文件以及召开的平安建设活动中矛盾纠纷多元调解创新情况，特别是考察是否有信息显示北京市地区矛盾纠纷多元调解创新的措施。

通过网络检索了解到《多元化纠纷解决机制助力马家沟村创建"无诉讼村"》。其中涉及，北京市房山法院河北人民法庭、青龙湖镇司法所和马家沟村共同签署了《创建"无诉讼村"合作协议》。"无诉讼村"并非指完全没有诉讼，而是一种理念，是多元化纠纷解决机制的创新形式，更是贯彻落实党中央、国务院关于乡村振兴战略的相关部署。"无诉讼村"的创建依托镇党委领导和镇政府支持，由基层人民法庭牵头，乡镇司法所等部门紧密配合，充分发挥村级调解委员会的主观能动性，从源头上有效预防和减少矛盾纠纷，使群众的矛盾纠纷不需经过诉讼程序就得到及时、妥善化解，实现"小矛盾不出村，大矛盾不出镇，矛盾不上交"的工作目标。

通过网络检索了解到《北京市司法局以"六大模式"引领人民调解工作新时代》。其中涉及，北京市人民调解工作以落实《关于完善矛盾纠纷多元化解机制的意见》为主线，紧紧围绕首都中心工作，以问题导向破解发

展瓶颈，以人民调解员队伍建设、规范化建设、保障机制建设为核心，通过建立"六大"工作模式，不断提高工作质量，提升人民调解社会公信力。

建立"目标＋有序"模式，全面推进人民调解工作改革任务。构建与首都"四个中心"战略定位相适应的分层分类、有机衔接、配套保障的人民调解纠纷解决体系。同时，针对首都工作实际，提出五大类19项改革任务，并明确各项工作主责部门和完成时限，细化人民调解改革推进方案，为人民调解工作的规范化发展提供制度保障。

建立"对接＋提效"模式，全力服务首都中心工作。结合工作职能，全市成立市、区、街乡三级人民调解服务团，积极参与非首都功能疏解矛盾纠纷排查化解工作。

建立"考核＋激励"模式，不断深化诉调对接工作。2016年，与市高院联合下发《关于全面推进"人民调解进立案庭"加强诉调对接工作的意见》，明确双方职责分工，完善衔接机制；与市财政局印发《关于进一步做好基层人民调解案件补贴工作的指导意见》，明确将各区诉前调委会纳入基层人民调解案件补贴范围中。2017年，与市高院联合出台《诉前人民调解员管理办法》，建立定期考核机制，实现诉调对接工作的规范化、系统化和常态化运行。

建立"专业＋多元"模式，加强人民调解队伍建设。一是以多元化为导向积极调配社区（村）人民调解员；二是以群众性为导向组建人民调解志愿者队伍；三是以专业化为导向加强对调解员培训和案例评查。

建立"拓展＋延伸"模式，推动人民调解组织建设。积极与市政府相关部门沟通联系，了解重点行业的社会团体化解社会矛盾纠纷的需求，推动行业性、专业性人民调解组织建设。

建立"规范＋扶持"模式，打造特色调解品牌。积极探索以人民调解协会为政府购买服务主体，扶持培育特色人民调解工作。加大与市委社工委、民政局的沟通协调，积极申请社工委社会建设专项资金、社会福彩公益金等，支持会员单位实施特色公益项目，打造人民调解特色品牌。

通过网络检索了解到《北京市诉调对接工作取得显著成效》。具体成效有：一是专业的诉前调解员队伍逐步建立；二是诉前调解员管理模式不断完善；三是诉前调解员激励机制有效落实；四是司法确认支持力度不断加大；五是诉前调解体系建设实现新拓展。

（八）重大决策社会稳定风险评估机制建设情况

本项指标得分为 100 分。

通过网络检索到《北京市建立重大事项稳定风险评估机制的实施办法（试行）》（京办发〔2010〕24 号）。在文件中，北京市就重大决策社会稳定风险评估的指导思想、评估工作原则、评估范围、评估程序等内容进行了详细的规定。

通过网络检索到《北京市召开重大决策社会稳定风险评估会议》。其中涉及，要充分发挥风险评估在源头防范重大风险、保障重大决策顺利实施等方面的独特优势和作用，各区、各部门要紧紧盯住改革发展重要领域和重大举措，严格评估结果运用，保障重大决策稳妥实施，对确有重大风险隐患的，该叫停的坚决叫停，该暂缓的必须暂缓，该调整的及时调整。此外，在评估过程中，要科学分类实施，提升规范化水平，要通过公示、听证、对话、协商等形式，充分听取群众特别是利益相关方的意见，努力形成群众可以接受的方案，使评估过程成为倾听民意、化解民忧、赢得群众理解支持的过程，推动完善第三方评估办法，让社会各界、中介组织、专家学者依法有序参与评估决策，充分汲取各方面的智慧。

通过网络检索到《北京市电网建设项目开展社会稳定风险评估暂行规定》。其中涉及，根据《重大项目社会稳定风险评估办法（试行）》（市规发〔2011〕911 号）、《关于印发重大决策社会稳定风险评估工作实施办法（暂行）的通知》（京管函〔2017〕274 号）等文件精神，结合北京市电网实际，组织编制了《北京市电网建设项目开展社会稳定风险评估暂行规定》。

（九）重大决策社会稳定风险评估的覆盖范围

本项指标得分为 100 分。通过网络检索，本指标主要看北京市委发布的

有关平安建设的规范性文件以及召开的平安建设活动中重大决策社会稳定风险评估覆盖范围情况。

通过网络检索到《大兴区安委会办公室组织开展城市安全风险评估重大安全风险源行业确认工作》。其中涉及，区安委会办公室依据《大兴区城市安全风险评估工作方案》和上级有关工作部署，组织相关行业部门召开了城市安全风险评估重大安全风险源行业确认会及相关工作部署会。通过此次会议的开展，进一步推动并加强了各相关行业部门对大兴区城市安全风险评估工作的推进与落实，是对总结凝练可复制推广的工作经验，形成科学、规范、系统、动态的安全风险评估工作机制这一工作目标的重要实践，也是对全区风险评估工作成果进行的巩固和强化。

通过网络检索到顺义区北小营镇 2018 年公布的《今后五年工作安排》。其中涉及，要加强社会精细化治理，构建全民共建共享的社会治理格局，扎实开展矛盾纠纷排查化解，落实重大决策社会稳定风险评估制度、重大事项舆论风险评估制度，坚决维护社会稳定。完善和落实安全生产责任制和各项安全管理制度，持续推进国家安全社区创建工作，进一步加强食品药品安全和消防安全等工作，做好重点时期社会面防控，营造和谐稳定的发展环境。

通过网络检索了解到《昌平区顺利完成城市安全风险评估各项工作》。其中涉及，昌平区安委会按照北京市安委会的统一部署，从 2017 年 9 月开始，在全区范围内启动开展城市安全风险评估工作。已完成前期准备、企业筛选、经费预算、业务培训、服务机构确定、企业风险辨识及评估、成果报告形成后的征求意见和合法性审核等各项工作。共涉及参与企业 253 家，253 家生产经营单位共辨识评估风险源 6767 项，其中重大安全风险 6 项（涉及 3 家危险化学品重大危险源企业），较大安全风险 413 项，一般安全风险 3996 项，低安全风险 2352 项。《北京市昌平区城市安全风险管控办法》已报请昌平区人民政府审议并颁布实施，《北京市昌平区城市安全重大风险应急联动工作机制》正在以安委会办公室名义印发实施。

（十）重大决策社会稳定风险评估是否纳入首都立法情况

本项指标得分为 100 分。通过网络检索，本指标主要看北京市是否具有重大决策社会稳定风险评估体制体系的相关立法规定或法律法规支撑。

通过网络检索了解到"自 2019 年 9 月 1 日起，国务院开始实施《重大行政决策程序暂行条例》"。该条例中规定，重大行政决策事项主要涉及五大方面：①制定有关公共服务、市场监管、社会管理、环境保护等方面的重大公共政策和措施；②制定经济和社会发展等方面的重要规划；③制定开发利用、保护重要自然资源和文化资源的重大公共政策和措施；④决定在本行政区域实施的重大公共建设项目；⑤决定对经济社会发展有重大影响、涉及重大公共利益或者社会公众切身利益的其他重大事项。同时，该条例规定，做出重大行政决策应当遵循依法决策原则，严格遵守法定权限，依法履行法定程序，保证决策内容符合法律、法规和规章等规定。重大行政决策依法接受本级人民代表大会及其常务委员会的监督，根据法律、法规规定属于本级人民代表大会及其常务委员会讨论决定的重大事项范围或者应当在出台前向本级人民代表大会常务委员会报告的，按照有关规定办理。因而，在北京市重大决策社会稳定风险立法上，此条例给予了一定意义上的法律效力支撑。

（十一）重大决策社会稳定风险评估落实情况

本项指标得分为 15.75 分，以问卷调查为主（见表 6）。

表 6　重大决策社会稳定风险评估落实情况问卷调查

三级指标	相关变量	类别	频数（个）	比例（%）	评分（分）	指标得分（分）
重大决策社会稳定风险评估落实情况	C20——是否参加过社会稳定风险评估的听证会	是	189	15.75	100.00	15.75
		否	1011	84.25	0.00	

通过调查问卷可以得知，曾参加过社会稳定风险评估听证会的被调查者仅占 15.75%，这直接说明在部分涉及群众利益的重大决策社会稳定风险评

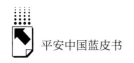
估中，群众的社会参与度明显较低，同时也进一步说明在重大决策社会稳定风险评估工作中要充分听取各利益相关方的意见建议，不断推动完善第三方评估办法，采取公示、听证、对话、协商等多种能够为社会相关主体接受的方式，促进各方依法有序参与评估决策，从而对进一步落实重大决策社会稳定风险评估提供社会主体支撑。

（十二）信访网络综合服务平台建设情况

本项指标得分为100分。通过网络检索，本指标主要看北京市委发布的有关平安建设的规范性文件以及召开的平安建设活动中信访网络综合服务平台建设的情况。

通过网络检索了解到北京市已初步建成具有首都特色的"4321"信访信息化系统工作体系。"4"是指"信访指数""法治信访评价指数""社会矛盾指数""社会健康指数"，这4个指数对于科学评估信访矛盾和社会矛盾的发展态势具有重要意义；"3"是指"信访诉求工作平台""信访智库研究平台""非紧急救助咨询服务平台"，这3个平台是整个信息化系统的3个核心支柱，其中信访诉求工作平台涵盖了国家信访局对网上信访工作的全部要求；"2"是指"信访大数据综合分析研究系统"和"信访数据库支撑服务系统"，其中大数据综合分析研究系统已经走在全国前列；"1"是指"信访数据实验室"，这个实验室是全国信访领域第一个也是唯一一个大型综合实验室，这一实验室的建设已投入资金近500万元，已发展成为我国相关领域具有一定规模的正规实验室。

目前，"智慧信访"大数据平台已获得国家版权局颁发的计算机软件著作权登记证书，信访智库研究平台中的相关理念和技术已被国家专利局授予发明专利。

通过网络检索了解到海淀区在全市推广网上信访矛盾智能化解平台经验，其中涉及海淀区网上信访矛盾智能化解平台建设情况和相关工作经验。海淀依托"北京网上信访智慧平台"，搭建网上信访矛盾智能化解平台，打造"互联网＋信访"升级版，努力探索"阳光信访"新途径，推动信访矛盾化解向可视化、智能化、多元化方向发展。将网上信访打造成为信访主渠道，实现了诉求网上约、困难网上研、矛盾网上调、结案网上听、效果网上看的"枫桥经验"海淀新实践，引领了北京市信访信息化创新发展。

（十三）逐级上访制度建设情况

本项指标得分为100分。通过网络检索，本指标主要看北京市委发布的有关平安建设的规范性文件以及召开的平安建设活动中逐级上访制度建设的情况。

通过网络检索了解到北京市召开信访工作会议。其中涉及，要全面抓好重点时期信访工作，落实好"谁主管、谁负责"和"属地管理、分级负责"的主体责任；全面提升信访工作服务中心、服务大局的能力和水平，进一步夯实基层基础，持续推进信访法治化建设，严格落实诉访分离，全面推进依法分类处理信访诉求，增强信访工作的规范性、系统性、有效性，为法治中国首善之区建设做出更大贡献。

通过网络检索了解到"依法逐级走访，把矛盾化解在家门口"相关信息。其中涉及，各级信访部门充分发挥"面对面"的优势，在第一地点把工作做到位，在第一时间解决群众反映的合理诉求，解决问题及时有效。信访工作的核心是解决群众反映的合理诉求。近年来，在各级信访部门的共同努力下，形成了基层属地抓、责任单位办、信访部门督的工作合力，使得一大批信访问题及时就地得到解决。北京实行"一单式"工作法，最大限度发挥区、街道、村委会三级的作用，推动大量信访问题在基层得到及时解决。

通过网络检索了解到西城区住建委召开信访工作专题会。其中涉及，要严格落实《信访工作责任制实施办法》，以打造阳光信访、责任信访和法治信访为引领，拧紧责任螺丝、提高履责效能，以责任落实推动信访问题解决。要着力强化源头治理。"干部多下访、群众少上访"，要将矛盾纠纷化解在基层、化解在萌芽状态，避免小问题拖成大问题、一般性问题演变成信访突出问题。要加强分析研判，夯实信访基础工作，建立矛盾纠纷排查化解常态化机制，最大限度地减少矛盾积累、信访上行。要解决好群众合理诉求，依法维护信访秩序。依法保障群众合法权益，维护公平正义，保护合法

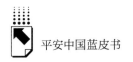

信访、制止违法闹访，实现好、维护好人民群众根本利益。要树立依法逐级走访导向，广泛宣传教育，引导信访群众正确行使权利，依法理性反映诉求，切实改变"信访不信法"的观念。要坚持"诉访分离"，把解决涉法涉诉信访问题纳入法治轨道，由司法机关依法按程序处理。

通过网络检索到新闻《北京市召开信访工作会议要求，以昂扬的风貌和实干的精神扎实工作，奋力开创新时代首都信访工作新局面》。其中涉及，要积极适应新时代社会主要矛盾新变化，坚持以人民为中心，以依法及时就地解决群众合理诉求为根本，大力推进信访工作制度改革措施落实，全力打好化解矛盾攻坚战，切实增强风险防范能力，更好地维护群众合法权益、维护社会和谐稳定，奋力开创新时代信访工作新局面。要善于从信访问题中发现带有普遍性、趋势性的问题，精准用力、对症下药，组织开展政策研究，以点带面批量解决共性问题。

（十四）信访地方性立法情况

本项指标得分为 0 分。

通过网络检索，本指标主要看北京市委发布的有关平安建设的规范性文件以及召开的平安建设活动中信访地方性立法的情况。以平安北京、信访、地方性立法等关键词语，加上"北京市""平安建设"进行搜索，了解北京市是否落实信访地方性立法。

通过网络检索未能了解到关于信访地方性立法的具体信息，只存在信访的实施细则、实施办法、实施规定和信访责任落实等信息。因此，本指标得分为 0 分。

四　评估结论

（一）存在的主要问题

通过网络检索以及调查问卷，目前，北京市在开展矛盾纠纷化解工作中还存在以下主要问题。

1. 社会矛盾源头预防和排查化解

（1）基层传统纠纷与社会新型矛盾纠纷均需关注

在陌生人社会，随着经济社会发展，矛盾纠纷呈现高发态势，矛盾纠纷主体更加多元化、矛盾纠纷类型更加多样化、纠纷调解难度也日渐增大。传统矛盾纠纷主体主要集中于民众个体之间，主要体现为婚姻家庭纠纷、社区邻里纠纷、房屋宅基地纠纷等，社会新型矛盾纠纷主要集中于社会个体与法人、非法人组织之间，且会涉及诸多法律条款，诸如网购纠纷、旅游纠纷、食品安全纠纷、预付式消费纠纷等矛盾纠纷不断涌现，已经突破原有传统纠纷类型的时空范围，在民众法律意识提升与纠纷解决跨越情理而更多指涉法律的前提下，专业性、行业性纠纷调解更需有专业人员介入。但目前在基层社会矛盾纠纷源头预防与排查化解中，因行政地域限制，专业性、行业性矛盾纠纷较少被关注统计，以传统型矛盾纠纷排查化解为主，被访者称："虽然没有了解过矛盾纠纷排查化解，但如果有人上门排查矛盾纠纷，类似网络购物的纠纷我也不会谈，现在这么便利，直接找淘宝仲裁就行啊。"因而在基层矛盾纠纷源头预防与排查化解中，两大类社会矛盾纠纷均需密切关注。

（2）矛盾纠纷信息收集、分析与研判机制仍待完善

当前专业性、行业性等新型矛盾纠纷大量涌现，虽然现有矛盾纠纷源头预防与排查化解机制相对健全，但随着社会经济发展，民众"敏感点"增多，传统型矛盾纠纷、新型矛盾纠纷等矛盾纠纷类型极易导致部分社会民众出现极端行为乃至网络舆情，加之矛盾纠纷产生、发展与爆发并不在特定时间点，不能将其与相关的小矛盾、小纠纷、小事件及关联人物割裂开来，这就需要在关注矛盾纠纷类型的实践工作中，强化矛盾纠纷信息的收集、分析与研判机制，尤其应当注意郊区或城乡接合部、远离郊区的乡镇、农村等地域的矛盾纠纷信息收集，在了解重大时间节点开展矛盾纠纷排查化解的问卷交叉分析中，城区居民占比为56.01%，地域间的矛盾纠纷排查化解基层基础建设需均衡发展。

（3）矛盾纠纷群众利益表达渠道有待进一步畅通与拓展

面对当前矛盾纠纷在新时代的新情况，北京市主动作为，适应新形势、新变化与新任务，不断创新并畅通群众利益表达渠道。从问卷调查与实践调研看，在基层社区，民众向居委会反映问题的渠道相对畅通，但也存在渠道相对狭窄，不够畅通的情况，再者随着民众日常消费生活的丰富，部分民众遇到新型矛盾纠纷时诉求无门，不清楚、不了解有哪些渠道可以解决自身遇到的矛盾纠纷。因而，政府部门在群众利益表达渠道上还需进一步畅通与拓展，并加大基层宣传力度，同时也应注意到现实工作对于实践发展的滞后性，还需做好前瞻性的预防考虑，达到"治未病之病"的效果。

2. 矛盾纠纷多元调解

（1）矛盾纠纷多元调解队伍建设有待加强

从矛盾纠纷多元调解队伍整体建设看，仍旧存在软硬件设施不均衡、人员年龄层次不合理、缺乏专业知识等问题。部分矛盾纠纷调解仍以情理调解的方式方法为主，缺乏一定的可持续性，这就导致两方面的问题：一是专业矛盾纠纷调解知识与相关法律知识的缺乏易导致矛盾纠纷调解的途径欠缺以及矛盾纠纷的暂时性隐匿，无法达到矛盾纠纷合情合理合法化解；二是过于重视当下的调解，缺乏持续性跟踪回访，易造成调解员与居民双方面的被动，容易促使矛盾纠纷进一步扩大。再者，现代社会新型纠纷不断涌现，现实面对的矛盾纠纷新态势、新变化直接考验基层人民调解员的政治素质、法律素质、职业道德和调解技能，也直接会影响到基层矛盾纠纷调解机制的转变。

（2）矛盾纠纷多元调解激励机制有待健全

不可否认，当前基层社会矛盾纠纷多元调解的主体范围、调解难度以及矛盾纠纷多样性方面已出现了新变化与新特点，这对人民调解员的专业素质能力、政策水平、法律素养以及知识储备提出了新的要求和标准，加之人民调解员的矛盾纠纷调解工作本身就面向群众、依靠群众，因而如何适应新形势、新变化与新任务的要求，在经费、人员、硬件等方面给予人民调解员以保障，并在物质与精神上给予其支持和激励都是矛盾纠纷多元调解工作本身落实到基层时所要面对的直接现实问题。

3. 重大决策社会稳定风险评估

（1）重大决策社会稳定风险评估的社会参与度需进一步加大

在重大决策社会稳定风险评估工作中，群众与利益相关方的意见与建议尤应充分听取，同时社会各界、中介组织、专家学者等社会参与方依法有序参与评估决策同样重要。问卷调查显示，参加过重大决策社会稳定风险评估听众会的社会公众仅占被调查者的 15.75%。这样的情况在一定程度上说明，当前北京市重大决策社会稳定风险评估工作在基层落实中社会公众参与的力度较小，亟待加强基层重大决策社会稳定风险评估的宣传与引导工作，避免因重大决策形成舆情风险和法律风险。

（2）重大决策社会稳定风险评估监督体系仍有待健全完善

通过问卷调查与网络信息检索发现，目前对风险评估工作的各个环节缺乏明确的监督机制，风险评估质量及评估结论运用实施等情况缺乏社会层面的公开与监督，尤其是评估结果实施运用后，缺乏事后实施效果监督反馈机制。

（3）专业性、行业性重大决策社会稳定风险评估标准体系有待完善

重大决策社会稳定风险评估重在实施，部分行业的重大决策行业特殊、专业性强，从目前重大决策社会稳定风险评估体系来看，整体性和少部分行业社会稳定风险评估工作具有相关的实施细则或标准，但更加明确的、细化的、行业性指向明显的重大决策社会稳定风险评估实施细则和标准体系仍有待完善。这样的缺失对部署、推进、落实重大决策以及人财物等方面的保障会造成一定的影响，风险评估工作责任落实力度也会打折扣。

4. 信访法治化建设

（1）信访地方性立法进程缓慢

信访地方性立法工作是信访工作法治化的基石。当前北京市仍需解决一批长期积累的重信重访和群众反映强烈的热点难点问题，这些问题长期难以解决，其中很重要的原因在于信访地方性立法缺位。目前北京市信访地方性立法工作已有理论研究进展，北京市信访矛盾分析研究中心率先提出"首

先是约束行为，其次才是规范程序”的立法原则，但是在具体立法实践中信访地方性立法进程依旧缓慢，未能构建起科学完备的信访法律体系。

（2）信访法治化宣传仍需进一步加强

人民群众来信来访工作的本质核心是解决群众反映的合理诉求。近些年，北京市不断强化信访工作，创新信访工作与科技的融合发展，关口前移，加强基层信访基础业务规范化建设。但在实践中，仍存在重信重访等问题，在基层信访法治化工作落实中重建设、轻宣传，民众通过何种途径依法信访、理性维权、逐级走访还存在一定的认知偏差，这易造成信访法治化工作在基层推进过程中与民众头脑中“想象的信访”形成偏差，出现“信访不信法”，甚至“以访压法”的情况。

（二）完善建议

1. 社会矛盾源头预防和排查化解

（1）基层基础建设尤其应注意加强专业性、行业性矛盾纠纷的源头预防与排查化解，建立健全相应的机制

社会矛盾纠纷源头预防和排查化解工作的基础在基层社区、专业性与行业性的基层单位企业组织。社会矛盾纠纷源头预防与排查化解关口前移需要不断强化基层基础建设，积极引导相关的社会力量参与社会矛盾纠纷的预防与排查化解。对于专业性、行业性矛盾纠纷，可就部分单位企业组织开展具体的试点工作，尝试构建起具有专业性、符合行业特点、满足公众需求的人民调解组织。在强化基层基础工作机制的基础上，实现“矛盾纠纷不上交、不激化、不形成舆论炒作焦点”的目标，完善社会矛盾源头预防与排查化解工作体系。

（2）加强基层矛盾纠纷信息收集体系与现代科技的融合

基层社区、专业性以及行业性单位企业组织的矛盾纠纷信息收集更加聚焦于“单点式”的社区及企业单位，虽然这样的矛盾纠纷信息收集能够在一定程度上排查化解矛盾纠纷，但对于全局性、趋势性、专业性、行业性矛盾纠纷的集中爆发点乃至演变过程无法做到良好的分析研判。在现代大数据、云计算、

人工智能等信息科技的支持下，基层矛盾纠纷信息收集与科技的深度融合有助于实现基层矛盾纠纷信息的数据采集、分析应用、预判预警、及时化解，这样一种融合配合基层社会治理的相关系统平台能够更好地提升平安北京智能化应用水平。

（3）进一步延伸拓展群众利益表达渠道

随着现代科技与社区自治组织的发展，群众利益表达渠道的延伸拓展不局限于以政府为主导的利益表达渠道，也可积极动员引导社区自治组织定期或不定期针对特定问题或偶发情况拓展自我治理、自我发展的柔性群众利益表达渠道。此外，在现代科技的发展推广下，群众利益表达渠道也不应局限于线下"面对面"的利益表达，也可适应时代发展和民众需求，以小程序、社区 App、信息收集平台等线上途径延伸拓展群众合理的利益表达渠道。

2. 矛盾纠纷多元调解

（1）不断推动矛盾纠纷多元化解，凝聚司法行政、综治、信访、法院、公安等多部门力量

现代社会发展进步的复杂性以及矛盾纠纷类型的多样性决定了处理当前社会矛盾纠纷的难度日渐增大，需要在矛盾纠纷化解过程中对接整合多种调解资源。虽然传统型矛盾纠纷仍可立足基层居委会、基层自治组织或社区民警等力量加以调处，但也应意识到，传统型矛盾纠纷日渐牵涉各种法律条文、各个行政部门。现实的需求以及专业性、行业性矛盾纠纷的涌现进一步要求对接整合多部门力量与调解资源进行矛盾纠纷的多元化解。同时也应以多元调解和服务工作为契机开展调解、法治等相关内容的宣传，增强社会公众对法治的了解以及对调解工作的认同。

（2）强化人民调解员的专业性培训，促进调解工作队伍激励的多元化

矛盾纠纷化解工作的现实性需求要求人民调解员具有较高的政治素养、专业素养以及职业素养，不仅需要熟悉人民调解工作的相关法律，还要具有能够应对各种情况且灵活性与专业性相统一的方式方法，同时能够明确了解调解资源有效衔接的途径，避免矛盾纠纷隐患的蔓延与升级。当然，在面对矛盾纠纷化解这一具体工作时，也需要加强对调解队伍的激励，真正调动基

层调解员工作的主动性和积极性，促进矛盾纠纷双方或各方关系的修复，推动基层社会良性治理。

3. 重大决策社会稳定风险评估

（1）完善重大决策社会稳定风险评估顶层设计

风险评估顶层设计主要涵盖两方面内容：一是重大决策社会稳定风险评估法律法规的健全完善；二是重大决策社会稳定风险评估监督体系的完善。风险评估是重大决策出台的前置程序与刚性门槛，虽然在国家层面对此有相关法律法规的支撑，但仍需根据新时代经济社会的发展状况不断健全完善风险评估法律法规，提升"稳评"的法律地位，这既是从法律层面固定风险评估各个环节的责权，更是对重大决策的出台提供支撑性的法律保障，同时也是尽可能避免风险评估的法律风险。当前，重大决策社会稳定风险评估聚焦的重要领域广、重大举措多，需要科学分类，并对重大决策社会稳定风险评估提供人、财、物等方面的保障。

（2）进一步推进重大决策社会稳定风险评估主体的社会参与性

重大决策社会稳定风险评估工作本身具有行政层级性、地域性，各区、县、各级政府以及各部门均有涉及本区域、本级职能部门的重大决策工作，在"应评尽评"以及"不评估、不决策，不评估、不实施"的要求下，社会各界、中介组织、专家学者依法有序参与评估决策更具有现实意义。评估主体的社会参与性，不局限于主体范围的广泛性，还涉及公示、听证、对话、协商等参与形式和途径的拓展性，同时涉及特殊行业、特定项目深层次的专业性社会参与。社会参与性的提升是不断提升重大决策社会稳定风险评估规范化水平的必然要求，也是社会民众对涉及自身相关利益的重大决策加深认识与理解的必经途径。

4. 信访法治化建设

（1）推动信访工作地方性立法进程

阳光信访、责任信访、法治信访是信访工作的主要举措，在深化信访工作制度改革措施的落实工作中，信访法治化建设是重要内容。在当前不断提升信访工作专业化、法治化、信息化水平的背景下，信访法治化建设主要应当从三方面齐头并进：一是在已有信访地方性立法研究的基础上，观照社会发展现实，从顶层设计上推进首都信访地方性立法进程；二是在应对新时代社会主要矛盾新变化的过程中，依法及时就地解决群众合理诉求；三是在信访问题解决过程中，引导群众"信法不信访"，在坚持依法分类处理群众诉求的基础上，引导群众逐级信访，理性信访，坚持诉访分离，运用法治思维和法治方式做好信访工作。

（2）进一步加强基层信访基础业务规范化建设，强化网上信访的公开透明化

基层基础工作是化解信访问题关口前移工作的重要基石，信访工作本质上是依法解决民众的合理诉求，通过基层基础业务工作发现普遍性及趋势性的问题，精准并精细化地解决共性问题，同时通过基层基础工作加强阳光信访、责任信访以及法治信访的具体宣传，提升民众对信访工作的认知与理解。从网上信访的现实发展看，也需要进一步强化网上信访的公开透明，只有让民众对自己的合理诉求具有充分的知情权、参与权和表达权，让第三方以及民众自身具有监督权，才能真正让信访工作赢得群众的信任与满意，切实妥善地解决问题，增强人民群众的获得感、幸福感和安全感。

参考文献

1. 郭志远：《我国基层社会矛盾预防与化解机制创新研究》，《安徽大学学报》（哲学社会科学版）2014 年第 2 期。
2. 胡仕浩：《多元化纠纷解决机制的"中国方案"》，《中国应用法学》2017 年第 3 期。
3. 陆益龙、刘芹：《转型期重大决策社会稳定风险评估体制机制探究》，《中国特色社会主义研究》2019 年第 3 期。
4. 杨丹、宋英华：《转型期中国社会稳定风险评估的法治化：挑战与回应》，《国家行政学院学报》2016 年第 5 期。
5. 人民网：《新型消费纠纷不断，识破陷阱依法维权》，http：//m. people. cn/n4/2019/0317/c204573 - 12457519. html，最后访问日期：2019 年 9 月 1 日。

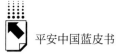
6. 刘蔚：《城市居民纠纷解决方式的选择及其影响因素》，《四川理工学院学报》（社会科学版）2019 年第 4 期。

7. 黄杰、朱正威、吴佳：《重大决策社会稳定风险评估法治化建设研究论纲——基于政策文件和地方实践的探讨》，《中国行政管理》2016 年第 7 期。

8. 《把信访纳入法治化轨道》，《人民日报》，2015 年 3 月 25 日，第 17 版。

9. 唐淑凤：《从经验到原则：解读信访工作新理念》，《社会科学辑刊》2012 年第 4 期。

B.6

北京市人口服务管理调查报告（2019）

邹湘江　苏咸瑞*

摘　要： 人口服务管理是平安北京建设的重要内容。2018 年，北京市在常住人口调控、特殊人群服务管理等人口服务管理工作中取得较好的成效，但也存在流动人口权益保障不到位，出租房屋管理压力仍很大，以及精神病人等特殊人群管控难等问题。未来北京市平安建设中的人口服务管理工作，需要落实和逐步扩大流动人口权益，建立出租房屋常态管理机制，加快社区康复机构建设以实现对精神病人的有效管控。

关键词： 人口调控　流动人口　出租房屋　居住证

一　指标设置及评估标准

（一）指标设置

人口服务管理是深化平安北京建设六大工程亮点之一[①]，加强流动人口及特殊人群服务管理是北京社会治安防控体系建设中"阵地防控网"的重要内容之一，建设流动人口服务管理体系也是北京市平安建设需要重点加强

---

* 邹湘江，博士，中国人民公安大学治安与交通管理学院副教授、硕士研究生导师；苏咸瑞，中国人民公安大学治安学专业硕士研究生。

① 汤一原：《研究全面深化平安北京建设等工作》，《北京日报》，2014 年 7 月 8 日，第 1 版。

六大工作体系之一①。本次平安北京建设评估"人口服务管理"一级指标下设置5项二级指标，分别为"常住人口调控""流动人口登记与管理""居住证制度实施情况""出租房屋治理""特殊人群服务管理"（见表1）。5项指标分别从常住人口、流动人口和特殊人群3类服务管理对象出发，通过12项三级指标来分析平安北京建设中人口服务管理的状况。

表1　人口服务管理指标体系、权重及数据来源

一级指标（权重）	二级指标（权重）	三级指标（权重）
人口服务管理（15%）	常住人口调控（20%）	常住人口数量变化（50%）
		常住人口增速变化（50%）
	流动人口登记与管理（30%）	流动人口基础信息采集登记（40%）
		流动人口动态监测制度（30%）
		流动人口数量变化（30%）
	居住证制度实施情况（10%）	居住证办理是否便民（50%）
		居住证持有者享受公共服务情况（50%）
	出租房屋治理（10%）	出租房屋管理制度建设（50%）
		违法出租治理效果（50%）
	特殊人群服务管理（30%）	重点人员管控（40%）
		重点青少年服务（30%）
		服刑人员帮扶（30%）

　　"常住人口调控"二级指标下设置"常住人口数量变化""常住人口增速变化"2项三级指标。此2项指标从北京市常住人口的数量变化和增速变化两方面反映北京市常住人口的宏观变化情况。

　　流动人口是北京市常住人口的重要组成部分，流动人口登记与管理是其中重要的一环。"流动人口登记与管理"二级指标下设置了"流动人口基础信息采集登记""流动人口动态监测制度""流动人口数量变化"3项三级指标。3项指标分别从流动人口的信息采集、动态掌控、数量变化的角度反映平安北京建设中流动人口管理与服务情况。"流动人口基础信息采集登

---

① 王安顺：《大力推动"平安北京"建设积极服务首都科学发展》，《前线》2009年第6期，第4~5页。

记"三级指标可有效反映流动人口基层信息采集的具体成果，"流动人口动态监测制度"反映流动人口信息采集和登记的制度化建设，以及政府人口调控预警能力。"流动人口数量变化"这一指标则反映出流动人口信息采集、管理的效能，特别是反映北京市出台的人口调控以及疏解中低端产能政策（京津冀一体化政策）的执行效果。

人口管理是城市管理的重要方面，居住证制度在全国范围内实施，北京市也出台了相应的政策文件①，对于服务和管理流动人口具有非常积极的意义。"居住证制度实施情况"二级指标下设置 2 个三级指标，"居住证办理是否便民""居住证持有者享受公共服务情况"分别从居住证办理情况与持有居住证所享受的权益和服务两方面检视平安北京建设中居住证制度的实施情况。"居住证办理是否便民"体现出公安机关在居住证管理过程中人性化、便利化服务的情况。持有居住证便可部分地享受以前户籍人口才能享有的基本公共服务。因此，"居住证持有者享受公共服务情况"体现出北京市对流动人口由"管理"向"服务"转变的效果。

住房租赁是城市解决居住问题的重要方式，也是人口服务管理特别是流动人口服务管理的重要抓手。"出租房屋管理制度建设""违法房屋治理效果"2 项三级指标从出租房屋的制度建设与治理监督两方面，体现出"出租房屋治理"的水平。合理完善的出租房屋管理制度是解决流动人口住房问题、加快推进新型城镇化的重要方式，是实现全面建成小康社会住有所居目标的重大民生工程。违法出租现象是整个城市管理以及流动人口服务管理面临的难点问题②，违法出租问题给平安北京带来巨大隐患。"违法出租治理效果"是检验北京市房屋租赁市场规范程度、出租房屋治理效果和流动人口服务管理水平的重要标尺。

特殊人群的管理与服务既是人口管理的一个重要环节，也是人口管理的

---

① 2016 年 5 月，北京市政府发布了《北京市实施〈居住证暂行条例〉办法》，并在当年 10 月 1 日开始实施。

② 王淑荣：《出租房屋"群租"现象治理的思考》，《中国人民公安大学学报》（社会科学版）2013 年第 6 期，第 146 ~ 150 页。

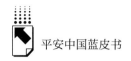
一大难题。"特殊人群服务管理"二级指标选择了具有代表性的重点人员、重点青少年、服刑人员3类人员作为切入点,衡量平安北京建设中特殊人员服务管理的效果。"重点人员管控"既是社会治安的有效控制手段,又是预防违法犯罪的必要措施,还是公共安全的重要信息来源,对维持秩序、维护稳定、遏制犯罪等都具有重要的意义[1]。孩子是祖国的未来,重点青少年社会工作服务牵动着国家与社会的神经。重点青少年群体的服务、管理与帮教工作是公安机关人口服务管理的"基本功",也是建设平安北京的一项基础性工作。因为北京市人口流动、人户分离的特点十分突出,相应的在居住地接受社区矫正的流动人口社区服刑人员也随之日益增多且有继续上升的趋势[2]。流动人口社区服刑人员的帮扶管理可以检验人口管理与服务中平安社区的管控情况。

(二)设置依据及评估标准

1. 二级指标设置依据

(1)常住人口调控

2017年,北京市委、市政府下发的《北京城市总体规划(2016~2035年)》(以下简称《北京总体规划》)中,提出"严格控制人口规模,优化人口分布"。2014年,北京市委、市政府下发的《关于全面深化平安北京建设的意见》(以下简称《平安北京建设意见》)中提到人口规模调控是当前和今后一个时期市委、市政府的重要工作,也是治理"城市病"的关键环节[3]。显然,常住人口规模调控已经成为平安北京建设的重要内容和指标。

(2)流动人口登记与管理

《北京总体规划》提出:"优化人口结构,形成与首都城市战略定位、

---

① 沈洁:《大数据背景下加强重点人员管控工作的思考》,《甘肃警察职业学院学报》2017年第1期,第19~23页。
② 康德柱、母杰华、马翠利:《关于流动人口社区服刑人员社区矫正的实践与思考——以北京市昌平区为例》,《中国司法》2017年第1期,第79~84页。
③ 闫满成:《在更高起点上全面深化平安北京建设》,《前线》2014年第10期,第85~87页。

功能疏解提升相适应的人口结构。采取综合措施，保持人口合理有序流动，提高城市发展活力。"

2016 年，公安部会同国家发展改革委、财政部、民政部和国家安监总局共同起草的《"十三五"平安中国建设规划》中提出："健全完善各项安全管理制度。加强人口服务管理质量建设。加强和改进流动人口服务管理、特殊人群关爱帮扶。"

《平安北京建设意见》中，关于人口服务管理部分提到"北京市将综合运用经济、法律、行政等多种手段加强调控，加强流动人口基础信息采集登记，维护流动人口合法权益"。

（3）居住证制度实施情况

《北京总体规划》提出："改善人口服务管理，构建面向城市实际服务人口的服务管理全覆盖体系，建立以居住证为载体的公共服务提供机制，扩大基本公共服务覆盖面，提高公共服务均等化水平。"《平安北京建设意见》中提出："北京市将综合运用经济、法律、行政等多种手段加强调控，积极稳妥推进实施居住证制度。"《北京市实施〈居住证暂行条例〉办法》第一条政策制定的目的也明确指出："为了推进城镇基本公共服务和便利常住人口全覆盖……制定本办法。"

（4）出租房屋治理

2017 年，北京市委、市政府下发的《关于加快发展和规范管理本市住房租赁市场的通知》的目的在于：完善购租并举的住房体系，建立健全出租住房合法、主体权责明晰、市场行为规范、租赁关系稳定、权益得到有效保障的住房租赁管理服务制度；多渠道增加租赁住房供应，培育机构化、规模化的住房租赁企业，引导居民形成先租后买的梯次消费模式，促进房地产市场平稳健康发展。

2018 年，北京市委、市政府下发《关于进一步加强公共租赁住房转租转借行为监督管理工作的通知》，提出进一步加强对公共租赁住房转租、转借行为的监督管理，切实落实监管职责，加大违规惩处力度，实现公共资源公平善用，维护社会公平正义。重点从进一步落实产权单位管理责任、强化

管理部门监管职责、加大督导和联合惩戒力度、严打中介机构和网络平台违规行为、全面加强技防手段应用、完善责任追究机制等方面提出明确要求，建立完善公租房使用监管的长效机制。

《平安北京建设意见》中人口服务管理的具体方面包括"依法开展违法出租特别是群租问题的治理工作"。

2019年，北京市住房和城乡建设委员会会同北京市市场监管局制定并发布《北京市住房租赁合同》《北京市房屋出租经纪服务合同》《北京市房屋承租经纪服务合同》3个合同示范文本。其目的是进一步规范住房租赁市场，合理引导住房租赁行为，维护租赁当事人的合法权益，减少交易纠纷，加强合同示范文本管理。

（5）特殊人群服务管理

特殊人群的服务管理有助于预防、打击违法犯罪活动，对促进社会治安综合治理具有重要意义。《"十三五"平安中国建设规划》中提出："加强人口服务管理质量建设。加强和改进特殊人群关爱帮扶。"《平安北京建设意见》中也要求："加强特殊人群和重点青少年服务管理，健全完善社会化帮扶体系。"

2018年，北京市人力资源和社会保障局发布了《关于社区服刑人员参加城乡居民基本医疗保险有关问题的通知》，规定："社区服刑人员自人民法院、公安机关、监狱管理机关作出判决、裁定、决定生效之日起90日内，可持本人户口簿、电子照片、社区矫正告知书（社区矫正宣告书）或暂予监外执行决定书等材料到街道（乡镇）社保所办理参保缴费手续。按缴费标准一次性缴纳当年医疗保险费的，自参保缴费的当月起按规定享受城乡居民医保待遇，享受待遇时间至当年的12月31日。"意在解决社区服刑人员的医疗保障问题。

2.三级指标及评分标准

（1）常住人口数量变化

【设置依据】

人口调控包括人口规模、人口增长速度以及人口分布的调控，《北京总体规划》中设定人口调控的具体目标是："根据可供水资源量和人均水资源量，确定北京市常住人口规模到 2020 年控制在 2300 万人以内，2020 年以后长期稳定在这一水平。在常住人口 2300 万人控制规模的基础上，考虑城市实际服务人口的合理需求和安全保障。"因此，选择常住人口数量变化作为三级评价指标。

【评测方法】

本指标满分 100 分，指标权重设定为 50%，主要查阅、分析北京市发布的常住人口统计数据。2015 年北京市常住人口为 2170.5 万人，到 2020 年控制在 2300 万人，年均人口增长率为 1.17%。据此测算具体每年人口数量的控制目标为：2016 年 2195.9 万人，2017 年 2221.6 万人，2018 年 2247.6 万人，2019 年 2273.9 万人。

【评分标准】

本指标根据纵向年度统计比较，结果分为三档："好"（85～100 分）、"中"（60～85 分）、"差"（0～60 分）。若本年度常住人口规模相比上一年出现下降，则测评结果为"好"；若本年度常住人口规模相比上一年持平或缓慢增长并低于预测值，则测评结果为"中"；若本年度常住人口规模相比上一年大幅增长且高于预测值，则测评结果为"差"。

（2）常住人口增速变化

【设置依据】

《平安北京建设意见》提出："2020 年前，北京市将运用经济、法律、行政等多种手段加强调控，努力实现常住人口增速明显下降。"为此，本报告将北京市常住人口增速作为人口服务和管理的三级指标。

【评测方法】

本指标满分 100 分，指标权重设定为 50%，主要通过查阅、分析北京市发布的常住人口统计数据进行评测。

【评分标准】

本指标根据纵向年度统计比较，评分结果分为三档："好"（85～100 分）、"中"（60～85 分）、"差"（0～60 分）。

（3）流动人口基础信息采集登记

【设置依据】

人口信息采集和登记是基础性工作，是开展平安建设、提供社会管理和服务的决策依据。《平安北京建设意见》中也明确要求加强流动人口基础信息采集登记。

【评测方法】

本指标满分100分，指标权重设定为40%，主要通过查阅、分析有关北京市发布的流动人口基础信息采集登记的网络文本进行评测。

【评分标准】

本指标根据网络抓取流动人口基础信息采集登记的文本反映的情况，评分结果分为三档："好"（85～100分）、"中"（60～85分）、"差"（0～60分）。若北京市建立了多部门共享、多渠道获取的流动人口基础信息采集登记，则评分为"好"；若没有实现多部门共享、多渠道获取，但建立了北京市流动人口基础信息采集登记系统，则为"中"；若没有建立或建立的流动人口基础信息采集系统失效，则为"差"。

（4）流动人口动态监测制度

【设置依据】

流动人口动态监测，对于科学把握流动人口整体特征和生存发展状况、完善流动人口服务管理相关政策措施、维护流动人口合法权益具有十分重要的意义，是深化平安北京建设的重要工作之一。《平安北京建设意见》明确要求加强流动人口动态监测。

【评测方法】

本指标满分100分，指标权重设定为30%，主要通过查阅、分析有关北京市发布的流动人口动态监测制度的网络文本，同时结合关于流动人口动态监测制度的访谈进行评测。

【评分标准】

本指标根据网络抓取文本反映的情况，评分结果分为三档："好"（85～100分）、"中"（60～85分）、"差"（0～60分）。若北京市建立了流动人口动态、常态、长效的监测制度，且访谈表明流动人口动态监测制度运行效果良好，则评分结果为"好"；若建立了动态监测制度，但非动态、非常态、非长效的，且访谈表明流动人口动态监测制度运行效果不佳，则为"中"；若动态监测制度没有建立，或动态监测制度没有有效执行，则为"差"。

（5）流动人口数量变化

【设置依据】

流动人口在北京市常住人口中占有较高的比重，是北京市常住人口增长的主要因素。2016年，北京市常住人口中，流动人口的比重达到37.2%。流动人口数量的变化直接反映北京市人口规模调控、人口疏解的成效。同时，流动人口数量的变化也影响流动人口服务管理的工作体量。

【评测方法】

本指标满分100分，指标权重设定为30%，主要通过查阅、分析北京市发布的流动人口数量变化的统计数据进行评测。

【评分标准】

本指标根据纵向年度统计比较，结果分为三档："好"（85～100分）、"中"（60～85分）、"差"（0～60分）。若北京市流动人口规模下降且幅度较大，则评分结果为"好"；若流动人口规模没有变动或变化较小，则评分为"中"；若流动人口规模增长且幅度较大，则评分结果为"差"。

（6）居住证办理是否便民

【设置依据】

居住证制度是服务流动人口，实现基本公共服务均等化的重要制度安排。居住证制度办理的便利性直接影响流动人口申办居住证的积极性，进而影响制度的实施与落实。《平安北京建设意见》也提出要积极稳妥推进实施居住证制度。

【评测方法】

本指标满分100分，指标权重设定为50%，主要通过分析平安北京建设发展评估（2019）调查问卷中"您认为在北京办理居住证是否方便"问题的统计情况进行评测。

【评分标准】

本指标的评估来源为调查问卷。分数根据调查问卷中"C16. 您认为在北京办理居住证是否方便？"赋值得出。若被调查的流动人口回答办理过且方便，则赋值 100 分；若回答办理过且不方便，则赋值 0 分。最后按比例进行加权计算得分。

（7）居住证持有者享受公共服务情况

【设置依据】

居住证制度的重要突破在于赋予流动人口以前所不能享受到的本地公共服务和便利，居住证是流动人口享受公共服务的载体。《北京总体规划》在改善人口服务管理的举措中提出"构建面向城市实际服务人口的服务管理全覆盖体系，建立以居住证为载体的公共服务提供机制，扩大基本公共服务覆盖面，提高公共服务均等化水平。在常住人口 2300 万人控制规模的基础上，考虑城市实际服务人口的合理需求和安全保障。"2016 年，北京市政府发布《北京市人民政府关于进一步推进户籍制度改革的实施意见》，制定的工作目标是"进一步完善户籍管理政策，建立城乡统一的户口登记制度，实施居住证制度，加快建设实有人口和常住人口动态监测平台，稳步扩大城镇基本公共服务覆盖面"，并且提出建立健全以居住证为载体的基本公共服务和便利提供机制。

【评测方法】

本指标满分 100 分，指标权重设定为 50%，主要通过查阅、分析有关北京市发布的居住证持有者享受公共服务情况的网络文本进行评测。

【评分标准】

本指标的评估来源为调查问卷。分数根据调查问卷中"C17. 您在北京面临的主要困难有哪些？"赋值得出。申领了居住证的流动人口，回答各项生活状况指标"是否有困难"中，填答没有困难的比例均值即为得分。

（8）出租房屋管理制度建设

【设置依据】

一直以来，出租房屋管理都是流动人口服务管理的重要抓手，其需要一系列制度基础作为支撑。2007 年，北京市成立流动人口和出租房屋管理委员会办公室，先后出台《北京市外地来京人员租赁房屋治安管理规定》《北京市房屋租赁管理若干规定》《关于进一步规范出租房屋管理的规定》《关于进一步规范出租房屋管理的通告》等制度。2017 年，北京市按照《关于在人口净流入的大中城市加快发展住房租赁市场的通知》（建房〔2017〕153 号）的精神，下发了《关于加快发展和规范管理本市住房租赁市场的通知》，以期加快发展本市住房租赁市场，规范住房租赁管理。2016 年，《北京市"十三五"时期社会治理规划》也明确要求"加强流动人口服务管理，完善以房管理措施，加强出租房屋规范化管理长效机制建设"。

【评测方法】

本指标满分 100 分，指标权重设定为 50%，主要通过查阅、分析有关北京市发布的出租房屋管理制度建设的网络文本，以及访谈中对违法出租房屋治理效果的评价进行评测。

【评分标准】

本指标的评估来源为网络抓取。根据网络抓取文本反映的情况，评分结果分为三档："好"（85～100 分）、"中"（60～85 分）、"差"（0～60 分）。若网络抓取的文本中既有关于提升住房租赁服务水平的，也有关于出租房屋治理的，则评分结果为"好"；若只有上述两者中的某一类文件，则为"中"；若两类文件都没有，则为"差"。

（9）违法出租治理效果

【设置依据】

《平安北京建设意见》中提出依法开展违法出租特别是群租问题的治理工作。2018 年，北京市下发了《关于公布本市出租房屋人均居住面积标准等有关问题的通知》《关于在全市开展房屋违法出租问题治理工作的实施方案》，加强对违法出租和群租房的治理。

【评测方法】

本指标满分 100 分，指标权重设定为 50%，主要通过查阅、分析有关北京市发布的违法出租治理效果的网络文本，同时结合关于出租房屋治理的

访谈进行评测。

【评分标准】

本指标根据网络抓取的出租房屋治理相关文本和访谈反映的情况，评分结果分为三档："好"（85～100分）、"中"（60～85分）、"差"（0～60分）。若未因违法出租而发生重大安全事故，且访谈表明违法出租治理效果良好，则评分结果为"好"；若未因违法出租而发生重大安全事故，但访谈表明出租房屋治理困难，效果不佳，则评分结果为"中"；若因违法出租发生了重大安全事故，则评分结果为"差"。

（10）重点人员管控

【设置依据】

《公安部重点人口管理规定》中定义的重点人口是由公安机关重点管理的具有危害国家安全或社会治安嫌疑的5类20种人员[①]。重点人员管控构成人口管理服务的组成部分，也是公安机关的基础工作之一。《"十三五"平安中国建设规划》《平安北京建设意见》都要求加强和改进特殊人群服务管理。《北京市"十三五"时期社会治理规划》对包括重点人口在内的特殊人群的管理更加细化，要求加强对特殊人群服务管理，着力解决其就业、就学、就医、救助、社保等问题；开展特殊群体心理干预工作，疏导调适不健康社会心态。

【评测方法】

本指标满分100分，指标权重设定为40%，主要通过查阅、分析有关北京市发布的重点人员管控的网络文本进行评测。

【评分标准】

本指标根据网络抓取文本反映的情况，评分结果分为三档："好"（85～100分）、"中"（60～85分）、"差"（0～60分）。若北京市建立了重点人员管控的长效机制，且实际管控中未遇见困难，且访谈表明重点人员管控效果好，则评分结果为好；若北京市建立了重点人员管控的长效机制，但

---

① 王明媚：《论重点人口管理的现状与突破》，《治安学论丛》，2015。

实际管控中有诸多困难，在访谈中也反映出重点人员管控效果不佳，则评分结果为"中"；若北京市未建立重点人员管控的长效机制，则评分结果为"差"。

（11）重点青少年服务

【设置依据】

重点青少年是指6周岁以上（含）25周岁以下（含）不在学、无职业的闲散青少年、有不良行为或严重不良行为的青少年、受救助的流浪乞讨青少年、服刑在教人员未成年子女、农村留守儿童等。全面掌握重点青少年的基本情况，及时了解其思想动态，有利于加强预防青少年违法犯罪工作。抓好重点青少年群体的教育管理是维稳的基础性工作，也是平安建设的一项源头性、基础性工作①。2001年中央综治委成立预防青少年违法犯罪工作领导小组，2011年调整为预防青少年违法犯罪专项组。2016年5月，根据新的形势要求，《关于进一步深化预防青少年违法犯罪工作的意见》出台，再次就新形势下预防青少年违法犯罪工作做出安排②。2013年，中央综治委预防青少年违法犯罪专项组、中央综治办联合下发《重点青少年群体服务管理和预防犯罪工作实施方案》，计划用两年半的时间，将试点探索形成的具有普遍性的工作方法和工作机制分三步在全国范围内推广实行，在全国县级以上地区建立比较完善的工作格局和工作体系③。《平安北京建设意见》要求加强重点青少年服务管理，健全完善社会化帮扶体系。

【评测方法】

本指标满分100分，指标权重设定为30%，主要通过查阅、分析有关北京市发布的重点青少年服务的网络文本，同时结合关于重点青少年服务的访谈进行评测。

---

① 秦宜智：《在全国重点青少年群体服务管理和预防犯罪工作推进会上的讲话》，《预防青少年犯罪研究》2013年第6期，第4~8页。

② 《2018年中央综治委预防青少年违法犯罪专项组全体会议发言摘编》，《中国青年报》，2018年2月13日，第6版。

③ 张景义：《综合施策关爱帮扶重点青少年群体》，《人民法院报》，2013年8月29日，第1版。

【评分标准】

根据网络抓取文本反映的情况，将评分结果分为三档："好"（85～100分）、"中"（60～85分）、"差"（0～60分）。按照中央的要求，重点青少年服务管理由综治办、团、最高人民法院、最高人民检察院、教育部、公安部、司法部、民政部8家单位共同开展。若北京市建立了重点青少年服务管理的部门协作机制，且实际执行情况较好，且访谈表明关于重点青少年的服务效果佳，则评分结果为"好"；若北京市建立了重点青少年服务管理的部门协作机制，但实际执行情况较差，且访谈表明关于重点青少年服务的工作效果不佳，则评分结果为"中"；若北京市未建立重点青少年服务管理的部门协作机制，则评分结果为"差"。

（12）服刑人员帮扶

【设置依据】

加强社区矫正工作，做好社区服刑人员的社会适应性帮扶工作，对减少社区服刑人员重新违法犯罪、消除社会不安定因素、维护社会和谐稳定，具有十分重要的意义。党的十八届三中全会提出"健全社区矫正制度"的要求。司法行政机关积极推动把社区矫正工作纳入社会管理服务工作体系，协调解决社区服刑人员的就业、就学、最低生活保障、临时救助、社会保险等问题，做好社会适应性帮扶[①]。《"十三五"平安中国建设规划》中提出："健全完善各项安全管理制度。加强人口服务管理质量建设。加强和改进流动人口服务管理、特殊人群关爱帮扶。"

2014年，北京市印发《关于进一步加强社区矫正工作的意见》，要求针对社区服刑人员监督管理、教育矫正、适应性帮扶工作中存在的重点难点问题，研究采取有针对性的改革措施，加强和改进工作，推动社区矫正和安置帮教工作持续健康发展，健全完善政府、社会、家庭三位一体特殊人群关怀帮扶体系。

---

① 我国保障社区服刑人员合法权益做好社会适应性帮扶，http：//www.xinhuanet.com/politics/2017-12/18/c_1122130906.htm，2018年9月1日。

【评测方法】

本指标满分 100 分，指标权重设定为 30%，主要通过查阅、分析有关北京市发布的服刑人员帮扶的网络文本，同时结合关于服刑人员帮扶的访谈进行评测。

【评分标准】

根据网络抓取文本反映的情况，将评分结果分为三档："好"（85～100分）、"中"（60～85 分）、"差"（0～60 分）。若北京市建立了社区服刑人员帮扶体系，实际执行情况较好，形成司法、公安等多部门联动，并且访谈表明服刑人员帮扶工作取得良好效果，则评分结果为"好"；若北京市建立了社区服刑人员帮扶体系，但实践中尚未形成司法、公安等多部门联动，访谈也表明关于服刑人员的帮扶工作效果不佳，则评分结果为"中"；若北京市未建立社区服刑人员帮扶体系，则评分结果为"差"。

二　总体评估结果分析

从表 2 可知，"人口服务管理"一级指标的得分为 81.07 分。该得分反映了在平安北京建设中，作为亮点工程的人口服务管理工作取得了明显的成效，人口服务管理政策制度不断完善，科学缜密的人口服务管理体系已经建立，可以有效应对北京城市发展过程中出现的人口问题，促进平安北京建设的全面深化。

从"人口服务管理"一级指标下各二级指标的得分可以看出，"常住人口调控"的得分最高，表明北京市政府在此方面做的工作卓有成效，常住人口的数量变化和增速变化均达到预期效果，常住人口的调控按照设定的目标稳步进行。"流动人口登记与管理""居住证制度实施情况""特殊人群服务管理"3 项二级指标的得分近似。其中，"流动人口登记与管理"得 76分。"居住证制度实施情况"的得分为 75.71 分，该指标下 2 项三级指标的得分分别是 81.61 分和 69.81 分，表明北京市基本建立了流动人口居住证制度，但今后仍应继续优化居住证申领流程，特别是加强居住证持有者"市民化"待遇的落实。"特殊人群服务管理"工作得到了79分的评价，较为客观地反映了此项工作在平安北京建设中的实施情况，在青少年法治教育、社区服刑人员帮扶等方面采取了很多有力措施，但在精神病人等重点人员管控方面有待加强。2018年得分最低的二级指标"出租房屋治理"在2019年得到了很大的改善，得分为70分，反映出在平安北京建设中，北京市政府对"出租房屋治理"这一"短板"工作进行了重点突破，完善了出租房屋管理制度的建设，重点开展了整治违法出租的工作。

表2　平安北京建设中流动人口服务管理总体评估结果

一级指标			二级指标			三级指标		
指标名称	指标权重	指标得分	指标名称	指标权重	指标得分	指标名称	指标权重	指标得分
人口服务管理	15%	81.07分	常住人口调控	20%	100分	常住人口数量变化	50%	100分
						常住人口增速变化	50%	100分
			流动人口登记与管理	30%	76分	流动人口基础信息采集登记	40%	70分
						流动人口动态监测制度	30%	70分
						流动人口数量变化	30%	90分
			居住证制度实施情况	10%	75.71分	居住证办理是否便民	50%	81.61分
						居住证持有者享受公共服务情况	50%	69.81分
			出租房屋治理	10%	70.00分	出租房屋管理制度建设	50%	80分
						违法出租治理效果	50%	60分

续表

一级指标			二级指标			三级指标		
指标名称	指标权重	指标得分	指标名称	指标权重	指标得分	指标名称	指标权重	指标得分
人口服务管理	15%	81.07分	特殊人群服务管理	30%	79分	重点人员管控	40%	70分
						重点青少年服务	30%	80分
						服刑人员帮扶	30%	90分

三 指标评估结果分析

（一）常住人口数量变化

本指标得分为100分。北京市坚持非首都功能疏解和人口规模调控并举，2015年后常住人口增长缓慢，并在2017年首次出现常住人口规模下降（见图1），表明北京市在控制常住人口规模方面取得了显著的效果。

图1是自2011年公布第六次人口普查数据后，北京市常住人口的变化情况。从中可以发现，2015年是北京市常住人口变化的转折点。2011～2015年，北京市常住人口数量呈现逐年增长的趋势，2016年北京市常住人口数量虽较2015年出现增长，但增长幅度锐减，2017年是20年来北京市常住人口首次出现负增长，2018年北京市常住人口持续减少，且减少幅度加大，人口减少规模由2017年的2.2万人扩大到2018年的16.5万人。

政策因素是北京市常住人口数量变化的主导因素。北京市委、市政府近几年出台的《平安北京建设意见》《北京总体规划》等有关城市规划的政策文件均明确提出了人口调控的具体目标和方式。为了与北京市作为全国政治中心、文化中心、国际交往中心、科技创新中心的城市战略定位相一致，北京市政府通过疏解非首都功能，实现人随功能走、人随产业走，形成与首都城市战略定位、功能疏解提升相适应的人口结构，人口调控已经初显成效。

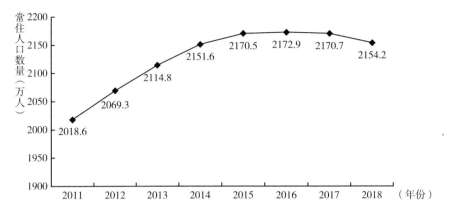

图1 北京市常住人口规模变动

资料来源：北京市统计局。

常住人口数量变化符合预期，有助于进一步推进平安北京的建设。

除了在宏观的常住人口数量控制方面初见成效，北京市城六区人口规模调控也取得理想成绩。《北京总体规划》中明确提出："城六区常住人口在2014年基础上每年降低2~3个百分点，争取到2020年下降约15个百分点，降低城六区人口规模，争取到2020年控制在1085万人左右。"表3显示，城六区的常住人口数量在2016年首次下降，人口增长率为-2.79%，2017年人口增长率更是降至-3.15%，超额完成降低2~3个百分点的既定目标，2018年常住人口增长率也超额完成降低2~3个百分点的既定目标，达到了-3.61%。

表3 北京市2014~2018年城六区常住人口变化表

年 份	常住人口（万人）	流动人口（万人）	常住人口增长率（%）
2014	1276.3	490.4	
2015	1282.8	489.1	0.51
2016	1247.5	461.4	-2.79
2017	1208.8	435.3	-3.15
2018	1165.9	405.1	-3.61

资料来源：北京市统计局。

（二）常住人口增速变化

本指标得分为100分。北京市委、市政府在人口规模调控方面立下的一大目标便是努力实现常住人口增速明显下降。分析北京市统计局发布的统计数据，可以直观地看出北京市在调节常住人口增速方面的成效。

通过图2可以看出，2017年北京市常住人口增长速度首次为负，2018年常住人口保持负增长，增速为－0.76%。这表明北京市常住人口增速确实出现明显下降，并且超过预期。

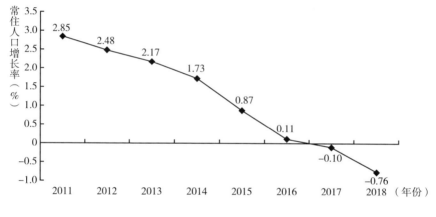

图2　2011～2018年常住人口增长速度

资料来源：根据北京市统计局数据计算。

（三）流动人口基础信息采集登记

本指标得分为70分。平安北京建设把流动人口基础信息资源的建设、共享和应用作为重点，通过人口基础信息数据库和政府各部门实现信息资源共享，增强人口服务管理能力。根据网络抓取的情况可以看出，北京市流动人口基础信息采集登记工作有以下特点。第一，流动人口基础信息采集登记工作以点带面，形成立体网络。网络抓取中进行流动人口信息采集登记的主体都是各基层街道办事处。将此工作落脚在街

道社区层面，可以准确翔实地采集登记北京市流动人口的基本信息，政府在制定流动人口管理服务措施时更有针对性和精确性。第二，流动人口基础信息采集登记工作与其他部门的信息统计相结合。北京市对外来流动人口实行"以证管人、以房管人、以业控人"的管理体制，通过流动人口的登记信息与出租房屋登记等信息的共享互通可以更加有效地对流动人口进行服务管理。访谈中发现，派出所民警认为北京市流动人口服务和管理的难点恰恰是信息采集登记，特别是出租房屋中流动人口的登记，可能出租房屋登记了，但出租房屋内居住的人员及其数量核录工作较为薄弱。

（四）流动人口动态监测制度

本指标得分为70分。开展流动人口动态监测工作是平安北京建设过程中准确把握流动人口结构、变动趋势及其需求的重要途径，其目的在于深入了解本地区流动人口的生存发展状况及公共卫生服务利用、计划生育服务管理等情况，突出以服务为导向的理念。通过网络抓取的北京市流动人口动态监测制度的实施状况可以看出，北京市流动人口动态监测制度在经历创新升级后，以区统计局队为单位，利用大数据技术手段，将人口数据统计、人口动态监测、人口分析研判三大板块进行整合，创新了人口动态监测台账机制，形成动态、常态、长效的工作模式。但是通过对派出所民警访谈发现，作为流动人口管理与服务的主要部门，公安机关在流动人口动态监测方面还有待加强，未专门制定流动人口动态监测的相关制度，流动人口监测依然靠传统的入户调查。因此，流动人口管理和服务除了各部门加强动态监测以外，还需要加强各部门的协调和信息共享，如统计部门利用自己建立起来的动态监测技术和制度优势，将相关信息与公安部门进行共享。

（五）流动人口数量变化

本指标得分为90分。北京市流动人口是否合理有序流动反映人口服务管理的水平。在京津冀一体化战略和疏解非首都功能政策的背景下，北京市流动人口势必会发生深刻的变化。

根据图3中北京市流动人口的统计分析可以发现，北京市流动人口的数量2011～2015年呈上升趋势，由742.2万人逐年增长到822.6万人。但在2016年，北京市流动人口数量首次出现负增长，为807.5万人，较2015年流动人口数量减少了15.1万人。2017年北京市流动人口继续呈现负增长态势，流动人口规模下降到794.3万人。在流动人口增长率方面，2011～2015年北京市流动人口规模虽然不断增长，但增长率呈逐年下降趋势，2015年北京市流动人口增长率下降到0.48%（见图4）。到2016年，北京市流动人口增长率为-1.85%，2017年流动人口减少幅度略有放缓，人口增长率为-1.65%，2018年流动人口减少幅度扩大，人口增长率为-3.81%。这与北京近年来出台的一系列政策，比如划定城市空间增长边界和人口规模上限、提高落户门槛、疏解中低端产业、加强对违法出租房屋整治等政策息息相关。

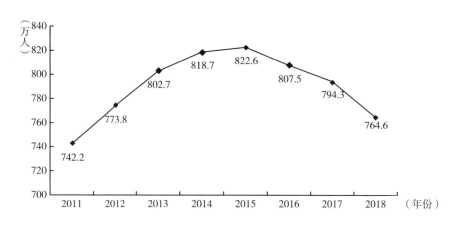

图3　北京市流动人口规模及变动（2011～2018年）

注：北京市统计部门发布的数据称之为"常住外来人口"，即在北京市居住6个月以上的非户籍人口，即本报告中的"流动人口"。

资料来源：北京市统计局。

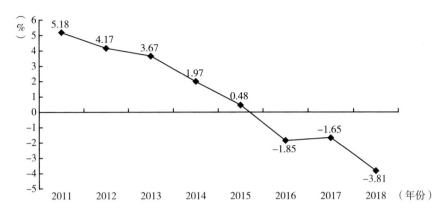

图 4　北京市流动人口增长率及变动（2011～2018 年）

资料来源：北京市统计局。

（六）居住证办理是否便民

本指标得分为 81.61 分。平安北京建设的新形势、新要求，政府有关部门应树立以人为本、服务为先的人口服务理念，寓管理于服务，实现管理和服务的统一。居住证制度的推行就是政府对流动人口的角色由重管理向重服务转变的重要标志。

根据北京市民对平安北京建设发展评估（2019）调查问卷中"您认为在北京办理居住证是否方便？"这一问题的回答可以看出，流动人口中办理过居住证的，有 81.61% 的认为办理方便，18.39% 认为不方便（见图 5）。故"居住证办理是否方便"的调查问卷得分为 81.61 分。由此，可以对平安北京建设中居住证服务的方面给予中等偏上的评价。

（七）居住证持有者享受公共服务情况

本指标得分为 69.81 分。

根据北京市民对平安北京建设发展评估（2019）调查问卷中"您在北京面临的主要困难有哪些？"这一问题的回答可以看出，流动人口中办理过居住证的，在北京生活面临的各种困难中，有 22.74% 的人认为生意不好

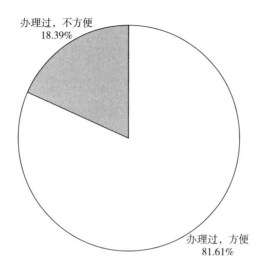

图5　北京市流动人口办理居住证的方便状况

资料来源：根据平安北京建设发展评估（2019）调查问卷数据计算分析。

做，23.08%的认为工作不好找，57.19%的认为买不起房子，14.38%的认为被本地人看不起，25.08%的认为子女上学难，48.66%的认为收入低，34.23%的人反映看病难，47.32%的人认为交通拥堵严重，17.11%的人认为生活不习惯，还有12.08%的人认为面临其他方面的困难（见图6）。故经加权计算可知，居住证持有者享受公共服务情况的调查问卷得分为69.81分。由此，我们可以对平安北京建设中居住证服务的方面给予中等的评价。

（八）出租房屋管理制度建设

本指标得分为80分。网络抓取的文本显示，北京市2018年进一步出台了相关政策治理出租房屋市场。2018年北京市委、市政府下发了《关于进一步加强公共租赁住房转租转借行为监督管理工作的通知》，进一步加强对公共租赁住房转租、转借行为的监督管理，切实落实监管职责，加大违规惩处力度，实现公共资源公平善用，维护社会公平正义。重点从落实产权单位

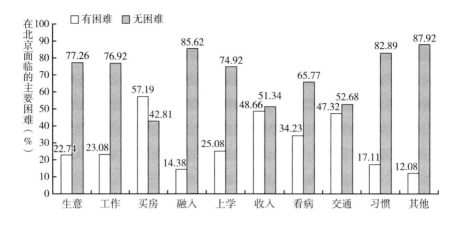

图6　北京市居住证持有者享受公共服务情况

资料来源：根据平安北京建设发展评估（2019）调查问卷数据计算分析。

管理责任、强化管理部门监管职责、加大督导和联合惩戒力度、严打中介机构和网络平台违规行为、全面加强技防手段应用、完善责任追究机制等方面提出明确要求，建立完善公租房使用监管的长效机制。

（九）违法出租治理效果

本指标得分为60分。《平安北京建设意见》中强调在平安北京建设过程中要依法开展违法出租特别是群租问题的治理工作。群租房的治理面临情感、监管、执法等方面的困境，需要采取"管、治、建"等综合措施，政府部门、社会组织、自治组织进行整体协作，构建群租房治理新格局，最大限度地满足人民群众的期待，维护社会的和谐与稳定。

网络文本显示，针对北京市内存在的违法出租、群租房现象，北京市各级公安局采取了专项整治措施，取得了一定的成效。北京市住建委会同相关部门不断加大违法群租房整治力度，成立工作专班，完善机制，落实"接诉即办"，基本实现违法群租房动态清零。2019年上半年，北京市清理整治违法群租房4789处[①]；截至2019年6月，北京市已依法对183家房地产经

---

① http://www.bjnews.com.cn/news/2019/07/18/604882.html.

纪机构的违法违规行为立案查处①。

诚然，违法出租房屋治理是一项系统工程、动态工程，复杂而艰巨。在对某派出所民警的访谈发现：经过多轮整治，群租房得到有效遏制，但还是存在，特别是一些小中介、黑中介是滋生群租房的土壤；当前群租房的发现还主要依靠走访排查和群众举报等手段，需要进一步采取措施进行治理。

（十）重点人员管控

本指标得分为 70 分。根据网络抓取文本可知，近年来，随着北京市经济建设的持续推进及流动人口数量的不断增加，重点人员的流动性越来越强，服务管理难度越来越大，任务越来越重。研判平安北京建设中重点人员的发展态势，北京市正积极探索重点人员动态管控的长效工作机制，改进以往重点人员管控中存在的制度性问题，补齐重点人员管控短板，有效规制重点人员的控制和管理，提高重点人员服务管理的综合能力。重点人员重在日常管控，有民警在访谈中表示，对吸毒等人员的管控力度加大，每人建档并不断完善档案，会让他们定期进行毒检，并做好记录。同时，其表示，对精神病人的管控是个难点，部分家庭无力承担监管责任，存在漏管的风险。

（十一）重点青少年服务

本指标得分为 80 分。加强重点青少年服务管理，健全完善社会化帮扶体系是平安北京建设的重点工程。北京市建立了政府领导，民政部门牵头，公安、司法、人力社保等部门和共青团、妇联等群团组织信息共享、协调联动的工作机制，加快推进市、区两级重点青少年服务等重大项目建设，发挥社会组织资源配置平台作用，建立困境儿童和留守儿童信息采集登记与动态管理制度，把重点青少年服务工作落到实处。特别是 2018 年以来，北京市加强对青少年的普法宣传与法治教育工作，建立未成年人法治教育中心，开展青少年法治剧目展演，推进北京市各级检察机关检察长、副检察长兼任中

---

① http://www.xinhuanet.com/2019-06/12/c_1124613839.htm.

小学法治副校长。同时以"儿童利益最大化"为工作理念，以未成年当事人优先保护为出发点，北京市房山区人民法院成立全市第一家少年、家事案件综合审判庭——少年家事庭，以帮助青少年远离犯罪、健康成长，帮助少年犯走出迷茫、回归社会。

（十二）服刑人员帮扶

本指标得分为 90 分。北京市对服刑人员的帮扶主要体现在三个方面。第一，对社区服刑人员加强管控。2018 年，北京市、区社区矫正部门对北京全市社区服刑人员、刑满释放人员开展排查走访 6.7 万次、入户谈话 2.1 万次，同比增长 12.6% 和 7.9%，并对违反规定的社区服刑人员重拳出击，实现所管社会服刑人员平稳可控，社区矫正再犯罪率继续保持历史低值[1]。第二，对监狱服刑人员进行帮扶。北京市监狱对监管对象采取了诸如提高文化水平、培养职业技术等措施，为监管对象重新踏入社会提供帮助，并且进行感化教育，让服刑人员感受到来自社会和家庭的关爱与温暖，重塑其价值取向及行为态度。第三，注重对社区服刑人员的教育。北京市司法部门坚持以政治改造为统领，将宪法学习作为社区服刑人员初始教育、分类教育的重要内容，共举办集中初始教育班 32 期，新接收服刑人员参加教育同比增加 18 期，教育人数增长 42.2%；对不能参加集中教育的服刑人员开展网络教学，实现全市应教尽教人员 100%[2]。第四，着力解决社区服刑人员的社会保障难题。2018 年 10 月，北京市人力社保局发布《关于社区服刑人员参加城乡居民基本医疗保险有关问题的通知》，在全国率先实现社区服刑人员医保全覆盖，解决社区服刑人员的医疗保障难题。第五，给予社区服刑人员人文关怀。

---

① 《北京胜利实现连续 22 年监管安全稳定目标》，http：//www. beijing. gov. cn/ywdt/gzdt/t1574097. htm。

② 《北京胜利实现连续 22 年监管安全稳定目标》，http：//www. beijing. gov. cn/ywdt/gzdt/t1574097. htm。

四 评估结论

"人口服务管理"总体得分为 81.07 分，整体较好，表明北京市平安建设中人口服务管理工作取得一定成效，但也暴露出一些问题。

（一）存在的主要问题

（1）流动人口的权益保障不到位

流动人口之所以成为平安建设中的难题，一个重要原因是流动人口在城市面临一系列不稳定因素和社会经济困境。做好流动人口相关工作从根本上需要实现流动人口市民化，保障流动人口的各项权益。随着居住证制度的实施，流动人口申领居住证之后能够享受相应的市民待遇，流动人口的相关工作也从管理向服务转变，寓服务于管理将成为新常态。

调查表明，申领居住证的流动人口除了住房、收入、交通等几个主要困难以外，工作、子女就学、看病等问题也较为突出。按照《居住证暂行条例》《北京市实施〈居住证暂行条例〉办法》，流动人口在居住地是能够享受公共就业服务、子女接受义务教育、缴纳住房公积金等权益的，同时按照要求将逐步扩大持有居住证的流动人口的权利。当前持有居住证的流动人口面临的某些生活困难表明居住证实施效果有待提高，相关权益有待进一步扩大。否则，流动人口面临的各项生活困难将给平安城市建设带来挑战。

（2）出租房屋管理压力仍存在

虽然北京市流动人口规模近几年不断下降，但流动人口规模仍然庞大，人户分离现象越发普遍，各种形式的出租房屋能见度依然很高。近年来，北京市各部门进行了多轮专项整治工作，要求实现"动态清零"。然而，也应该看到，出租房屋管理并不是一劳永逸的，是不断动态变化的，各种违法出租房屋仍然存在。如何落实各部门、各主体的责任，建立长效机制，实行精细化管理，最大限度地发现、打击违法出租房屋行为。

（3）对重性精神病人等特殊人群的管控有待加强

平安北京建设面临新形势、新问题，对重性精神病人等特殊人群的管控面临新调整。北京市对重性精神病人的管控实行"家庭为主，政府为辅"的方式，家庭负责重性精神病人最主要的日常监护。在社区中存在的一种现象是老年人（父母）监护重性精神病人（儿女）。重性精神病人需要长期服药和照料，发病时需要对其进行适当的限制。当作为监护人的父母逐渐老去时，他们越发无力监护患病的儿女，有些甚至只能让重性精神病人单独居住。遇见突发情况时，他们只能求助其他亲属，或者医疗机构、警察，但这种"远水式救火"终究不是解决问题之道。

（二）完善建议

（1）落实和逐步扩大流动人口权益

流动人口服务与管理是平安北京建设的重要内容，新型城镇化以及居住证制度的实施，要求对流动人口的理念有根本性的转变，即从管理向服务转变。而为流动人口提供基本公共服务，保障其基本权益，本身是解决城市流动人口带来的各种社会和治安问题的根本路径。因此，在平安北京建设中，应该按照《居住证暂行条例》，落实《北京市实施〈居住证暂行条例〉办法》中规定的赋予流动人口的各项服务和便利，并定期调整、扩大居住证持有者的各项权益，使流动人口逐步融入城市，实现市民化。针对流动人口所关注的子女就学困难、就医困难等实际问题，应该加强对居住证制度施行的政策评估和考核，监督各职能部门的政策执行情况。

（2）建立出租房屋管理有效常态机制

流动人口规模庞大、人户分离的常态以及出租房屋问题本身的反复性，要求在实际工作中，各部门联动建立出租房屋管理的长效机制。一是加强科技手段的运用，如开展智安小区建设，通过人脸识别等技术手段进行出租人口登记、出租房屋管理；二是充分发动社会力量，将房屋中介、小区物业、网格员、外卖快递员等各个社会力量进行整合，实施综合研判和精细化管理，以改变传统民警入户排查的单一管控方式；三是在加强对租住出租房屋人员的安全教育的同时，加大法律、标准的宣传力度，严格落实三个合同示范文本的执行。

（3）加快社区康复机构建设以实现对重性精神病人的有效管控

社区康复机构是重性精神病人管控不可或缺的一环，它不仅可以为精神病专业医疗机构节约资源，为公安机关等部门分担管控的工作压力以及为家庭减轻监护的压力，而且能为重性精神病人重返家庭和社会，实现管控的良性循环提供坚实的基础。国外重性精神病人管控的成功经验即是注重患者正常化的社区康复理念。我们看到部分社区康复机构已做出了很多有益的尝试，为重性精神病人的劳动、娱乐、治疗康复、回归社会营造良好的环境。但这种社区康复机构极少，更多的重性精神病人出院后直接被限制在家庭中，回归社会的步伐困难重重。因此，加快建设社区康复机构，通过开放式的环境，训练和帮助病人重返社会。这是构建重性精神病人管控从医院到社区、从社区到家庭、从家庭再到社会的立体化体系的必然选择。

参考文献

1. 汤一原：《研究全面深化平安北京建设等工作》，《北京日报》，2014 年 7 月 8 日。
2. 王淑荣：《出租房屋"群租"现象治理的思考》，《中国人民公安大学学报》（社会科学版）2013 年第 4 期。
3. 沈洁：《大数据背景下加强重点人员管控工作的思考》，《甘肃警察职业学院学报》2017 年第 1 期。
4. 王明媚：《论重点人口管理的现状与突破》，《治安学论丛》2015。
5. 秦宜智：《在全国重点青少年群体服务管理和预防犯罪工作推进会上的讲话》，《预防青少年犯罪研究》2013 年第 6 期。
6. 张景义：《综合施策关爱帮扶重点青少年群体》，《人民法院报》，2013 年 8 月 29 日。

B.7
平安北京建设保障调查报告（2019）

于小川　柴智耀　张嘉玲*

摘　要： 平安北京建设保障是北京市平安建设的坚强后盾。北京市在"法治保障""人员保障""财务装备""科技支撑"等平安北京建设保障工作中取得较好的成绩，同时存在宣传教育贯彻不力等问题，特别是平安北京建设品牌发展问题较为突出。平安北京建设具有显著特质，未来北京市平安建设的保障工作，应着力明确平安北京建设的品牌定位，不断提高运用平安北京建设思维和方式推进平安北京建设的能力；应健全完善平安北京建设的品牌发展机制，努力提升平安北京建设品牌的自主创新能力，实现平安北京建设的品牌识别，在全社会形成宣传平安北京建设品牌的良好氛围。

关键词： 法治保障　人员保障　财务装备　科技支撑　宣传教育

一　指标设置及评估标准

（一）指标设置

本次平安北京建设评估"平安建设保障"一级指标下设置5项二级指

---

* 于小川，法学博士，中国人民公安大学治安与交通管理学院副教授、硕士生导师，首都社会安全研究基地社会治安理论研究中心主任；柴智耀，中国人民公安大学治安学专业硕士研究生；张嘉玲，中国人民公安大学治安学专业硕士研究生。

标，分别为"法治保障""人员保障""财务装备""科技支撑""宣传教育"（见表1）。5项二级指标分别对应平安建设保障的5项支柱，根据不同的内容和侧重点划分，通过14项三级指标来考量每一类支柱在平安建设中的保障作用是否充分发挥，从而判断平安建设保障在平安北京建设中的效能如何。

14项三级指标主要考察平安建设地方性立法情况、平安北京建设规范性文件情况、北京警力配备情况、专业队伍建设情况、社会力量参与情况、平安建设经费投入情况、平安建设硬件设施建设情况、公共安全视频监控系统建设情况、大数据深度应用，信息资源共享融合情况，信息安全防护建设，是否将平安建设相关内容纳入领导干部培训、是否将平安建设相关内容纳入中小学教育和是否在全市范围内开展与平安建设有关的应急演练。平安建设保障部分的三级指标从法治保障、人员保障、财务装备、科技支撑、宣传教育等不同侧面反映平安建设保障情况是否满足平安北京建设的要求。

表1　平安建设保障评估指标体系

一级指标权重	二级指标权重	三级指标权重
平安建设保障（15%）	法治保障（20%）	平安建设地方性立法情况（50%）
		平安北京建设规范性文件情况（50%）
	人员保障（20%）	北京警力配备情况（40%）
		专业队伍建设情况（30%）
		社会力量参与情况（30%）
	财务装备（25%）	平安建设经费投入情况（50%）
		平安建设硬件设施建设情况（50%）
	科技支撑（25%）	公共安全视频监控系统建设情况（25%）
		大数据深度应用（25%）
		信息资源共享融合情况（25%）
		信息安全防护建设（25%）
	宣传教育（10%）	是否将平安建设相关内容纳入领导干部培训（30%）
		是否将平安建设相关内容纳入中小学教育（30%）
		是否在全市范围内开展与平安建设有关的应急演练（40%）

（二）设置依据及评估标准

1. 二级指标设置依据

"平安建设保障"一级指标下5项二级指标设置的主要依据是党的十九大报告中全面推进依法治国的要求（对应法治保障），以及《平安中国"十三五"规划》、《北京市国民经济和社会发展第十三个五年规划纲要》和《关于全面深化平安北京建设的意见》中蕴含的对平安建设保障（对应人员保障、财务装备、科技支撑和宣传教育）的要求。

党的十九大报告指出坚持全面依法治国。全面依法治国是中国特色社会主义的本质要求和重要保障。必须把党的领导贯彻落实到依法治国全过程和各方面，坚定不移走中国特色社会主义法治道路，完善以宪法为核心的中国特色社会主义法律体系，建设社会主义法治国家，发展中国特色社会主义法治理论，坚持依法治国、依法执政、依法行政共同推进，坚持法治国家、法治政府、法治社会一体建设，坚持依法治国和以德治国相结合，依法治国和依规治党有机统一，深化司法体制改革，提高全民族法治素养和道德素质。平安建设是一项复杂的系统工程。着眼北京经济社会发展大局，顺应社会建设进程，解放思想，勇于探索，推进建设平安北京应大力打造保障体系，为平安北京建设保驾护航。依据上述规定和要求，课题组根据平安建设保障的内容分为5类保障支撑。根据5类保障支撑在平安建设保障中的不同定位和功能，设置不同的权重，其中"法治保障"指标权重设定为20%，"人员保障"指标权重设定为20%，"财务装备"指标权重设定为25%，"科技支撑"指标权重设定为25%，"宣传教育"指标权重设定为10%。

2. 三级指标及评分标准

（1）平安建设地方性立法情况

【设置依据】

平安建设地方性立法情况是考量平安建设法治保障的重要标准。法治是平安建设的重要保障，确保社会在快速深刻变革中既生机勃勃又井然有序，最根本的是要靠法治。习近平总书记明确指出，要把政法综治工作放在全面推进依法治国大局中来谋划，深入推进平安中国建设，发挥法治的引领和保障作用，坚持运用法治思维和法治方式解决矛盾和问题，提高平安建设现代化水平。

【评测方法】

本指标满分 100 分，指标权重设定为 50%，主要通过数据统计、网络检索、党政官方网站搜索（首都之窗、首都政法综治网等）、官方文件搜集等方式，检索北京市平安建设地方性立法情况。

【评分标准】

通过检索，根据与上海市地方性立法的统计比较，能够找到北京市平安建设地方性立法完善的依据，得 100 分；如果没有检索到相关信息，此项指标得 0 分。

（2）平安北京建设规范性文件情况

【设置依据】

平安北京建设规范性文件情况是考量平安建设法治保障的重要标准。法律、法规和规章以外的"规范性文件"是一类《中华人民共和国立法法》没有规定却在法律实践中会对公民权利和义务产生重大影响的法律文件。

【评测方法】

本指标满分 100 分，指标权重设定为 50%，主要通过数据统计、网络检索、党政官方网站搜索（首都之窗、首都政法综治网等）、官方文件搜集等方式，检索北京市平安建设规范性文件发布情况。

【评分标准】

通过检索，根据与上海市规范性文件的统计比较，能够找到北京市平安建设规范性文件完善的依据，得 100 分；如果没有检索到相关信息，此项指标得 0 分。

（3）北京警力配备情况

【设置依据】

北京警力配备情况是考量平安北京建设人员保障的重要标准。习近平总书记在全国公安系统英雄模范立功集体表彰大会重要讲话中提出"对党忠

诚、服务人民、执法公正、纪律严明"十六字总要求,作为今后公安工作的总战略、总纲领、总遵循和建警、治警、育警的座右铭,打造过硬的公安队伍的前提是配齐配强警力。

【评测方法】

本指标满分 100 分,指标权重设定为 40%,主要通过网络检索、党政官方网站搜索(首都之窗、首都政法综治网等)、官方文件搜集、电话咨询等方式,检索北京市警力配备情况。

【评分标准】

通过检索,能够找到北京市配齐警力情况的依据,得 100 分;如果没有检索到相关信息,此项指标得 0 分。

(4)专业队伍建设情况

【设置依据】

专业队伍建设是考量平安北京建设人员保障的重要标准。全面提升民警履职能力包括以下内容:首先,推进执法规范化,提升执法公信力;其次,推动警务实战化,提高队伍战斗力;再次,实行练兵比武,推树先进典型;最后,规范辅警管理,激发辅警活力。

【评测方法】

本指标满分 100 分,指标权重设定为 30%,主要通过网络检索、党政官方网站搜索(首都之窗、首都政法综治网等)、官方文件搜集、电话咨询等方式,检索北京市警力队伍建设情况。

【评分标准】

通过检索,能够找到北京市警力队伍建设规范、有序的依据,得 100分;如果没有检索到相关信息,此项指标得 0 分。

(5)社会力量参与情况

【设置依据】

社会力量参与是考量平安北京建设人员保障的重要标准。北京市历来重视发动群众维护治安秩序,从 20 世纪 50 年代的"街道积极分子"、六七十年代的"红袖章大妈"到 80 年代的"小脚侦缉队",北京市的群众力量一直积极参与社会治安防控。进入 21 世纪，北京市的全民治安更是呈现积极的发展态势，不仅保留了传统的人防优势，而且大量网友纷纷加入，同时一些专业化的防范组织也发展起来。例如，"朝阳群众""西城大妈"是北京人防优良传统的延续，他们积极参与治安巡逻，提供各类线索，有效维护首都安全稳定；隐藏在电脑和手机屏幕后的"海淀网友"则通过网络举报，为民警提供了大量的破案线索，是公众通过网络参与社会治安治理的典型代表。2007 年成立的"丰台劝导队"更是以有组织的形式积极参与基层社区治理，除了维护辖区治安秩序，还积极参与各种社会乱象治理，为维护北京"首善之区"形象贡献了积极的力量。

【评测方法】

本指标满分 100 分，指标权重设定为 30%，主要通过网络检索、党政官方网站搜索（首都之窗、首都政法综治网等）、官方文件搜集、电话咨询等方式，检索北京市平安建设社会力量参与情况。

【评分标准】

通过检索，能够找到北京市平安建设社会力量参与充分、得法的依据，得 100 分；如果没有检索到相关信息，此项指标得 0 分。

（6）平安建设经费投入情况

【设置依据】

平安建设经费投入是考量平安北京建设财务装备的重要标准。平安北京建设面临的形势还比较严峻，环境错综复杂，要加大投入力度，夯实平安建设工作基础，做好平安建设工作必要、充足的物质保障。

【评测方法】

本指标满分 100 分，指标权重设定为 50%，主要通过网络检索、党政官方网站搜索（首都之窗、首都政法综治网等）、官方文件搜集、电话咨询等方式，检索北京市平安建设经费投入情况。

【评分标准】

通过检索，能够找到北京市平安建设经费投入充足的依据，得 100 分；如果没有检索到相关信息，此项指标得 0 分。

（7）平安建设硬件设施建设情况

【设置依据】

平安建设硬件设施建设情况是考量平安北京建设财务装备的重要标准。经济、社会的不断发展和城市规模的不断扩大对城市平安建设中硬件设施配套建设提出了越来越高的要求。

【评测方法】

本指标满分 100 分，指标权重设定为 50%，主要通过网络检索、党政官方网站搜索（首都之窗、首都政法综治网等）、官方文件搜集、电话咨询等方式，检索北京市平安建设硬件设施建设情况。

【评分标准】

通过检索，能够找到北京市已经建立完备的平安建设硬件设施的依据，得 100 分；如果没有检索到相关信息，此项指标得 0 分。

（8）公共安全视频监控系统建设情况

【设置依据】

公共安全视频监控系统建设情况是考量平安北京建设科技支撑的重要标准。公共安全视频监控系统是机关、企事业单位通过计算机网络构建的互联互通、信息资源共享的动态监控体系。随着越来越多的视频监控系统与公安网络相连接，视频监控系统所发挥的作用越来越大。北京本身面临社会治安方面的诸多问题，应将隐患消灭。在平安城市建设中，北京已经有了十分完善的基础设施，这些如何与"雪亮工程"对接起来协同合作，值得关注。"雪亮工程"之名源于"群众的眼睛是雪亮的"，具体来说，就是以各家各户的信息系统为基础，通过视频监控布点，形成针对城市及农村地区治安防控的监控项目。通过中心化和平台化，将视频图像信息系统纵向下延至县、乡、村的群众层面，利用系统拓展在安防、社会治理、智慧交通等领域的应用，实现治安防控全覆盖、无死角。

【评测方法】

本指标满分 100 分，指标权重设定为 25%，主要通过网络检索、党政官方网站搜索（首都之窗、首都政法综治网等）、官方文件搜集、电话咨询等方式，检索北京市公共安全视频监控系统建设情况。

【评分标准】

通过检索，能够找到北京市已经建立完备的公共安全视频监控系统的依据，得 100 分；如果没有检索到相关信息，此项指标得 0 分。

（9）大数据深度应用

【设置依据】

大数据深度应用是考量平安北京建设科技支撑的重要标准。如今大数据技术已经风靡全球，大数据技术的迅速发展让我们进入了信息时代发展的新阶段，也给我们的生活模式带来了重大变革。大数据技术势必会影响平安北京建设的模式，推动平安北京建设不断进行创新和改革。

【评测方法】

本指标满分 100 分，指标权重设定为 25%，主要通过网络检索、党政官方网站搜索（首都之窗、首都政法综治网等）、官方文件搜集、电话咨询等方式，检索北京市平安建设大数据深度应用的情况。

【评分标准】

通过检索，能够找到北京市平安建设大数据深度应用的依据，得 100 分；如果没有检索到相关信息，此项指标得 0 分。

（10）信息资源共享融合情况

【设置依据】

信息资源共享融合是考量平安北京建设科技支撑的重要标准。随着信息时代的到来，信息资源开始在经济社会发展中扮演越来越重要的角色，在平安北京建设领域，信息资源的开发利用和交流共享更是成为推动平安北京建设深入发展的关键因素。

【评测方法】

本指标满分 100 分，指标权重设定为 25%，主要通过网络检索、党政官方网站搜索（首都之窗、首都政法综治网等）、官方文件搜集、电话咨询等方式，检索北京市平安建设信息资源共享融合的情况。

【评分标准】

通过检索，能够找到北京市平安建设信息资源共享融合的依据，得 100 分；如果没有检索到相关信息，此项指标得 0 分。

（11）信息安全防护建设

【设置依据】

信息安全防护建设是考量平安北京建设科技支撑的重要标准。信息安全是一个动态的过程，信息系统的安全状况是不断变化的，是管理和技术有机结合的体系，两者互为补充。其总体上的安全状况是不断向下的，即风险随着时间的推移不断增加。因此，必须通过安全审计的手段来定期提升系统的安全水平，通过安全评估和检测，发现和修复安全问题，使安全风险降低到可以接受并且可以被有效管理的范围内。

【评测方法】

本指标满分 100 分，指标权重设定为 25%，主要通过网络检索、党政官方网站搜索（首都之窗、首都政法综治网等）、官方文件搜集、电话咨询等方式，检索北京市信息安全防护建设的情况。

【评分标准】

通过检索，能够找到北京市平安建设信息安全防护建设的依据，得 100 分；如果没有检索到相关信息，此项指标得 0 分。

（12）是否将平安建设相关内容纳入领导干部培训

【设置依据】

是否将平安建设相关内容纳入领导干部培训是考量平安北京建设宣传教育的重要标准。宣传教育是做人的工作。在平安北京建设中，人占据着主导地位，是平安建设的主体。从一定意义上讲，要建设平安、和谐、有序的北京，关键在人，在于人的行为表现，在于领导干部的意识和行为表现。

【评测方法】

本指标满分 100 分，指标权重设定为 30%，主要通过网络检索、党政官方网站搜索（首都之窗、首都政法综治网等）、官方文件搜集、电话咨询等方式，检索北京市是否将平安建设相关内容纳入领导干部培训的情况。

【评分标准】

通过检索，能够找到北京市将平安建设相关内容纳入领导干部培训的依据，得 100 分；如果没有检索到相关信息，此项指标得 0 分。

（13）是否将平安建设相关内容纳入中小学教育

【设置依据】

是否将平安建设相关内容纳入中小学教育是考量平安北京建设宣传教育的重要标准。通过将平安建设相关内容纳入中小学教育，可以使参与者除知法、懂法、守法外，还知道平安建设的重要性，知道安全常识，知道怎样预防事故，不断更新安全观念，树立现代安全意识，从而在参与活动过程中，约束和规范自己的行为，自觉遵守法律法规，维护社会治安秩序，保障安全。"思想是统帅，意识是关键。"人的意识问题解决了，就会带动平安北京建设整体工作的提升。

【评测方法】

本指标满分 100 分，指标权重设定为 30%，主要通过网络检索、党政官方网站搜索（首都之窗、首都政法综治网等）、官方文件搜集、电话咨询等方式，检索北京市是否将平安建设相关内容纳入中小学教育的情况。

【评分标准】

通过检索，能够找到北京市将平安建设相关内容纳入中小学教育的依据，得 100 分；如果没有检索到相关信息，此项指标得 0 分。

（14）是否在全市范围内开展与平安建设有关的应急演练

【设置依据】

是否在全市范围内开展与平安建设有关的应急演练是考量平安北京建设宣传教育的重要标准。从已发生的突发事件看，民众均缺乏准备，包括心理准备、处置准备，特别是普遍缺乏类似日本民众预防应对地震的训练、演练，应对处置基本上依靠个体本能。但本能上的应对导致自救、他救的慌乱与无序，这使危机后果进一步扩大。政府相关职能部门如公安、消防、交通等应急处置主体不管如何保持战备状态，其集结、到达的时间往往是处理危机的黄金时间，但是这一黄金时间无可避免被浪费掉。在极短的时间内依靠

外部力量救援处置以防止后果扩大，这在客观上十分困难，能有效预防和处置的时间极为短暂。因此，是否在全市范围内开展与平安建设有关的应急演练应是考量平安北京建设宣传教育不可或缺的标准。

【评测方法】

本指标满分100分，指标权重设定为40%，主要通过网络检索、党政官方网站搜索（首都之窗、首都政法综治网等）、官方文件搜集、电话咨询等方式，检索北京市是否在全市范围内开展与平安建设有关的应急演练的情况。

【评分标准】

通过检索，能够找到北京市在全市范围内开展与平安建设有关的应急演练的依据，得100分；如果没有检索到相关信息，此项指标得0分。

二　总体评估结果分析

"平安建设保障"总体得分97分，其中，"法治保障"得分为100分，"人员保障"得分为100分，"财务装备"得分为100分，"科技支撑"得分为100分，"宣传教育"得分为70分。

（一）法治保障

本指标得分为100分。

表2　北京市地方性立法情况统计（2018 年 9 月至 2019 年 7 月）

类型	数量(个)
北京市人大(含常委会)地方性法规	9
北京市人大(含常委会)地方规范性文件	1
北京市人大(含常委会)地方工作文件	16
北京市政府规章	4
北京市政府规范性文件	34
北京市政府工作文件	30
北京市其他机构规范性文件	392
北京市其他机构工作文件	868
合计	1354

通过网络抓取统计，自 2018 年 9 月 1 日至 2019 年 7 月 22 日，北京市发布地方性法规、地方政府规章、地方政府工作文件共 1354 个（见表 2），涉及平安建设的地方性立法有 96 个，占全部地方性立法数量的 7.1%。

表 3　上海市地方性立法情况统计（2018 年 9 月至 2019 年 7 月）

名称	数量（个）
上海市人大（含常委会）地方性法规	15
上海市人大（含常委会）地方规范性文件	2
上海市人大（含常委会）地方工作文件	9
上海市政府规章	19
上海市政府规范性文件	83
上海市政府工作文件	127
上海市其他机构规范性文件	329
上海市其他机构工作文件	758
合计	1342

同期网络抓取数据显示，上海市发布地方性法规、地方政府规章、地方政府工作文件共 1342 个（见表 3），涉及平安建设的地方性立法有 69 个，占全部地方性立法数量的 5.1%。

表 4　北京市 2017~2018 年度与 2018~2019 年度地方性立法情况比较统计

名称	2017~2018 年度数量（个）	2018~2019 年度数量（个）
北京市人大（含常委会）地方性法规	21	9
北京市人大（含常委会）地方规范性文件	25	1
北京市人大（含常委会）地方工作文件	34	16
北京市政府规章	34	4
北京市政府规范性文件	91	34
北京市政府工作文件	83	30
北京市其他机构规章	2	0
北京市其他机构规范性文件	1026	392
北京市其他机构工作文件	890	868
合计	2206	1354

北京市 2018～2019 年立法情况与 2017～2018 年相比，各项法律法规、规范性文件的出台稳中回落（见表4）首先，这是因为表中所列的 2017～2018 年度立法情况统计的是 2017 年 1 月 1 日至 2018 年 8 月 26 日的立法数量，共计约 21 个月。而与之相比较的 2018～2019 年度立法情况统计的是 2018 年 9 月 1 日至 2019 年 7 月 22 日的立法数量，共计约 11 个月，时间跨度的不同导致立法数量出现较大的差异。其次，这也符合法治发展的规律，在立法发展到一定阶段，实现基本的法治保障之后，各项法律法规与规范性文件的出台并不会逐年攀升，此前的法规与规范性文件逐步地发挥法治保障的作用。同期与上海市立法情况的比较也印证了法治发展的规律（见表5）。

表 5　上海市 2017～2018 年度与 2018～2019 年度地方性立法情况比较统计

名称	2017～2018 年度数量（个）	2018～2019 年度数量（个）
上海市人大(含常委会)地方性法规	17	15
上海市人大(含常委会)地方规范性文件	11	2
上海市人大(含常委会)地方工作文件	25	9
上海市政府规章	37	19
上海市政府规范性文件	193	83
上海市政府工作文件	177	127
上海市其他机构规范性文件	1334	329
上海市其他机构工作文件	1649	758
合计	3443	1342

近年来，北京市深入学习贯彻习近平总书记系列重要讲话精神，全面贯彻落实中央关于平安建设的重大决策部署，在法治轨道上推进平安北京建设，不断提高平安北京建设法治化水平。因此，本指标得满分。

（二）人员保障

本指标得分为 100 分。

北京市配齐配强警力，创新加强群防群治工作，加强队伍建设。具体措施表现为：坚持警力下沉，增加入警比例；优化警力配置，推动拴心留人；全面提升民警履职能力，用好管好辅助警务人员；不断规范辅警管理，激发辅警活力等等。

北京市已经在警力配备、专业队伍建设、社会力量参与领域建立了保障机制。因此，本指标得满分。

（三）财务装备

本指标得分为 100 分。

北京市在平安建设经费投入、平安建设硬件设施建设领域均已建立了保障机制。因此，本指标得满分。

（四）科技支撑

本指标得分为 100 分。

北京市在公共安全视频监控系统建设、大数据深度应用、信息资源共享融合、信息安全防护建设领域均已建立了有效支撑。因此，本指标得满分。

（五）宣传教育

本指标得分为 70 分。

北京市平安建设在宣传教育方面是有所作为的，比如在全市范围内开展与平安建设有关的应急演练、创设平安北京微博等。但是，在将平安建设纳入领导干部培训、纳入中小学教育和平安北京品牌宣传方面可以做得更好。因此，本指标得分 70 分。

三　指标评估结果分析

（一）平安建设地方性立法情况

本指标得分为 100 分。

表6　北京市平安建设地方性法规与政府规章立法

种类	名称	实施时间
社会治理(1)	北京市城乡规划条例(2019 修订)	2019.04.28
社会治安防控(3)	北京市非机动车管理条例	2018.11.01
	北京市实施《中华人民共和国道路交通安全法》办法(2018 修正)	2018.11.01
	北京市禁止露天烧烤食品的规定(2019 修改)	2019.04.29
安全生产(3)	北京市气象灾害防御条例	2019.01.01
	北京市小规模食品生产经营管理规定	2019.07.01
	北京市工程建设监理管理办法(2019 修改)	2019.04.29

通过网络抓取统计，自2018年9月1日至2019年7月22日，北京市共发布地方性法规、地方政府规章、地方政府工作文件1354个，涉及平安建设的地方性立法有7个，其中社会治安防控领域地方性立法数量为3个，安全生产领域的立法为3个，社会治理领域1个，矛盾纠纷化解领域0个，人口服务管理领域0个（见表6）。

表7　上海市平安建设地方性法规与政府规章立法

种类	名称	实施时间
社会治理(2)	上海市宗教事务条例(2018 修订)	2019.03.01
	上海市无线电管理办法(2018)	2018.12.01
社会治安防控(1)	上海市民防工程建设和使用管理办法(2018 修正)	2019.01.10

同期网络抓取数据显示，上海市共发布地方性法规、地方政府规章、地方政府工作文件1342个，涉及平安建设的地方性立法有3个，其中社会治安防控领域的地方性立法数量为1个，社会治理领域2个，人口服务管理领域0个，安全生产领域0个，矛盾纠纷化解领域0个（见表7）。

表8　北京市 2017～2018 年度与 2018～2019 年度
平安建设地方性立法情况比较统计

名称		2017～2018 年度数量（个）	2018～2019 年度数量（个）
地方性法规与地方政府规章	社会治理	1	1
	社会治安防控	15	3
	安全生产	2	3
	矛盾纠纷化解	0	0
	人口服务管理	0	0
合计		18	7

与 2017～2018 年度相比，2018～2019 年度北京市安全生产领域的法规与规章有所增加，社会治安防控的法规与规章数量有所回落，而矛盾纠纷化解和人口服务管理方面的法规与规章数量皆为 0（见表 8）。

表9　上海市 2017～2018 年度与 2018～2019 年度
平安建设地方性立法情况比较统计

名称		2017～2018 年度数量（个）	2018～2019 年度数量（个）
地方性法规与地方政府规章	社会治理	0	2
	社会治安防控	4	1
	安全生产	0	0
	矛盾纠纷化解	0	0
	人口服务管理	3	0
合计		7	3

与 2017～2018 年度相比，2018～2019 年度上海市社会治理领域的法规与规章有所增加，社会治安防控、人口服务管理的法规与规章数量有所下降，而安全生产、矛盾纠纷化解方面的法规与规章数量皆为 0（见表9）。

综合以上，北京市持续发挥平安建设方面法治的引领和保障作用，为扎实推进平安北京建设做出应有的贡献。因此，本指标得 100 分。

（二）平安北京建设规范性文件情况

本指标得分为 100 分。

表 10　北京市平安建设地方规范性文件和政府工作文件

（2018 年 9 月至 2019 年 7 月）

种类	名称	实施时间
社会治理（24）	北京市人民政府办公厅转发市公安局《关于电子印章管理工作意见》的通知	2019.04.19
	北京市卫生健康委员会关于印发北京市公共场所卫生许可告知承诺管理办法的通知	2019.04.15
	北京市石景山区人民政府关于规范清明节期间群众祭扫活动和治理乱埋乱葬行为的通告	2019.03.11
	中共北京市委、北京市人民政府关于加强新时代街道工作的意见	2019.02.23
	中共北京市委、北京市人民政府关于加强城市精细化管理工作的意见	2019.01.09
	北京市门头沟区人民政府办公室转发区安委办关于门头沟区城市安全风险管控实施办法的通知	2018.12.29
	北京市通州区人民政府办公室关于进一步加强消防安全工作的实施意见	2018.11.05
	北京市民政局、北京市发展和改革委员会、北京市公安局等印发关于北京市养老服务机构监管办法（试行）的通知	2018.11.03
	北京市卫生健康委员会、北京市公安局、北京市市场监督管理局、北京市药品监督管理局关于开展 2019 年全市打击非法医疗美容专项行动的通知	2019.05.14
	北京市通州区人民政府办公室关于印发《2019 年通州区交通综合治理行动计划》的通知	2019.04.25
	北京市人民政府办公厅关于印发《北京市 2019 年棚户区改造和环境整治任务》的通知	2019.03.31
	北京市人民政府办公厅关于印发《2019 年北京市交通综合治理行动计划》的通知	2019.03.25
	北京市教育委员会关于加强中小学 APP、互联网群组、公众账号管理的通知	2019.01.25
	北京市延庆区人民政府办公室关于印发《延庆区"大棚房"问题清理调查工作实施方案》的通知	2019.01.25
	北京市发展和改革委员会、北京市财政局关于本市道路停车占道费收费标准有关问题的通知	2019.01.01

续表

种类	名称	实施时间
社会治理 （24）	北京市顺义区人民政府办公室关于印发《顺义区城市安全隐患治理三年行动方案（2018～2020年）》的通知	2018.11.08
	北京市石景山区人民政府办公室关于印发《石景山区城市安全隐患治理三年行动方案（2018～2020年）》的通知	2018.10.16
	北京市朝阳区人民政府办公室关于印发《朝阳区城市安全隐患治理三年行动方案（2018～2020年）》的通知	2018.09.30
	北京市延庆区人民政府办公室关于印发延庆区城市安全隐患治理三年行动方案的通知	2018.09.28
	北京市通州区人民政府办公室关于印发通州区城市安全隐患治理三年行动方案（2018～2020年）的通知	2018.09.21
	北京市丰台区人民政府办公室关于印发《丰台区城市安全隐患治理三年行动实施方案》的通知	2018.09.21
	北京市门头沟区人民政府办公室转发区安委办关于门头沟区城市安全隐患治理三年行动方案（2018年～2020年）的通知	2018.09.20
	北京市住房和城乡建设委员会等多部门关于开展打击侵害群众利益违法违规行为治理房地产市场乱象专项行动的通知	2018.09.14
	北京市昌平区人民政府办公室关于印发《昌平区城市安全隐患治理三年行动方案（2018～2020年）》的通知	2018.09.12
社会治安 防控（42）	北京市住房和城乡建设委员会关于进一步加强物业管理区域高空坠物安全防范工作的通知	2019.07.11
	北京市教育委员会转发教育部办公厅关于进一步加强高校教学实验室安全检查工作文件的通知	2019.02.26
	北京市住房和城乡建设委员会关于印发《北京市房屋建筑和市政基础设施工程施工安全风险分级管控和隐患排查治理暂行办法》的通知	2019.01.31
	北京市教育委员会、北京市人民政府教育督导室转发教育部办公厅关于进一步加强中小学（幼儿园）预防性侵害学生工作文件的通知	2019.01.23
	北京市公安局公安交通管理局关于发布《北京市电动自行车登记规定》的通告	2018.11.01
	北京市公安局公安交通管理局关于发布《北京市电动自行车过渡期登记和通行管理办法》的通告	2018.10.17
	北京市住房和城乡建设委员会转发市防火安全委员会办公室关于规范全市消防安全提示标识英文译文的通知	2018.09.11
	北京市金融突发事件应急预案	2018.09.04
	北京市住房和城乡建设委员会关于北京市建设工程消防验收、备案及抽查审批服务平台上线运行的通知	2019.06.25

续表

种类	名称	实施时间
社会治安防控(42)	北京市教育委员会关于开展2019年"应急宣传进万家"和"安全生产月"活动的通知	2019.06.13
	北京市住房和城乡建设委员会关于印发住建系统"防风险保平安迎大庆"消防安全执法检查专项行动方案的通知	2019.06.06
	北京市通州区人民政府办公室关于印发通州区"防风险保平安迎大庆"消防安全执法检查专项行动方案的通知	2019.06.01
	北京市东城区人民政府关于印发《东城区防汛应急预案》(2019年修订版)的通知	2019.05.31
	北京银保监局关于做好极端天气安全保卫工作的通知	2019.05.20
	北京市卫生健康委员会关于组织开展蓄电池安全专项清查工作的通知	2019.05.07
	北京市交通委员会、北京市生态环境、北京市公安局公安交通管理局关于2019年北京世界园艺博览会期间对京礼高速京藏高速部分路段载货汽车采取交通管理措施的通告	2019.04.20
	北京市人民政府关于2019年中国北京世界园艺博览会开幕式及预演期间燃放烟花的公告	2019.04.18
	北京市卫生健康委员会关于印发《2019年北京市卫生健康系统消防工作要点》的通知	2019.04.04
	北京市发展和改革委员会等关于征集北京市建设工程应急评标专家的通知	2019.03.28
	北京市卫生健康委员会关于印发《全市卫生健康系统火灾隐患排查治理"三自活动"工作方案》的通知	2019.03.22
	北京市卫生健康委员会关于印发《北京市卫生健康委员会突发事件紧急医学救援应急预案》的通知	2019.03.11
	北京市卫生健康委员会关于印发2019年卫生应急工作要点的通知	2019.03.11
	北京市丰台区人民政府办公室关于对存在突出、区域性火灾隐患单位实施挂牌督办的通知	2019.02.25
	北京市教育委员会关于切实做好2019年学校食品安全管理工作的通知	2019.02.11
	北京市住房和城乡建设委员会关于贯彻落实"2019年春节前后安全防范工作视频会议"有关要求的通知	2019.02.02
	北京市住房和城乡建设委员会转发市防火安全委员会办公室关于近期和春节期间火灾预警的通知	2019.01.30
	北京市朝阳区人民政府办公室关于认真做好2019年重大(突出)及区域性火灾隐患挂牌督办工作的通知	2019.01.29
	北京市应急管理局、北京市公安局关于积极推行实名购买烟花爆竹工作的通告	2019.01.25
	北京市卫生健康委员会关于做好流感流行期间医院感染预防与控制措施的通知	2019.01.10

种类	名称	实施时间
社会治安防控（42）	北京市大兴区人民政府关于划定禁止燃放烟花爆竹区域的通告	2018.12.31
	北京市门头沟区人民政府关于调整门头沟区部分道路交通管理措施通告	2018.12.10
	北京市住房和城乡建设委员会关于印发《2018 年今冬明春物业服务区域火灾防控工作方案》的通知	2018.11.20
	北京市大兴区农村工作委员会关于加强农口系统预防煤气中毒工作的通知	2018.11.15
	北京市延庆区人民政府办公室关于印发《延庆区加强酒店类项目监管工作方案》的通知	2018.10.21
	北京市丰台区人民政府办公室关于对部分区政府挂牌督办重大、突出火灾隐患销账的通知	2018.10.17
	北京市延庆区人民政府关于 2018～2019 年度森林防火的通告	2018.10.10
	北京市教育委员会关于做好 2018 年秋冬季学校安全工作的通知	2018.09.30
	北京市城市管理委员会关于印发北京市石油天然气管道事故应急预案备案事项程序文书的通知	2018.09.25
	北京市房山区人民政府办公室关于督促整改房山区突出（重大）火灾安全隐患的通知	2018.09.20
	北京市桥梁突发事件应急预案（2018 年修订）	2018.09.19
	北京市道路突发事件应急预案（2018 年修订）	2018.09.19
	北京市突发重大动物疫情应急预案（2018 年修订）	2018.09.19
安全生产（18）	北京市石景山区人民政府关于北京首钢建设集团有限公司"5·5"一般生产安全事故调查处理意见的结案批复	2019.06.27
	北京市药品监督管理局关于进一步加强安全监管和案件查办工作的通知	2019.06.25
	北京市住房和城乡建设委员会关于进一步加强轨道交通建设工程安全生产的紧急通知	2019.06.21
	北京市市场监督管理局关于印发北京市小规模食品生产经营许可备案管理办法（试行）的通知	2019.06.20
	中共北京市委办公厅、北京市人民政府办公厅关于印发《北京市党政领导干部安全生产责任制实施细则》的通知	2019.06.04
	北京市石景山区人民政府关于北京市格瑞特建筑装饰工程有限责任公司"4·18"一般生产安全事故调查处理意见的结案批复	2019.06.04
	北京市住房和城乡建设委员会关于进一步加强建筑施工领域安全风险分级管控和隐患排查治理工作的通知	2019.04.04
	北京市城市管理委员会关于印发《北京市供热行业生产安全事故隐患排查治理暂行办法》的通知	2019.02.18
	北京市住房和城乡建设委员会关于印发《北京市房屋建筑和市政基础设施工程施工安全风险分级管控技术指南（试行）》的通知	2018.09.04

续表

种类	名称	实施时间
安全生产 （18）	北京市住房和城乡建设委员会关于加强极端天气下建筑施工质量安全风险防控和应急处置工作的通知	2019.06.10
	北京市住房和城乡建设委员会关于印发《建筑施工安全生产专项治理行动方案》的通知	2019.05.28
	北京市住房和城乡建设委员会关于做好物业行业安全生产工作的通知	2019.04.18
	北京市住房和城乡建设委员会关于印发《2019年北京市建筑工程防汛工作要点》的通知	2019.04.18
	北京市住房和城乡建设委员会关于加强建筑施工安全生产标准化考评工作的通知	2019.04.08
	北京市住房和城乡建设委员会关于对本市房屋建筑和市政基础设施工程施工现场在用塔式起重机开展安全生产大检查的通知	2019.03.20
	北京市住房和城乡建设委员会转发市安委会办公室市防火委办公室关于密云区赛龙（北京）汽车部件有限公司生产车间混料室火灾调查情况通报的通知	2019.03.15
	北京市安全生产委员会办公室、北京市防火安全委员会办公室关于密云区赛龙（北京）汽车部件有限公司生产车间混料室火灾调查情况及其教训的通报	2019.02.27
	北京市石景山区人民政府关于对北京毅力伟建装饰工程有限公司"12·5"一般生产安全事故调查处理意见的结案批复	2019.01.10
人口服务 管理(5)	北京市东城区人民政府办公室转发区教委关于《东城区2019年本市户籍无房家庭承租人适龄子女入学审核实施细则》的通知	2019.04.18
	北京市教育委员会转发教育部关于进一步加强高校毕业生就业动态监测工作文件的通知	2019.03.01
	北京市人力资源和社会保障局关于开展2019年北京市积分落户申报工作的通知	2019.05.15
	北京市人力资源和社会保障局关于开展2019年来京务工人员就业状况抽样调查的通知	2019.04.09
	北京市人力资源和社会保障局、北京市发展和改革委员会关于积分落户公示及落户办理有关工作的通知	2018.10.15

通过网络抓取统计，自2018年9月1日至2019年7月22日，北京市共发布地方性法规、地方政府规章、地方政府工作文件1354个，涉及平安建设的规范性文件有89个，其中社会治安防控领域的规范性文件数量为42个，社会治理领域的规范性文件为24个，安全生产领域的规范性文件

数量为18个，人口服务管理领域的规范性文件为5个，矛盾纠纷化解领域的规范性文件0个（见表10）。

表11　上海市平安建设地方规范性文件和政府工作文件（2018年9月至2019年7月）

种类	名称	实施时间
社会治理 （15）	上海市人民政府办公厅关于进一步加强本市城市公共消防安全工作的意见	2019.07.01
	上海市人民政府办公厅关于本市保障轨道交通安全运行的实施意见	2019.05.09
	上海市民政局等关于积极推行政府购买服务加强基层社会救助服务能力的实施意见	2019.02.03
	上海市卫生健康委员会关于转发《国家中医药管理局办公室关于开展中医养生保健服务乱象专项整治的通知》的通知	2019.01.29
	上海市财政局关于进一步加强本市政府采购内控制度建设暨印发《政府采购业务内控风险指引纲要》的通知	2018.11.08
	上海市人民政府办公厅关于转发市经济信息化委制订的《上海市电子印章管理暂行办法》的通知	2018.11.01
	上海市人民政府办公厅关于印发《上海市电子证照管理暂行办法》的通知	2018.11.01
	上海市民政局、上海市社会团体管理局关于印发《上海市政府购买社会组织服务合同示范文本(2018版)》的通知	2018.10.22
	上海市人民政府办公厅关于建立上海市公共卫生工作联席会议制度的通知	2019.06.12
	上海市人民政府办公厅关于调整上海市打击走私综合治理领导小组组成人员的通知(2019)	2019.06.05
	海市绿化和市容管理局关于贯彻落实扫黑除恶专项斗争新要求调整上海市绿化和市容管理局扫黑除恶专项斗争领导小组的通知	2019.05.31
	上海市人民政府办公厅关于调整上海市打击侵犯知识产权和制售假冒伪劣商品工作领导小组组成人员的通知	2019.05.27
	上海黄金交易所会员反洗钱、反恐怖融资、反逃税自律指引	2019.04.03
	上海市地方金融监督管理局关于开展2018年度典当行年审工作的通知	2019.02.13
	上海市人民政府办公厅关于印发《2019年市政府要完成的与人民生活密切相关的实事》的通知	2019.01.10
社会治安 防控(27)	上海市道路运输管理局关于调整本市网络预约出租汽车车辆审核相关标准的通告	2019.07.01
	上海市安全生产委员会办公室关于印发第二届中国国际进口博览会城市应急管理工作方案的通知	2019.06.19
	上海市应急管理局关于开展重点区域危险化学品安全生产专家指导服务专项行动的通知	2019.06.18
	上海市人民政府关于印发《上海市气象灾害预警信号发布与传播规定》的通知	2019.06.01

续表

种类	名称	实施时间
社会治安防控(27)	上海市绿化和市容管理局关于进一步加强美国白蛾等重大有害生物防控的通知	2019.05.17
	上海市人民政府办公厅关于本市加强中小学幼儿园安全风险防控体系建设的实施意见	2019.04.01
	上海市人民政府关于本市禁止生产经营食品品种的通告	2018.12.31
	上海市卫生和计划生育委员会、上海市教育委员会、上海市食品和药品监督管理局关于进一步加强本市学校传染病防控和食品安全管理工作的通知	2018.10.30
	上海市人民政府关于加强首届中国国际进口博览会期间枪支弹药爆炸、剧毒、放射性等危险物品安全管理的通告	2018.10.23
	上海市人民政府关于加强首届中国国际进口博览会期间无人机等"低慢小"航空器安全管理的通告	2018.10.23
	上海市人民政府关于首届中国国际进口博览会期间进一步加强乘坐公共交通工具安全检查的通告	2018.10.23
	上海市人民政府办公厅印发《关于本市加强电梯质量安全工作的实施方案》的通知	2018.10.15
	上海市经济和信息化委员会关于在机关内部进一步落实系统消防安全工作责任的通知	2018.09.30
	上海市绿化和市容管理局关于落实本市全面开展空中坠物安全隐患专项整治工作的实施细则	2018.09.11
	上海市应急管理局关于报送突发事件应急预案编制修订计划的通知	2019.07.01
	上海市卫生健康委员会关于做好国庆70周年本市卫生健康行业网络安全保障工作的通知	2019.06.28
	上海市卫生健康委员会、上海市市场监督管理局关于印发《2019年度上海市食品安全地方标准修订立项计划》的通知	2019.06.05
	上海市应急管理局关于做好上海市风险隐患双重预防管理系统试运行工作的通知	2019.05.30
	上海市生态环境局等关于做好2019年农作物秸秆等禁烧和综合利用工作的通知	2019.05.22
	上海市卫生健康委员会关于征集2019年度食品安全地方标准立项建议的通告	2019.02.27
	上海市安全生产委员会办公室关于加强人员密集场所安全隐患专项整治工作的通知	2018.12.24
	上海市应急管理局关于切实做好2019年元旦春节期间安全生产和火灾防控工作的通知	2018.12.14
	金山区人民政府办公室关于印发《金山区处置危险化学品事故应急预案》的通知	2018.12.06

续表

种类	名称	实施时间
社会治安防控(27)	金山区人民政府办公室关于印发《金山区生产安全事故灾难应急预案》的通知	2018.12.06
	上海市绿化和市容管理局关于做好户外招牌空中坠物安全隐患专项整治后续处置工作的通知	2018.10.10
	黄浦区人民政府办公室关于印发豫园地区应急管理单元突发事件应急预案的通知	2018.09.26
	金山区人民政府办公室关于印发《金山区全面开展空中坠物安全隐患专项整治实施方案》的通知	2018.09.11
安全生产(19)	上海市应急管理局关于开展钢铁企业煤气安全专项治理的通知	2019.04.16
	上海市经济和信息化委员会关于加强当前安全生产工作的紧急通知	2019.03.22
	上海市卫生和计划生育委员会关于印发《上海市消毒产品生产企业卫生许可告知承诺管理办法》的通知	2018.10.12
	上海市水务局关于组织开展水务工程建设领域安全生产隐患排查的通知	2019.06.10
	上海市卫生健康委员会关于转发《市安委会办公室关于开展2019年上海"安全生产月"活动的通知》的通知	2019.06.10
	上海市安全生产委员会办公室关于开展2019年上海"安全生产月"活动的通知	2019.05.23
	上海市交通委员会关于2019年5月份交通建设工程安全例会协调意见	2019.05.15
	上海市水务局关于做好2019年本市在建水海洋工程安全度汛工作的通知	2019.04.22
	上海市人民政府关于同意《七宝生态商务区18—03地块商办项目"12·29"坍塌较大事故调查报告》的批复	2019.03.25
	上海市安全生产委员会办公室、上海市应急管理局关于进一步加强危险化学品安全生产工作的紧急通知	2019.03.21
	上海市应急管理局关于核准2019年第1批危险化学品行业安全生产标准化达标企业的通告	2019.03.14
	上海市人民政府关于同意2019年度安全生产监督检查工作计划的批复上海市经济和信息化委员会关于进一步做好2019年春节和"两会"期间安全生产等工作的通知	2019.02.18
	上海市水务局关于加强今冬明春水务建设工程施工现场安全生产的紧急通知	2019.01.30
	上海市安全生产委员会办公室关于加强今冬明春安全生产工作的通知	2019.01.07
	上海市应急管理局关于核准2018年第4批危险化学品行业安全生产标准化达标企业的通告	2018.12.18
	上海市经济和信息化委员会关于做好今冬明春安全生产等工作的通知	2018.12.17
	上海市经济和信息化委员会关于做好2018年中国国际进口博览会期间安全生产等相关工作的通知	2018.11.28
		2018.10.10
	上海市食品药品监督管理局关于对上海市高风险食品生产企业开展"双随机"飞行检查工作的通知	2018.09.14

249

续表

种类	名称	实施时间
矛盾纠纷化解(3)	上海市财政局、国家税务总局上海市税务局、上海市退役军人事务局关于转发《财政部税务总局退役军人部关于进一步扶持自主就业退役士兵创业就业有关税收政策的通知》的通知	2019.01.01
	上海市民政局关于加强新时代退役士兵综合培训工作的实施意见	2018.09.19
	上海市人民政府办公厅关于调整上海市人民政府信访复查复核委员会组成人员的通知	2019.06.04
人口服务管理(2)	上海市人民政府关于印发《上海市户籍人户分离人员居住登记办法》的通知(2019)	2019.04.01
	上海市统计局关于开展2018年人口变动抽样调查工作的通知	2018.09.18

同期网络抓取数据显示，上海市共发布地方性法规、地方政府规章、地方政府工作文件1342个，涉及平安建设的规范性文件有66个，其中社会治安防控领域的规范性文件数量27个，安全生产领域的规范性文件19个，社会治理领域的规范性文件15个，矛盾纠纷化解领域的规范性文件3个，人口服务管理领域的规范性文件2个（见表11）。

表12 北京市2017～2018年度与2018～2019年度
平安建设地方规范性文件出台情况比较统计

名称		2017～2018年度数量（个）	2018～2019年度数量（个）
地方规范性文件与地方工作文件	社会治理	26	24
	社会治安防控	40	42
	安全生产	69	18
	矛盾纠纷化解	9	0
	人口服务管理	7	5
合计		151	89

北京市2017～2018年度与2018～2019年度平安建设地方规范性文件出台情况如表12所示。由于两个时间段的时间跨度不同，在比较时不能单纯比较两个时间段数量的绝对值，所以比较两个时间段内的月平均立法数。

表 13　上海市 2017～2018 年度与 2018～2019 年度
平安建设地方规范性文件出台情况比较统计

名称		2017～2018 年度数量（个）	2018～2019 年度数量（个）
地方规范性文件与地方工作文件	社会治理	33	15
	社会治安防控	46	27
	安全生产	62	19
	矛盾纠纷化解	8	3
	人口服务管理	16	2
合计		165	66

上海市 2017～2018 年度与 2018～2019 年度平安建设地方规范性文件出台情况如表 13 所示。考虑到月均立法数，与 2017～2018 年度相比，上海市 2018～2019 年度社会治理、安全生产、矛盾纠纷化解、人口服务管理等领域的地方规范性文件皆有所下降。

综合以上，从地方性规范性文件的出台情况来看，北京市一直将平安北京建设纳入全面推进北京法治建设的大局中来推进，出现较为理想的法治保障局面。因此，本指标得 100 分。

（三）北京警力配备情况

本指标得分为 100 分。

习近平总书记在全国公安工作会议上，对全面深化公安改革提出了明确要求，是新时代深化公安改革的行动指南，为做好新时代公安工作擘画了发展蓝图、指明了前进方向、提供了根本遵循。各级公安机关要按照扁平化管理、专业化建设、实战化运行的要求，做精机关、做优警种、做强基层、做实基础，积极构建务实高效的警务运行体制机制，为全面完成公安机关机构改革任务奠定体制基础①。北京市公安局制定科学有效的政策措施，确保警

---

① 《坚持改革强警提升公安工作整体效能——五论学习贯彻习近平总书记全国公安工作会议重要讲话精神》，《人民公安报》，2019 年 5 月 15 日，第 1 版。

力的基本稳定，充分激发现有警力的最大效能。另外每年招收新警、补充新鲜血液，2019 年北京市公安共招收 1166 人，其中人民警察 378 人、文职辅警 688 人、特警 100 人（见表 14）。

表 14　北京市公安局招警人数统计

种类	2019 年	2018 年	2017 年	2016 年
人民警察	378	100	700	3000（余）
文职辅警	688	397	330	200
特警	100	50	–	–
总计	1166	547	1030	3200（余）

（四）专业队伍建设情况

本指标得分为 100 分。

多年来北京市积极探索平安北京建设专业队伍创新机制，2017 年成立"京津冀执法办案联席会"和"旅游警察"，2018 年成立北京市大兴分局巡防队，2019 年成立北京市长城保护员队伍（见表 15），充分调动基层民警的工作积极性，充分挖掘队伍潜力，为平安北京建设事业始终保持活力的源泉。

表 15　北京市平安建设专业队伍建设概况

年度	事件	内容
2017	京津冀警方首次执法办案协作联席会	通过了《关于建立执法办案协作联席会议机制的意见》《京津冀跨区域办案协作框架协议》
2017	"旅游警察"成立	旅游市场专项整治
2018	北京市大兴分局巡防队	成立 10 年来在辖区协助警方开展巡逻防控、反恐处突、视频巡控、地上地下一体化勤务等工作
2019	北京市长城保护员队伍成立	实现长城重点点段全天巡查、一般点段定期巡查、出险点段快速处置、长城野游科学管控，形成全覆盖、无盲区的长城遗产保护网络

（五）社会力量参与情况

本指标得分为 100 分。

多年来，北京市在社会力量参与平安北京建方面取得了丰硕的成果，形成了别具一格的"北京经验"，培育和构建了安全责任共担、平安生活共享的平安北京建设共同体，包括"西城大妈""朝阳群众""海淀网友""丰台劝导队"等[1]；参与领域从最初的社区警务、信访化解、提供线索，发展到灾情报送、低收入农户帮扶、诉讼审判等工作，2019 年社会力量参与到网上应急救援工作中来（见表 16 至表 18）。

表 16　2017 年北京市社会力量参与情况

参与领域	具体内容
社区警务	北京市公安局海淀分局在平安科技园区建设方面，与区发改委、综治办、经济和信息化办公室通力合作，在中关村软件园试点推行科技园区安保工作，在全区 9 个科技园区中同步推广"科技园区驻警制"，形成了"警企携手共筑平安"的模式。在平安院区建设方面，海淀分局与区卫计委统筹谋划，选定北京大学第三医院、海淀医院、海淀区妇幼保健院等 8 家医院，开展驻院制警务工作，为医患排忧解难，受到广泛好评。在平安商务区建设方面，海淀分局联手中关村西区管理委员会、街道办事处、海淀交警支队等部门，开展中关村西区"安全商务区"创建活动。通过加强物防技防建设、安全隐患系统排查和打防管控专项推进等手段，努力实现平安创建目标
信访化解	北京市公益法律服务促进会举办第三方社会力量信访矛盾化解工作专题培训会。来自北京市政法系统、第三方社会力量约 50 人参加了培训会议，对参与涉法涉诉信访工作的第三方人员进行了培训，取得了较好的效果，并且取得部分化解案件成功的经验
线索提供	"朝阳群众"App 上线。"朝阳群众"App 是公安机关搭建的"智慧公安"服务群众的互动平台，群众可通过文字、图片、视频等方式向警方提供线索，警方会对有价值信息的提供者予以一定的现金奖励

---

[1]　宫志刚：《浅谈治安治理的"北京经验"》，《人民公安报》，2015 年 10 月 25 日，第 3 版。

表 17 2018 年北京市社会力量参与情况

参与领域	具体内容
灾情报送	将应急志愿者纳入北京市灾害信息员队伍,拓宽灾情信息来源渠道。在全市应急志愿者中招募 100 名骨干,经专业培训成为灾情报送志愿者,对于正在发生或者发展的自然灾害以及公共卫生、事故灾难、社会安全等突发事件,如果发现灾情较重或需要大规模救助时,灾情报送志愿者及时通过手机 App 报灾软件,向民政局报告情况
低收入农户帮扶	大兴区鼓励社会力量参与低收入农户帮扶工作,加大产业帮扶支持力度,促进农产品销售,实施就业保障补贴
诉讼审判	北京知识产权法院志愿者服务队设立了诉讼服务岗、审判辅助岗与综合服务岗 3 类志愿者服务岗位,购买社会化服务,为法官助理和书记员在案卷整理归档、诉讼材料收转、法律文书送达等方面节省了 40% 的工作量,年均每人节省 835 小时。在案件档案质量、诉讼材料收转规范性以及文书送达及时性等方面都有了大幅提升。截至 2018 年 10 月,北京知识产权法院累计结案 11658 件,同比增长 31.2%,其中审结技术类案件 1549 件,同比增长 49.4%,法官人均结案数量是其他中院法官人均结案数量的 2～3 倍

表 18 2019 年北京市社会力量参与情况

参与领域	具体内容
应急救援	社会应急力量参与抢险救灾网上申报系统 2019 年 3 月 28 日正式上线运行,可实现社会应急力量网上登记备案和审核、灾情信息发布、救援申请、抢险救援管理等功能

(六)平安建设经费投入情况

本指标得分为 100 分。

平安北京建设的物质基础仰仗于北京市对平安北京建设的经费投入,从表 19 至表 20 的数据看出,经费投入逐年增加,必将不断开创平安北京建设的新局面。

表 19 北京市公安局 2019 年预算收入总体情况

单位:万元

项目	2018 年	2019 年	变化	备注
收入预算	662533.93	777731	增长 17.39%	——
财政拨款	654460.64	749172.73	增长 14.47%	主要根据公安业务工作需要,加大对公安科技建设和反恐装备建设的投入

项目	2018 年	2019 年	变化	备注
统筹使用结余资金安排预算	738.21	152	减少79.41%	主要由于机关后勤服务机构2018 年安排了基础设施维修改造经费
其他资金	7335.07	28406.27	增长287.27%	主要由于继续使用的财政性结转资金比 2018 年增加21167.69 万元

表 20　北京市公安局 2019 年预算支出总体情况

单位：万元

项目	2018 年	2019 年	变化	备注
基本支出预算	485442.65	521286.04	增长 7.38%	主要由于落实国家机关事业单位工作人员基本工资标准和增加离退休费等有关政策
项目支出预算	177091.28	256444.96	增长 44.81%	主要原因：一是为增强公安局反恐能力，2019 年加大了反恐装备投入；二是为提升警察学院教学水平，2019 年增加了警察学院教育支出；三是部分信息化系统已出质保期，进入有偿运维阶段

（七）平安建设硬件设施建设情况

本指标得分为 100 分。

以表 21 至表 23 的数据可以看出，北京市着力完备平安建设硬件设施，并达到了较高的水平。

表 21　2017 年北京市平安建设硬件设施建设情况

单位：万元

序号	项目	采购人	合同金额
1	北京市公安局延庆分局第一批警用装备采购项目	—	38.37

表22 2018 年北京市平安建设硬件设施建设情况

单位：万元

序号	项目	采购人	合同金额
1	2018 年旱厕改造项目	北京市朝阳区人民政府呼家楼街道办事处	111.96
2	2018 年交通标线复划项目	北京市公安局公安交通管理局	0
3	2018 年开墙破洞工作	北京市海淀区人民政府花园路街道办事处	158.75
4	2018 年东城区景观照明维护	北京市东城区城市综合管理委员会	217.26
5	2018 年门禁系统维保工作	北京市朝阳区人民政府潘家园街道办事处	76.64
6	警用装备购置——特警检查器材	北京市公安局大兴分局	177.68
7	北京市公安局西城分局警用装备采购项目	北京市公安局西城分局	701.58
8	北京市公安局交通管理局 2018 年警用防护设施采购项目	北京市公安局交通管理局	64.84

表23 2019 年北京市平安建设硬件设施建设情况

单位：万元

序号	项目	采购人	合同金额
1	警用装备购置	北京市公安局大兴分局	62.98
2	北京市公安局怀柔分局防弹防刺服等警用设备采购	北京市公安局怀柔分局	151.39
3	北京市公安局大兴分局警用装备购置项目第一包防护装备	北京市公安局大兴分局	109.47
4	北京市公安局大兴分局警用装备购置项目第二包专用装备	北京市公安局大兴分局	170.98
5	北京市公安局大兴分局警用装备购置项目第三包特种装备	北京市公安局大兴分局	535.92

（八）公共安全视频监控系统建设情况

本指标得分为 100 分。

通过"雪亮工程"与智慧北京建设和网格化管理的深度融合，北京市在原有"天上有云、中间有网、地上有格"的全方位管理体系基础之上，根据实际情况变化，增设相应数量的固定式交通技术监控设备（见表24）。

北京市公共安全视频监控系统建设不断发展完善，为平安北京建设提供了有力的信息科技支撑。

表24　2019 年北京市公共安全视频监控系统建设情况

单位：处

地区	新增固定式交通技术监控设备
东城区	75
西城区	30
朝阳区	21
大兴区	50
顺义区	24
怀柔区	10
昌平区	21
石景山区	9
丰台区	44
合计	284

资料来源：《关于公布新增固定式交通技术监控设备设置地点的公告》，北京市公安局公安交通管理局，2019 年 7 月 15 日。

（九）大数据深度应用

本指标得分为 100 分。

北京市认真贯彻落实中央的部署和要求，按照建设平安中国的总体安排，在大数据层面进一步拓展领域与丰富内涵，努力实现在更高平台上全面深化平安北京建设的大数据应用（见表25 和表26）。

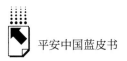

表25 2017年北京市公安局大数据深度应用概况

单位	应用情况
东城公安分局 体育馆路派出所	将"两队一室"民警录入统一警务平台,指挥室可以实时定位、迅速出警
海淀公安分局	"一站式"办案,涉案财务管理,涉案未成年人社工帮教,刑事速裁
北京市公安局	15个单位16个执法办案管理中心全部实行信息化管理,将大数据技术应用于办案

表26 2018年北京市大数据深度应用情况

项目	应用情况
北京市行政执法 信息服务平台	依托北京市电子政务外网,以北京市人民政府为中心,连通全市各区政府、市级执法机构和部门,掌握客观数据,执法部门的组织体系、权责配置、人员配比等基础信息变得清晰可量化,为市领导提供深度决策辅助,并满足市区两级政府和社会各方监督的需要,助力北京市提升政府治理能力
昌平大数据 模拟研究项目	项目采用基于大数据的精准决策模型,详细研究了昌平区人口数量及分布、职住通勤与居民出行等特征,在此基础上总结现状问题并监测其发展变化特征,与分区规划同步开展,建立城市发展模型,测算未来昌平区规划发展情景,目前该项目顺利通过专家评审
北京市开展联合整治"保健"市场百日行动工作	北京市将整治工作纳入"平安北京"综治考核,运用大数据手段强化风险监控和线索排查,针对重要领域开展了专项的执法行动。北京市市场监管部门运用大数据手段,充分应用市场监管风险洞察平台,对直销企业总部及分公司进行监控筛查,并且利用"互联网+"手段,形成线上、线下一体化监管。综合利用12315、12345系统中的有效数据,对近期有关保健品的投诉举报信息进行全面筛查

(十)信息资源共享融合情况

本指标得分为100分。

在信息资源共享融合方面,北京市一直走在时代的前沿,并将它贯彻到百姓身边去、基层业务中,真正实现了有力、高效(见表27和表28)。

表 27　2017 年首都信息资源共享融合情况

单位	融合情况
北京市公安局东城分局体育馆路派出所	"7×24"视频巡控系统，"7×24"视频电话警务，"7×24"警力调控管理系统

表 28　2018 年首都信息资源共享融合情况

单位（平台）	融合情况
出入境管理局	把互联网、大数据等现代化科技手段作为提升出入境服务的引擎，创新方法，扩大网上受理范围，提升办理出入境证件的信息化水平，让群众享受足不出户、高效便捷的出入境服务
人口管理和基层工作总队	相继推出了多项互联网在线办理及就近办理便民举措
"北京市居住证"微信公众号	实现了群众办理居住证签注"零"跑路。老百姓可以通过网上申请、EMS上门取送居住证等措施，实现全程网上办理
交管局	整合优化办事流程，变群众往返为内部转递，变群众跑腿为数据传输，实现办理车驾管业务只进一扇门、只到一个窗口办结。同时推行缴费支付电子化
治安管理总队	在保安员证核发工作中，进一步优化审批流程。申请人通过保安公司将基本情况用"网上北京市公安局"传到公安机关，公安机关依法审核后，通过邮政快递将保安员证送达用户手中，实现了"不见面审批"

（十一）信息安全防护建设

本指标得分为 100 分。

北京市在平安建设领域建立了党委领导责任制，明确了第一责任主体就是各级党委，并且提出了责任制的具体要求，特别是在维护信息安全方面发挥作用突出。2018 年北京市信息安全防护建设情况如表 29 所示。

表 29　2018 年北京市信息安全防护建设情况

事件	具体内容
昌平区医疗卫生系统召开网络安全等级保护培训会	昌平区委网信办、区公安分局联合区卫生健康委举办了昌平区医疗卫生系统网络安全等级保护培训工作，用具体实例讲解了北京市医院信息系统存在的网络安全问题，并对医院下一步等级保护提出 10 种具体做法
北京市农村工作委员会召开系统网络与信息安全培训	培训围绕新形势下网络安全等级保护标准和工作开展、政务大数据管理应用与保护、软件正版化工作要求、网站及信息系统常用防护以及安全预案制定与应急保障等内容进行深入讲解，并组织观看保密宣传片多部，发放《网络安全知识手册》

（十二）是否将平安建设相关内容纳入领导干部培训

本指标得分为 60 分。

经检索，未发现将平安建设相关内容专门纳入领导干部培训的信息，但不能因此认为领导干部培训中未涉及相关内容，特别是不能认为与各单位业务直接相关的平安建设内容没有涉及（见表 30）。

表 30   北京市将平安建设相关内容纳入领导干部培训相关情况

单位	具体内容
北京市规划和自然资源管理委员会房山分局	组织全局 20 个科室到房山区法院进行"以案释法"旁听活动
海淀区检察院	开展窗口接待情景演练活动，分别就接待平台不好使用、电话查询案件受理信息、预约会见、安排阅卷、申请听取意见、提交申请变更或解除强制措施以及证据材料、向窗口邮寄材料等常见问题、情形进行演练，培训干警在窗口接待中的实际应对

（十三）是否将平安建设相关内容纳入中小学教育

本指标得分为 60 分。

未检索到北京市将平安建设纳入中小学教育的专门内容，但各层级学校开展了与安全教育相关的工作，整体上有利于平安北京建设的推进（见表31）。

表 31   平安建设相关内容纳入中小学教育情况

事件	时间	具体内容
中小学安全教育日主题活动	2019. 3	东城消防支队的指战员们来到史家小学，播放消防短视频，了解消防员的生活、训练还有战斗过程，感受到火场的严峻和安全工作的重要意义。指战员结合多年的工作经验，带着同学们一起认识火灾、熟悉身边的消防设备，并利用鲜活的案例指导同学们发生火灾后如何正确报警、逃生和灭火

事件	时间	具体内容
法律素养纳入学生综合素质评价	2019.4	北京市中小学依法治校工作基本准则开征意见,法律素养纳入学生综合素质评价,内容包括:学校管理要有学生参与,定期举行欺凌防治教育,每校至少配1名专职安保等
防灾减灾日主题宣传活动	2019.5	活动由北京市应急管理局、北京市教育委员会等主办,海淀区教委、海淀区应急管理局等协办。活动主题展示分为走进一零一、主题展示区、亲子互动区、专题活动区、消防实训区、安全大剧院六大区域。来自东城区、海淀区的中小学生及家长驻足展板前,观看了解防灾、减灾、救灾及应急知识,还现场体验、学习避灾自救、互救技能
开展"护苗·2019青少年网络安全公开课"视频推介活动	2019.5	怀柔区"扫黄办"牵头,组织全区14个镇乡、2个街道,与教委部门共同在全区开展"护苗·2019青少年网络安全公开课"视频推介活动。视频课件由全国"扫黄打非"办制作,内容包含7个主题,包括合理用网助力学习、懂得辨识虚假信息、保护个人隐私安全、抵制色情等不良信息、谨慎建立网络关系、学会控制使用时间、正确远离网络霸凌,涵盖了当前网络对未成年人成长可能带来的安全问题要点和可能的解决办法
中小学校园防范恐怖袭击工作培训会	2019.6	密云区教委联合区反恐办、区公安分局在北交大附中密云分校开展中小学校园防范恐怖袭击工作专场培训会,开展校园防恐应急处置演练,进一步提升校园防恐处突应急能力。全区40所中小学安全主管领导、校园保安及北交大附中密云分校师生300余人参加活动
消防知识培训	2018.9	东城消防支队联合史家小学开展消防知识培训。从认识火灾,到了解常见的消防器材及设备,再到如何正确地灭火和防火,为同学们讲解身边的消防安全知识
暑期消防安全教育活动	2017.7	北京市公安局消防局联合北京市教育委员会,在全市中小学校、幼儿园开展2017年度暑期消防安全教育活动

（十四）是否在全市范围内开展与平安建设有关的应急演练

本指标得分为85分。

多年来，北京市持续开展与平安建设有关的应急演练，但在规模和领域上具备进一步拓展的空间（见表32和表33）。

表32　2018年全市范围内与平安建设有关的消防演练

单位	演练项目	具体内容
怀柔区交通局	化危行业安全抢险应急演练	联合区反恐办、区安监局等部门组织化危行业安全抢险应急演练
北京消防总队	消防宣传培训演练	以"全民参与、防治火灾"为宣传主题,精心部署开展第28届"119"消防宣传月活动,在此期间,发动15余万名消防志愿者,开展各类宣传培训演练活动41000余场,培训人员121万余人,发放各类宣传材料1700万余份
北京市交通执法总队	轨道交通车站突发事件应急演练	模拟高峰期间地铁列车故障导致客流激增场景,利用地铁站内广播、执法电台、执法记录仪等装备设备,实时调整勤务部署,掌握重要点位乘客疏散情况,确保站台、站厅、闸机、通道、出入口等关键部位客流畅通,为城市副中心建设持续保驾护航
北京市规划和自然资源管理委员会顺义分局	消防安全培训及实操演练	现场学习并演练如何正确使用灭火器及如何进行火灾应急处理,并实际体验灭火过程
东城区安全生产委员会	应急事件疏散演练	在机关、企业、社区、学校集中开展火灾、地震及紧急情况下不同的疏散动作、逃生、自救技巧等内容培训,同时针对应急事件进行疏散演练
顺义消防支队	消防应急演练	联合北京现代汽车有限公司开展消防应急演练,检验重点单位微型消防站处置能力、企业员工自救能力、联动力量协同作战能力,同时增强官兵的"灭大火、打恶战"能力
丰台消防支队	消防应急演练	组织方庄地区学校开展消防演练,重点强调学会如何预防火灾、如何在火场自救逃生、如何选择逃生路线
朝阳消防支队	灭火救援演练	走进亮马桥外交办公大楼开展双语消防安全培训和灭火救援演练,组织现场人员疏散和初期火灾的扑救。由朝阳消防支队宣传员用双语向参加活动的外交人员进行"中国火警电话是多少、如何使用灭火器及如何火场逃生"等知识点的培训
石景山区消防支队	灭火救援演练	石景山区消防支队举行施工工地消防安全现场会暨灭火救援演练,现场观摩灭火救援演练,模拟工地现场突发火情

表33　2019年全市范围内与平安建设有关的消防演练

单位		演练内容
北京市应急指挥中心	2019年防汛综合演练	演练模拟的情景是：全市发生大暴雨，城区平均降雨量90毫米，市气象局预计未来6小时降雨量将在100毫米以上，黄色预警升级为暴雨橙色预警；"回天"地区大风冰雹天气造成树木倒伏，多处道路积水，北运河发生二十年一遇的洪水。结合这一"险情"，相关部门开展了防汛抢险演练
北京市农业农村局	液氨泄漏应急演练	平谷区组织屠宰企业安全应急演练。在演练现场，模拟生产车间发生液氨泄露后，企业立即组织安保人员警戒、控制事故现场，撤离和救治受伤人员，并紧急疏散企业职工，疏散结束后处置组立即展开液氨泄漏紧急处置，关闭泄漏点阀门，对灌区进行喷淋稀释等紧急措施
丰台区市场监督管理局	液氨泄漏应急演练	本次演练模拟机房中的压力管道法兰接口发生液氨泄露。北水嘉伦水产品市场第一时间启动应急预案，按照现场总指挥的调度指令迅速开展抢险救援工作，在规定的时间内排除故障，完成了应急救援任务
西城区第二图书馆	消防安全演练	使全体职工掌握消防安全、应急扑救、自救、互救与逃生知识技能，掌握灭火的正确方法
石景山区市场监督管理局	反恐培训演练	通过一人和多人的轮流操作，掌握各种反恐防暴器具的使用技巧

四　评估结论

"平安建设保障"总体得分97分，表明平安北京建设保障工作取得一定成效，但也暴露一些问题。具体而言，平安北京建设的法治保障、人员保障、财务装备、科技支撑工作都取得了显著的成绩，为平安北京建设提供了持续、坚挺的支撑。然而，平安北京建设宣传教育方面的短板也是显而易见的，长此以往势必阻碍平安北京建设的长效发展。

（一）平安北京建设的特质

作为首都，北京各方面工作具有代表性、指向性，一举一动都展现着国

家形象。平安北京建设不同于一般的特大型城市安全建设，也不同于一般的省会城市安全建设，具有首都独特的平安建设特质。

第一，政治性突出。首都是一个国家的政治中心和中央政府所在地，各类国家级机关集中驻扎地，是国家主权的象征城市。北京作为国家首都，承担着全国政治中心、文化中心、国际交往中心、科技创新中心四大功能，其中，首都政治中心功能排在首位，突出了首都政治属性的特质。"首都无小事、事事连政治"，强调的就是平安北京建设的政治属性。

第二，大局性突出。平安北京建设关系以政权安全与制度安全为核心的政治安全，关系党和国家工作全局，关系国家长治久安。北京作为首都和对外交往中心，重大会议多、重大活动多，与国家中心工作、内政外交工作大局紧密关联。首都安全发展不仅要从北京看，更要从党中央和全中国的角度看，牢固确立"四个中心"的城市战略定位，提高履行"四个服务"的能力与水平，更好地服从和服务党和国家大局。

第三，辐射性突出。首都稳、全国稳。在首都发生的任何小问题、小案件、小事故，都有可能演变为焦点、热点，从而影响首都安全稳定，并容易产生放大效应，辐射影响到全国的安全稳定、影响全国的全局性工作。因此，必须以"万无一失"的工作标准和"一失万无"的忧患意识，切实抓好平安北京建设工作。

第四，聚焦性突出。正是因为北京具有"四个中心"的核心功能，具有举足轻重的国际影响力，所以很容易成为全国乃至全球目光的聚焦之地。国际风险因素很容易传导、影响到北京，国内的各种矛盾问题很容易汇聚到北京，影响平安北京建设。

（二）平安北京建设品牌发展战略

平安北京建设品牌发展战略应在以下方面发力。

一方面，要明确平安北京建设的品牌定位。将品牌思维和品牌理念贯穿平安北京建设的全过程，树立平安北京思维，详尽描述平安北京建设的定位，归纳总结平安北京建设的核心价值，不断提高运用平安北京思维和方式推进平安北京建设的能力。

另一方面，健全平安北京建设的品牌发展机制，努力提升平安北京建设品牌的自主创新能力，实现平安北京建设的品牌识别。不断提高平安北京建设品牌意识，充分激发平安北京建设品牌发展工作的积极性和主动性，加强对以国家工作人员和青少年为重点的平安北京建设品牌的宣传教育，广泛开展群众性平安北京文化建设，增强平安北京建设的品牌发展实效，在全社会形成宣传和推进平安北京建设品牌的良好氛围。

参考文献

1. 《坚持改革强警提升公安工作整体效能——五论学习贯彻习近平总书记全国公安工作会议重要讲话精神》，《人民公安报》，2019 年 5 月 15 日，第 1 版。
2. 宫志刚：《浅谈治安治理的"北京经验"》，《人民公安报》，2015 年 10 月 25 日，第 3 版。

B.8
北京市安全感调查报告（2019）

周延东　范冠中*

摘　要： 北京市整体安全感较好，其中"校园安全感"最好，"社区安全感"最差。农村地区的整体安全感状况要远远好于城区、郊区或城乡接合部、远离郊区的乡镇的整体安全感状况，其中安全感最差的是"远离郊区的乡镇"。通过列联关系分析发现，居民的受教育程度、身体健康状况等个人基本情况与安全感呈现正相关关系。此外，通过多个维度的解构，分析探讨社区安全感、公共场所安全感、单位安全感、校园安全感与北京市整体安全感之间的相关关系和具体现实困境，提出针对性对策，建议加强构建北京社区差序风险预测、预防格局，创新完善社会动员新路径，迈向"特色务实"的治安治理模式创新。

关键词： 安全感　北京　列联分析

一　指标设置及评估标准

（一）指标设置

平安北京建设评估"安全感"一级指标下设置 5 项二级指标，分别为

---

* 周延东，中国人民公安大学治安与交通管理学院副教授，首都社会安全研究基地研究员；范冠中，中国人民公安大学治安与交通管理学院硕士研究生。

"总体安全感""公共场所安全感""单位安全感""社区安全感""校园安全感"（见表1）。5项指标分别从公众对首都安全状况的总体感受，公众对车站、广场、公园、商场等公共场所安全状况的主观感受，公众对所在工作单位安全状况的主观感受，公众对所居住社区安全状况的主观感受，公众对中小学校园安全状况的主观感受出发来分析北京市的安全感状况。

表1　安全感评估指标体系

一级指标	二级指标	三级指标
安全感（10%）	总体安全感（40%）	公众对首都安全状况的总体感受（100%）
	公共场所安全感（15%）	公众对车站、广场、公园、商场等公共场所安全状况的主观感受（100%）
	单位安全感（15%）	公众对所在工作单位安全状况的主观感受（100%）
	社区安全感（15%）	公众对所居住社区安全状况的主观感受（100%）
	校园安全感（15%）	公众对中小学校园安全状况的主观感受（100%）

二级指标"总体安全感"下设置"公众对首都安全状况的总体感受"1项三级指标，该指标从总体上衡量北京市的安全感状况。

二级指标"公共场所安全感"下设"公众对车站、广场、公园、商场等公共场所安全状况的主观感受"1项三级指标。三级指标分别从公共场所的盗窃情况、对北京非密闭公共空间的主观安全感受、医院的整体安全防范能力、交通场站（包括地铁站、公交站、火车站、汽车站、机场）的安全防范能力来反映北京公共场所安全感状况。公共场所的盗窃情况可反映北京公共空间的整体安全防范能力，对北京非密闭公共空间的主观安全感受可反映北京居民对公共场所安全状况的整体主观评价，医院的整体安全防范能力可以反映北京易受侵犯的单位的安全防范情况，交通场站的安全防范能力可反映北京易受袭击的公共场所的安全防范能力。

二级指标"单位安全感"下设"公众对所在工作单位安全状况的主观感受"1项三级指标。三级指标分别从单位的视频监控体系、过去5年是否发生过安全生产事故、生产事故发生之后相关责任人是否被追责、单位是否组织应急演练、是否设有应急救援队伍、是否知道安全生产举报投诉电话（中心）、是否了解本单位的应急预案、是否设有专职安全管理人员、是否对岗位的安全状况进行检查检查、是否开展过安全警示教育活动来反映单位的整体安全感状况。单位的视频监控体系可反映技防系统在单位的使用情况，过去5年是否发生过安全生产事故可以反映过去5年北京市单位的实际安全情况，生产事故发生之后相关责任人是否被追责能够反映出北京安全生产事故发生后的责任追究情况，是否组织应急演练可反映北京单位安全生产事故预防情况，是否设有应急救援队伍可反映北京安全生产救援的专业化程度，是否知道安全生产举报投诉电话（中心）可反映北京单位安全教育知识的普及情况，是否了解本单位的应急预案可反映北京单位是否遵循"一案三制"防范能力建设，是否设有专职安全管理人员可反映北京单位安全防范的制度建设情况和责任重视程度，是否对岗位进行定期安全检查反映单位有关负责人对安全生产事故的关注程度，是否开展过安全警示教育反映北京安全生产培训情况。

二级指标"社区安全感"下设"公众对所居住社区安全状况的主观感受"1项三级指标。三级指标分别从社区内部的违法犯罪情况（包括杀人、性侵或猥亵、入室盗窃、一般盗窃、抢劫或抢夺、电信诈骗、非法集资、邪教活动、传销、涉黄行为、涉赌行为、涉毒行为、打架斗殴、破坏公私财物）、对社区夜间整体安全状况的感受、对社区治安状况的总体评价来反映社区的整体安全感状况。社区内部的违法犯罪情况可以反映北京社区安全的客观情况，对社区夜间整体安全状况的感受可反映北京易受侵害时段的安全感状况，对社区治安状况的总体评价可反映北京居民对社区安全的整体主观评价。

二级指标"校园安全感"下设"公众对中小学校园安全状况的主观感受"1项三级指标。三级指标分别围绕校园内部的安全问题和校园开展安全教育情况展开。校园内部的安全问题可反映北京校园安全的现实情况，校园开展安全教育情况可反映北京校园安全预防情况以及学校对校园安全的重视程度。

（二）设置依据及评估标准

1. 二级指标设置依据

（1）总体安全感

2014 年，北京市委、市政府下发《关于全面深化平安北京建设的意见》提到，北京将全面落实社会治安综合治理的各项措施，到"十二五"末，努力实现严重刑事案件、重大公共安全事故、重大群体性事件等得到有效控制，群众安全感稳中有升，首都安全稳定总体状况进入良性循环轨道；到 2020 年，努力实现"三升、三降、三个不发生"，即社会治理能力、治安防控水平、群众安全感和满意度明显提升，严重刑事案件、重大公共安全事故、重大群体性事件明显下降，坚决防止发生危害国家安全和政治稳定的重大暴力恐怖事件、重大政治事件、重大个人极端事件；确保平安建设各项工作位于全国前列，使首都成为全国最安全、最稳定的地区之一。

（2）公共场所安全感

2015 年《关于加强社会治安防控体系建设的意见》印发，明确提出加强社会面治安防控网建设，具体包括：根据人口密度、治安状况和地理位置等因素，科学划分巡逻区域，优化防控力量布局，加强公安与武警联勤武装巡逻，建立健全指挥和保障机制，完善早晚高峰等节点人员密集场所重点勤务工作机制，减少死角和盲区，提升社会面动态控制能力；加强公共交通安保工作，强化人防、物防、技防建设和日常管理，完善和落实安检制度，加强对公交车站、地铁站、机场、火车站、码头、口岸、高铁沿线等重点部位的安全保卫，严防针对公共交通工具的暴力恐怖袭击和个人极端案（事）件。

（3）单位安全感

《关于加强社会治安防控体系建设的意见》明确提出加强机关、企事业单位内部安全防控网建设，具体包括：按照预防为主、突出重点、单位负责、政府监管的原则，进一步加强机关、企事业单位内部治安保卫工作，严

格落实单位主要负责人治安保卫责任制，完善巡逻检查、守卫防护、要害保卫、治安隐患和问题排查处理等各项治安保卫制度；加强单位内部技防设施建设，普及视频监控系统应用，实行重要部位、易发案部位全覆盖。

2016年《关于推进安全生产领域改革发展的意见》，明确提出坚持安全发展，坚守发展决不能以牺牲安全为代价这条不可逾越的红线，以防范遏制重特大安全生产事故为重点，坚持安全第一、预防为主、综合治理的方针，加强领导、改革创新，协调联动、齐抓共管，着力强化企业安全生产主体责任，着力堵塞监督管理漏洞，着力解决不遵守法律法规的问题，依靠严密的责任体系、严格的法治措施、有效的体制机制、有力的基础保障和完善的系统治理，切实增强安全防范治理能力，大力提升我国安全生产整体水平，确保人民群众安康幸福、共享改革发展和社会文明进步成果。

（4）社区安全感

《关于加强社会治安防控体系建设的意见》明确提出加强村（社区）治安防控网建设，具体内容包括：以网格化管理、社会化服务为方向，健全基层综合服务管理平台，推动社会治安防控力量下沉；把网格化管理列入城乡规划，将人、地、物、事、组织等基本治安要素纳入网格管理范畴，做到信息掌握到位、矛盾化解到位、治安防控到位、便民服务到位；因地制宜确定网格管理职责，纳入社区服务工作或群防群治管理，通过政府购买服务等方式，加强社会治安防控网建设。

（5）校园安全感

《关于加强社会治安防控体系建设的意见》明确提出要完善幼儿园、学校、金融机构、商业场所、医院等重点场所的安全防范机制，强化重点场所及周边治安综合治理，确保秩序良好。

2.三级指标及评分标准

（1）公众对首都安全状况的总体感受

【设置依据】

2014年，北京市委、市政府下发的《关于全面深化平安北京建设的意见》。

【评测方法】

本指标满分 100 分，指标权重设定为 40%，根据问卷调查结果进行定量分析。

【评分标准】

通过德尔菲法对问卷涉及的问题进行赋值，之后根据被调查者的回答情况测量公众对首都安全状况的总体感受。

（2）公共场所安全感

【设置依据】

2015 年中办、国办印发的《关于加强社会治安防控体系建设的意见》。

【评测方法】

本指标满分 100 分，指标权重设定为 15%，根据问卷调查结果进行定量分析。

【评分标准】

通过德尔菲法对问卷涉及的问题进行赋值，之后根据被调查者的回答情况测量北京公共场所安全感状况。

（3）单位安全感

【设置依据】

2015 年中办、国办印发的《关于加强社会治安防控体系建设的意见》。

2016 年中共中央、国务院《关于推进安全生产领域改革发展的意见》。

【评测方法】

本指标满分 100 分，指标权重设定为 15%，根据问卷调查结果进行定量分析。

【评分标准】

通过德尔菲法对问卷涉及的问题进行赋值，之后根据被调查者的回答情况测量北京单位安全感状况。

（4）社区安全感

【设置依据】

2015 年中办、国办印发的《关于加强社会治安防控体系建设的意见》。

【评测方法】

本指标满分 100 分，指标权重设定为 15%，根据问卷调查结果进行定量分析。

【评分标准】

通过德尔菲法对问卷涉及的问题进行赋值，之后根据被调查者的回答情况测量北京社区安全感状况。

（5）校园安全感

【设置依据】

2015 年中办、国办印发的《关于加强社会治安防控体系建设的意见》。

【评测方法】

本指标满分 100 分，指标权重设定为 15%，根据问卷调查结果进行定量分析。

【评分标准】

通过德尔菲法对问卷涉及的问题进行赋值，之后根据被调查者回答情况测量北京校园安全感状况。

二 总体评估结果分析

从表 2 可知，2019 年北京居民“安全感”一级指标的得分为 81.97 分，反映了北京整体安全感状况相对较好。从二级指标得分可以看出，“校园安全感”的得分最高，为 92.73 分，表明北京校园安全工作要明显好于公共场所、社区和单位安全防范工作。

“公共场所安全感”“单位安全感”“社区安全感”3 项二级指标得分均低于一级指标得分，显示出北京公共场所安全防控工作、单位安全防控工作、社区安全防控工作仍然具有较大提升空间。得分最低的二级指标是“社区安全感”和“单位安全感”，尤其是社区安全感，得分为 70.36 分，严重影响了“安全感”的总体评价。过低的评价得分反映出在平安北京建设中，社区安全成为北京整体安全建设的最大短板。为此，北京市政府要加快推进社区安全治理工作。

表2　2019年北京居民安全感评估结果

一级指标			二级指标			三级指标		
指标名称	指标权重（%）	指标得分（分）	指标名称	指标权重（%）	指标得分（分）	指标名称	指标权重（%）	指标得分（分）
安全感	10	81.97	总体安全感	40	85.12	公众对首都安全状况的总体感受	100	85.12
			公共场所安全感	15	81.39	公众对车站、广场、公园、商场等公共场所安全状况的主观感受	100	81.39
			单位安全感	15	75.00	公众对所在工作单位安全状况的主观感受	100	75.00
			社区安全感	15	70.36	公众对所居住社区安全状况的主观感受	100	70.36
			校园安全感	15	92.73	公众对中小学校园安全状况的主观感受	100	92.73

三　指标评估结果分析

根据平安北京建设发展评估调查的统计数据，运用STATA软件对安全感数据进行描述分析，发现2019年北京市居民整体安全感状况较好。其中，被调查对象感到北京"非常安全"的占46.71%，"比较安全"的占47.38%，"一般及以下"的占5.91%。如果将感到"非常安全"和"比较安全"两项合并称为"感到安全"，则北京居民"感到安全"的占比为94.09%，比2018年上升了2.51个百分点，呈较好增长态势。同时，笔者

对各类基本信息与北京市整体安全感进行列联分析，以发现不同类别信息对北京整体安全状况的影响。

（一）个人基本信息情况与总体安全感之间的关系

第一，为了分析居民受教育状况与总体安全感之间的相关关系，对这两个变量进行列联分析。统计显示，调查对象中为研究生学历的占4.34%，大学本科学历的占27.02%，大学专科学历的占21.02%，高中（中专）学历的占21.85%，初中学历的占19.6%，小学及以下学历的占6.17%。根据北京居民受教育整体状况，将研究生和大学本科学历，大学专科和高中（中专）学历，初中、小学及以下学历依次分为受教育程度"高""较高""一般及以下"3个层次等级。

从表3的统计结果来看，受教育程度高的居民认为北京整体"非常安全""比较安全""一般及以下"的比例分别为46.01%、51.86%和2.13%，说明受教育程度高的群体总体安全感（选择"非常安全"和"比较安全"的占比和为97.87%）要明显好于受教育程度较高（选择"非常安全"和"比较安全"的占比为92.80%）和受教育程度一般及以下群体（选择"非常安全"和"比较安全"的占比和为91.56%），但受教育程度高的群体选择"比较安全"的比重最高，说明他们安全感总体较好的同时，还明显有"谨慎"的心理状态。

表3　居民受教育程度与总体安全感之间的关系

单位：%

变量	等级	总体安全感		
		非常安全	比较安全	一般及以下
居民受教育程度	高	46.01	51.86	2.13
	较高	47.08	45.72	7.20
	一般及以下	47.40	44.16	8.44

注：卡方检验为 Pearson chi2（4）=16.5000，Pr=0.002。

第二，为了分析身体健康状况与总体安全感之间的相关关系，对这两个变量进行列联分析和卡方检验。将身体健康状况分为"很健康""比较健康""一般及以下"3个等级。

从表4的统计结果来看，身体状况为"很健康"的居民认为北京整体"非常安全""比较安全""一般及以下"的比例分别为55.65%、40%和4.35%；身体状况"比较健康"的居民认为北京整体"非常安全""比较安全""一般及以下"的比例分别为42.72%、53.17%和4.10%；身体健康状况"一般及以下"的居民认为北京整体"非常安全""比较安全""一般及以下"的比例分别为37.07%、48.78%和14.15%。从整体态势来看，身体健康状况与总体安全感密切相关。对其进行卡方检验，P值等于0.000，这说明身体健康状况越好，其整体安全感越好，为正相关关系。这一结果与维尔的观点十分相似，他指出，包括健康在内的个体安全对安全感的影响是基础性和直接性的[①]。也就是说，身体健康的社会成员对自身生活有着更好的控制感，而身体健康状况不好的社会成员则会将这种身体状态延伸至心理感知层面，表现出更多的焦虑和恐惧，导致社区安全感水平普遍低下。因此，提升全民身体素质和健康水平不仅是一项生理机能调适的过程，同时也是完善心理安全感受的重要方式。

表4　身体健康状况与总体安全感之间的关系

单位：%

变量	等级	总体安全感		
		非常安全	比较安全	一般及以下
身体健康状况	很健康	55.65	40.00	4.35
	比较健康	42.72	53.17	4.10
	一般及以下	37.07	48.78	14.15

注：卡方检验为　Pearson chi2（4）=51.3197，Pr=0.000。

---

① J. J. Vail, "Insecure Times: Conceptualising Insecurity and Security," in J. Vail, J. Wheelock and M. Hill（eds）. *Insecure Times: Living with Insecurity in Contemporary Society*. NewYork: Routledge.

第三，为了分析居民月收入水平与总体安全感之间的相关关系，对这两个变量进行列联分析和卡方检验。将居民月收入水平划分为"3000元以下""3000～5000元（不含）""5000～10000元（不含）""10000元以上"4个层次等级。

从表5的统计结果来看，月收入水平为"10000元以上"的居民认为北京整体"非常安全""比较安全""一般及以下"的比例分别为43.94%、52.27%和3.79%，月收入水平为"5000～10000元（不含）"的居民认为北京整体"非常安全""比较安全""一般及以下"的比例分别为41.50%、55.19%和3.31%，月收入水平为"3000～5000元（不含）"的居民认为北京整体"非常安全""比较安全""一般及以下"的比例分别为52.77%、39.48%和7.75%，月收入水平为"3000元以下"的居民认为北京整体"非常安全""比较安全""一般及以下"的比例分别为53.76%、37.97%和8.27%。数据说明，月收入水平高（10000元以上）和较高〔5000～10000元（不含）〕的群体整体安全感要明显好于月收入水平较低〔3000～5000元（不含）〕和月收入水平低（3000元以下）的群体，但其选择"比较安全"的比重最高。这打破了大众"手里钱越多，感觉越安全"的想象。通过文献梳理发现，这一结果并不是首次发现，马勇等也曾在新疆某市的调查中得出相似的结果①。实地调查发现，3000元以下收入的调查对象常常为老人、学生和全职太太，他们个人虽然收入不多，但其他家庭成员的收入或社会福利保障基本能够满足其生活需求，因此整体安全感较好。而收入较高者则因为自身体验、身边人经历或媒体宣传等，意识到各种类型的现代风险可能对其财产安全造成威胁，从而表现出强烈的担忧心态。从整体态势来看，居民月收入水平与总体安全感密切相关，对其进行卡方检验，P值等于0.000，这说明居民月收入水平与整体安全感呈现一种显著相关关系。

---

① 马勇、吴爽：《居民城市安全感现状及其原因分析——以新疆某市为例》，《兵团教育学院学报》2016年第1期。

表5　居民月收入水平与总体安全感之间的关系

单位：%

变量	等级	总体安全感		
		非常安全	比较安全	一般及以下
居民月收入水平	3000 元以下	53.76	37.97	8.27
	3000～5000 元（不含）	52.77	39.48	7.75
	5000～10000 元（不含）	41.50	55.19	3.31
	10000 元以上	43.94	52.27	3.79

注：卡方检验为 Pearson chi2（6）＝33.3032，Pr＝0.000。

第四，为了分析户籍状况与总体安全感之间是否存在相关关系，对这两个变量进行统计分析。发现在此次调查的样本中，北京户籍的调查对象占比为73.88%，非北京户籍的调查对象占比为26.12%。对"户籍所在地是否为北京"这一变量与总体安全感进行列联分析与卡方检验，发现 P 值为0.09，两者之间并无相关关系。

继续对户籍因素做出追踪研究，并对外来非京籍人口进行了统计分析。在占比为26.12%的非京籍调查对象中，有71.06%的人办理了暂住证/居住证，28.94%的人未办理暂住证/居住证。进一步探析办理暂住证/居住证对总体安全感的影响，对这两个变量进行列联分析与卡方检验。从表6的统计结果来看，办理了暂住证/居住证的居民认为北京整体"非常安全""比较安全""一般及以下"的比例分别为48.42%、49.77%和1.81%；未办理暂住证/居住证的居民认为北京整体"非常安全""比较安全""一般及以下"的比例分别为28.89%、58.89%和12.22%。从整体态势上看，是否办理暂住证/居住证与总体安全感密切相关，对其进行卡方检验，P 值等于0.000，这说明办理暂住证/居住证与否与总体安全感之间呈现显著相关关系。

通过实地调查发现，已经办理暂住证/居住证的外来人口对于融入北京怀有更大的期待，在心理状态和实践行动中采取"主动"策略，相关证件

的办理在一定程度上为其在北京的生存和发展打通了制度上的桎梏，进一步强化了心理认同，增强了该群体的心理安全预期，大大提升了其总体安全感。

表6　是否办理暂住证/居住证与总体安全感之间的关系

单位：%

变量	类别	总体安全感		
		非常安全	比较安全	一般及以下
是否办理暂住证/居住证	办理	48.42	49.77	1.81
	未办理	28.89	58.89	12.22

注：卡方检验为 Pearson chi2（6）=33.3032，Pr=0.000。

第五，将"地域类型"与"安全感状况"这两个因素进行列联分析（见表7），发现农村地区的整体安全感状况要远远好于城区、郊区或城乡接合部、远离郊区的乡镇的整体安全感状况。安全感最差的是"远离郊区的乡镇"，认为"非常安全"的比重仅占35.48%。在平谷区进行访谈时，乡镇居民刘××讲道：

> 近几年乡镇的发展速度逐渐加快，很多企业都涌进了乡镇，经济是发展上来了，但是环境变得更差了。很多外地人都在我们这里租房子、开店铺或者打工。镇上的人是越来越多，但矛盾和纠纷也多了起来，治安问题随之而来，本地就有好几家村民因为经济纠纷和土地问题与外地人产生了冲突，闹出了很多不和谐的声音。

随着乡村振兴战略号角的吹响，北京边远乡镇成为重点计划的帮扶对象，现代企业通过政策扶持和低廉的经济成本入驻乡镇地区，在拉动乡镇经济增长的同时也因为基础配套设施的不完善引发了诸多安全治理隐患，乡镇地区在面临这样的转型变迁时表现出的无所适从和焦虑极大地影响了乡镇居民的安全感受。

表7　北京不同地域安全感状况

单位：%

变量	类型	总体安全感		
		非常安全	比较安全	一般及以下
地域类型	城区	41.69	53.61	4.7
	郊区或城乡接合部	46.56	46.23	7.21
	远离郊区的乡镇	35.48	54.84	9.68
	农村	66.84	26.53	6.63

（二）北京市社区安全感

在描述分析北京市社区安全感状况部分，将从如下7个维度展开论述：一是对社区违法犯罪情况进行描述分析；二是描述社区人防力量；三是描述分析社区居民对社区民间社会治安组织的认可程度；四是描述社区物防技防力量；五是描述分析社区居民之间的熟悉度和融洽度；六是描述分析社区矛盾纠纷化解情况；七是描述分析社区居民与社区居委会和社区民警的互动情况。

针对北京社区安全感整体情况的问题，对相关统计数据进行分析，认为北京社区整体"非常安全"的居民占31.11%，认为"比较安全"的居民占49.33%，认为"一般及以下"的占19.55%，将"非常安全"和"比较安全"进行合并，其比重为80.45%。这说明北京市社区居民整体安全感状况良好，但依然具有一定的提升空间。

为了探寻北京社区安全感与总体安全感之间的相关关系，对该变量与总体安全感进行列联关系分析和卡方检验。从表8的统计结果来看，感到社区"非常安全"的居民认为北京整体"非常安全""比较安全""一般及以下"的比例分别为74.87%、23.53%和1.60%，感到社区"比较安全"的居民认为北京整体"非常安全""比较安全""一般及以下"的比例分别为39.70%、57.26%和3.04%，感到社区安全状况"一般及以下"的居民认为北京整体"非常安全""比较安全""一般及以下"的比例分别为

19.57%、60.43%和20.00%。从整体态势上看，社区安全感与总体安全感密切相关，对其进行卡方检验，P值等于0.000，这说明社区安全感越好，总体安全感就越好，两者为正相关关系。

表8 北京社区安全感与总体安全感之间的关系

单位：%

变量	评价	总体安全感		
		非常安全	比较安全	一般及以下
北京社区安全感	非常安全	74.87	23.53	1.60
	比较安全	39.70	57.26	3.04
	一般及以下	19.57	60.43	20.00

注：卡方检验为Pearson chi2（4）=271.1996，Pr=0.000。

第一，对社区违法犯罪情况进行描述分析。从表9的统计结果来看，一般盗窃、破坏公私财物、电信诈骗、打架斗殴、入室盗窃的发生率占比分别为35.35%、25.82%、17.14%、16.55%和14.69%，为社区中多发的违法犯罪类型。进一步分析可以发现，诸如盗窃、诈骗之类的违法犯罪行为，犯罪成本较为低廉，实践中的违法犯罪分子多存在侥幸脱责心理，社区易成为此类违法犯罪行为的高发场域；诸如打架斗殴、破坏公私财物类的违法犯罪行为，多是由社区居民在日常生活中的琐事摩擦和矛盾纠纷激化衍生而来，也具备一定的高发性特点。由此，在社区防控中尤其要警惕这些违法犯罪案事件的发生，做好相应的预防准备工作。

表9 近5年社区发生的违法犯罪情况

单位：%

类型	是	否	不知道
A 杀人	0.84	85.11	14.05
B 性侵、猥亵	0.59	85.28	14.13
C 入室盗窃	14.69	72.88	12.43
D 一般盗窃（电动车、自行车）	35.35	51.97	12.68
E 抢夺或抢劫	5.72	79.31	14.97

类型	是	否	不知道
F 电信诈骗	17.14	65.38	17.48
G 非法集资	7.73	73.45	18.82
H 邪教活动	4.12	79.16	16.72
I 传销	7.23	76.37	16.4
J 涉黄行为	4.04	78.37	17.59
K 涉毒行为	1.26	80.47	18.27
L 涉赌行为	7.82	75.55	16.63
M 打架斗殴	16.55	69.92	13.53
N 破坏公私财物（划车、砸玻璃）	25.82	60.09	14.09

第二，从社区人防的角度来看，能否在社区中经常看到戴有红袖标的治安志愿者成为体现社区人防效果的核心问题。对社区中见到治安志愿者频度与社区安全感进行相关分析（见表10），回答"经常见到"的居民认为社区"非常安全""比较安全""一般及以下"的比例分别为37.69%、49.39%和12.92%，回答"偶尔见到"的居民认为社区"非常安全""比较安全""一般及以下"的比例分别为22.02%、52.33%和25.65%，回答"见不到"的居民认为社区"非常安全""比较安全""一般及以下"的比例分别为12.33%、32.88%和54.79%。从整体态势上看，社区中见到治安志愿者频度与社区安全感关系密切，对其进行卡方检验，P值等于0.000，说明社区中见到治安志愿者频度与社区安全感显著相关。

表10 社区中见到治安志愿者频度与社区安全感之间的关系

单位：%

变量	评价	社区安全感		
		非常安全	比较安全	一般及以下
社区中见到治安志愿者频度	经常见到	37.69	49.39	12.92
	偶尔见到	22.02	52.33	25.65
	见不到	12.33	32.88	54.79

注：卡方检验为 Pearson chi2（4）= 103.9837，Pr = 0.000。

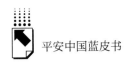

第三，从两个维度统计社区居民对民间社会治安组织的认可程度，并展开描述分析。一是社区居民对民间社会治安组织工作效果的认可程度（见表11），二是社区居民对不同社区治安组织的认可程度（见表12）。

从表11的统计结果来看，社区居民对民间社会治安组织的工作效果是比较认可的，尤其是在巡逻防控领域，认为民间社会治安组织巡逻防控效果好的占比为65.28%。但在"提供破案线索"和"矛盾纠纷化解"方面，社区居民对民间社会治安组织工作效果的评价相对较低，社会治安组织亟须在这两个方面进一步提升。

表11　社区居民对民间社会治安组织工作效果的认可程度

单位：%

变量	类型	社区居民对民间社会治安组织工作效果的认可度			
		好	一般	不好	没有
民间社会治安组织工作	巡逻防控	65.28	30.22	1.55	2.94
	提供破案线索	56.67	34.58	3.29	5.46
	矛盾纠纷化解	58.49	34.40	2.34	4.77

从表12的分析结果来看，在北京六大民间社会治安组织中认可度和知名度最高的是"朝阳群众"和"西城大妈"。被调查者中对"朝阳群众"和"西城大妈"的认可度分别为52.57%和50.42%，不知道"朝阳群众"和"西城大妈"的比例最低，在35%附近，这说明"朝阳群众"和"西城大妈"这两个社会组织的品牌效应十分明显。而北京另外几个行政区的民间社会治安组织的认可度则相对较低，相比之下，最高的是"石景山老街坊消防队"，认可度为47.51%，同时，"不知道"比例最低的也是"石景山老街坊消防队"，比例达到了39.14%，这说明北京市民间社会治安组织的工作效能仍有待开发与挖掘，民间社会治安组织工作可提升空间依旧较大。与此同时，收获的启示是，社会组织的影响力和品牌效应对培育社会治安组织十分关键，不仅有利于提升组织内部成员的集体认同感，同时有助于营造良好的社会协作氛围，启发民智，实现治理成果的互惠共享。

表 12　社区居民对不同社区治安组织的认可程度

单位：%

民间社会治安组织	认可	一般	不认可	不知道
西城大妈	50.42	12.52	1.18	35.88
东城守望者	41.08	14.56	1.35	43.01
丰台劝导队	41.37	13.07	1.17	44.39
海淀网友	40.18	14.07	1.52	44.23
朝阳群众	52.57	12.05	1.68	33.7
石景山老街坊消防队	47.51	12.34	1.01	39.14

第四，社区视频监控系统的运行是否有效这一问题的统计分析是对社区技防工作的认定。回答社区视频监控运行"非常有效"的居民认为社区"非常安全""比较安全""一般及以下"的比例分别为 63.32%、33.52% 和 3.15%，回答社区视频监控运行"比较有效"的居民认为社区"非常安全""比较安全""一般及以下"的比例分别为 44.24%、53.94% 和 1.82%，回答社区视频监控运行"一般及以下"的居民认为社区"非常安全""比较安全""一般及以下"的比例分别为 34.38%、51.42% 和 14.2%（见表 13）。从整体态势上看，社区视频监控运行有效程度与北京社区安全感关系密切。对其进行卡方检验，P 值等于 0.000，说明视频监控系统运行越有效，社区安全感越好，北京社区视频监控运行有效程度与社区安全感显著相关。由此可见，视频监控系统的升级与完备已经成为现代智慧社区加强前端感知、实现数据采集汇总、最终服务于社区安全治理的关键技防载体。

表 13　社区视频监控运行有效程度与社区安全感之间的关系

单位：%

变量	评价	社区安全感		
		非常安全	比较安全	一般及以下
社区视频监控运行有效程度	非常有效	63.32	33.52	3.15
	比较有效	44.24	53.94	1.82
	一般及以下	34.38	51.42	14.2

注：卡方检验为　Pearson chi2（4）= 112.5570，Pr = 0.000。

第五，社区居民之间的熟悉度和融洽度分析。这个维度的分析包括两个方面。首先，通过社区居民之间的认识程度来透视社区居民之间的熟悉程度；其次，通过社区居民对社区相关人员礼貌程度的评价来反映他们之间的融洽度。居民之间的熟悉程度包含5个等级，依次是"基本都认识""大部分认识""大约认识一半""认识一小部分""基本不认识"，这5个等级的占比依次为14.64%、24.04%、14.14%、33.36%和13.81%，这说明北京市社区居民之间的社会资本存量较低。

对社区居民熟悉程度与社区安全感进行相关分析，回答社区居民熟悉程度"高"的居民认为社区"非常安全""比较安全""一般及以下"的比例分别为60.57%、32.00%和7.43%，回答社区居民熟悉程度"比较高"的居民认为社区"非常安全""比较安全""一般及以下"的比例分别为48.44%、47.4%和4.15%，回答社区居民熟悉程度"一般及以下"的居民认为社区"非常安全""比较安全""一般及以下"的比例分别为42.74%、51.02%和6.24%（见表14）。从整体态势上看，社区居民熟悉程度与社区安全感关系密切。对其进行卡方检验，P值等于0.000，说明社区居民熟悉程度越高，则社区安全感越好，两者呈显著相关关系。笔者在丰台区进行调研时，一位社区民警赵××介绍：

> 我们社区最丰富的治安资源就是居民彼此之间的熟人关系，大家愿意聚到一起经常性地组织活动，参加各种各样的志愿组织，其中就有很多与社区平安建设有关的治安志愿组织。大家在一起不仅可以交流、消磨时间，同时也极大地增强了社区的组织能力。

与此同时，该社区中的居民王××也介绍：

> 近几年我们社区虽然涌入了大量的外来人口，但是原有的那种关系格局并没有被打破，大家仍旧保持着原初的熟人关系，有事情还是互相帮衬，不像某些商品房小区，邻里之间都很陌生。

这种从大传统时期的熟人社会"继承"而来的社区居民熟悉关系，在异质性逐渐增强的现代社会具有丰富的治理意涵，尤其是在社区安全治理的过程中，高存量社会资本的培育对社区安全建设具有重要的意义。

表14　社区居民熟悉程度与社区安全感之间的关系

单位：%

变量	评价	社区安全感		
		非常安全	比较安全	一般及以下
社区居民熟悉程度	高	60.57	32	7.43
	比较高	48.44	47.4	4.15
	一般及以下	42.74	51.02	6.24

注：卡方检验为 Pearson chi2（4）＝22.9958，Pr＝0.000。

与此同时，社区居民对社区民警、居委会主任、邻居等礼貌程度的评价是他们之间关系融洽度的重要表征，也是社区关系的一个重要体现维度。通过表15可以看到，社区居民认为社区民警、居委会主任、邻居的礼貌程度多为"非常礼貌"和"比较礼貌"，反映了社区居民与社区多元主体之间关系融洽。但同时也要关注到，认为礼貌程度"一般"及以下的仍占较高比重，因此，相关社区治理主体还需进一步提升服务态度和服务质量。

表15　社区居民对社区相关人员礼貌程度的评价

单位：%

变量	类别	礼貌程度评价				
		非常礼貌	比较礼貌	一般	不太礼貌	不礼貌
社区相关人员	社区民警	49.29	32.41	17.54	0.5	0.25
	居委会主任	52.17	31.94	15.38	0.33	0.17
	邻居	48.58	36.54	14.46	0.25	0.17

第六，社区矛盾纠纷化解。在社区安全感状况的描述中，笔者还对北京社区内部纠纷的产生和化解情况进行了统计分析，北京社区内部纠纷的类型

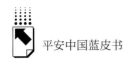
统计结果如下：被调查对象认为社区内存在"婚姻家庭纠纷"的占28.63%，发生"邻里纠纷"的占43.49%，发生"房屋、宅基地纠纷"的占16.69%，发生"损害赔偿纠纷"的占14.02%，"无以上任何纠纷"的占47.08%。从中可以发现北京市社区内部矛盾纠纷以"婚姻家庭纠纷"和"邻里纠纷"为主。

笔者还对"遇到矛盾纠纷后，居民更倾向于选择哪种方式化解"这一问题进行了统计分析，结果发现：选择"与对方协商和解"的占67.19%，选择"找居委会干部调解"的占54.33%，选择"直接报警"的占45.17%，选择"找物业公司人员调解"的占14.64%，选择"找业委会干部调解"的占12.56%，选择"找人民调解员调解"的占11.90%，选择"向人民法院提起诉讼"的占8.32%，选择"其他路径"的占10.40%。由此可见，"与对方协商和解""找居委会干部调解""直接报警"是居民选择化解矛盾纠纷的主要方式。当社区居民遇到矛盾纠纷时，大多会先选择和解，因为这种矛盾纠纷化解方式最易于节约时间成本和经济成本，"以和为贵"的优良传统在人们处理矛盾纠纷时发挥了重要作用。当这种方式无法实现纠纷的就地解决时，人们更倾向于寻找"正式""官方""权威"的"第三人"作为辅助或"裁判"，实现纠纷事实的厘清，于是警察和居委会作为党和政府在基层社区中的代表，成为人们寻求"调停"的"第三人"。这也说明了社区民警和带有国家在场属性的社区居委会在矛盾纠纷化解中居于主导地位。

由于社区民警、社区居委会、相关社区居民等主体化解纠纷情况涉及的问卷问题较多，故以表格形式呈现（见表16）。从中可以发现，在社区内部纠纷化解中，社区民警和社区居委会发挥了主要作用，其中认为社区民警和社区居委会化解纠纷"有效"的占比分别为67.34%和64.28%，认为相关社区居民，化解纠纷"有效"的占比为51.14%。这说明以社区民警和社区居委会为代表的治理主体在纠纷化解领域发挥了重要作用，但整体效能较低，需要解决其他治理主体在纠纷化解中参与不足的问题。

表16 社区民警等主体化解纠纷情况

单位：%

变量	类型	纠纷化解有效程度			
		有效	一般	无效	未参与
主体	社区民警	67.34	24.14	1.68	6.84
	社区居委会	64.28	27.80	1.52	6.40
	相关社区居民	51.14	32.29	5.67	10.90

第七，社区居民与社区居委会和社区民警的互动。居民向社区居委会反映问题的渠道是否畅通成为衡量居民与社区居委会间社会政治距离的一项重要指标，同时该渠道是否畅通也在一定程度上反映了社区居委会的工作状况和工作态度。统计结果显示，回答向社区居委会反映问题"很畅通"的占34.94%，"比较畅通"的占43.59%，"一般畅通"的占16.72%，"不太畅通"的占2.5%，"不畅通"的占2.25%。由此可见，社区居民向社区居委会反映问题的渠道较为畅通。对居民向居委会反映渠道畅通程度与社区安全感进行相关分析，回答向社区居委会反映问题"很畅通"的居民认为社区"非常安全""比较安全""一般及以下"的比例分别为52.62%、44.29%和3.10%，回答向社区居委会反映问题"比较畅通"的居民认为社区"非常安全""比较安全""一般及以下"的比例分别为24.81%、59.54%和15.65%，回答向社区居委会反映问题"一般及以下"的居民认为社区"非常安全""比较安全""一般及以下"的比例分别为8.91%、36.82%和54.26%（见表17）。从整体态势上看，向社区居委会反映问题渠道的畅通程度与北京社区安全感关系密切。对其进行卡方检验，P值等于0.000，说明向社区居委会反映问题渠道越畅通，社区安全感越好，向社区居委会反映问题渠道的畅通程度与北京社区安全感呈显著相关关系。这对社区居委会开展群众工作具有重要的指导意义，居委会在日常工作中要广开言路和注重民众意见的征集，才能充分了解民众的意愿，实现社区的和谐治理，提升群众社区生活安全感和满意度。

表17　向社区居委会反映问题渠道畅通程度与社区安全感之间的关系

单位：%

变量	评价	社区安全感		
		非常安全	比较安全	一般及以下
向社区居委会反映问题渠道的畅通程度	很畅通	52.62	44.29	3.10
	比较畅通	24.81	59.54	15.65
	一般及以下	8.91	36.82	54.26

注：卡方检验为 Pearson chi2（4）=352.6739，Pr=0.000。

　　社区警务室的开放频率既是衡量社区关系的一项重要指标，同时也是测评社区警务工作的重要指征。统计结果显示，被调查者认为社区警务室"经常开放"的占39.88%，"偶尔开放"的占22.06%，"不开放"的占6.83%，"不清楚"的占31.22%。由此可见社区警务室的开放频率并不高，社区警务室的社区安全治理效能有待进一步挖掘。对社区警务室开放频率与社区安全感进行相关分析，回答社区警务室开放频率"高"的居民认为社区"非常安全""比较安全""一般及以下"的比例分别为53.31%、44.20%和2.48%，回答社区警务室开放频率"中"的居民认为社区"非常安全""比较安全""一般及以下"的比例分别为19.82%、60.81%和19.37%，回答社区警务室开放频率"低"的居民认为社区"非常安全""比较安全""一般及以下"的比例分别为15.38%、53.85%和30.77%（见表18）。从整体态势上看，社区警务室开放频率与社区安全感关系密切。对其进行卡方检验，P值等于0.000，说明社区警务室开放频率越高，社区安全感越好，社区警务室开放频率与社区安全感呈正相关关系。提及社区居民与社区民警互动这一重要议题，笔者在石景山区一个经过改造的老城区中进行访谈时，社区居民李××讲到：

　　　　老王（该社区的社区民警）经常与物业安保经理、社区志愿组织、社区热心群众等对接，周末或闲暇时间就请我们到警务室聊天，有时他还会带大家去参加一些安全培训活动，大家在与他打交道的过程中逐渐感知到社区民警的工作状况和派出所勤务的日常运作，促进了双方的理解与认同。通过"拉家常"等日常谈心式的交流互动，进一步打消了彼此间的隔阂，增进了彼此的情感联系，在社区进行各种治安联防工作时，大家也都会相互支持。同时，在与老王的日常交流中，我们也学到了很多反恐、防盗、防诈、消防等安全防范知识，受益匪浅。

由此可见，在社区警务工作开展的过程中，社区民警通过非正式的交流加强与社区居民的联系，促进了群众对警察的信任与认同。这种非正式的互动关系是对理性制度规范有效的补充，有助于促进社区治安治理，提升社区居民的安全感和满意度。

表18　北京市社区警务室开放频率与社区安全感之间的关系

单位：%

变量	等级	社区安全感		
		非常安全	比较安全	一般及以下
社区警务室开放频率	高	53.31	44.20	2.48
	中	19.82	60.81	19.37
	低	15.38	53.85	30.77

注：卡方检验为 Pearson chi2 （4） ＝157.5288，Pr＝0.000。

（三）北京市公共场所安全感

当问及"您夜晚独自在大街上行走是否会感到害怕"这一问题时，选择"不害怕"的占76.46%，"不太害怕"的占11.98%，"一般"的占8.07%，"比较害怕"的占2.58%，"非常害怕"的占0.92%。该统计结果表明在治安隐患高发时段，人们对社会公共空间的安全感较好，但值得注意的是，回答"一般""比较害怕""非常害怕"的比重仍然占11.5%，说明重点或敏感时段公共空间的安全防范工作仍有待加强和完善。对此，提升对中心城区、交通干线等公共复杂场所、重点要害部位和易发案部位的视频监控覆盖率和巡逻防控到位率，有助于提升居民对公共场所的安全感受。

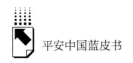
对"在街道上见到戴有红袖标志愿者的频率"进行考量，被调查者填答"经常见到""偶尔见到""见不到"的比例分别为51.71%、41.2%和7.09%；对"在街道上见到警察或警车的频率"进行考量，调查对象填答"经常见到""偶尔见到""见不到"的比例分别为43.33%、49.58%和7.08%。

对以上两个问题的统计分析显示，国家专业化的治安力量和社会治安组织的非正式力量均参与到社会面的治安防控中来，两种力量交织互补，有助于实现社会面防控的合作治理。但是以上数据同时也表明，社会防控力量仍有较大提升空间，社会面治安防控效果仍有待提升。

对警察执法的公平公正感。警察执法过程给当事人或见证人带来的公平公正感是一种重要的社会心理感受。对警察执法的公平公正感与北京总体安全感进行相关分析，回答警察执法"公正"的居民认为社区"非常安全""比较安全""一般及以下"的比例分别为73.99%、25.64%和0.37%，回答警察执法"比较公正"的居民认为社区"非常安全""比较安全""一般及以下"的比例分别为43.54%、53.88%和2.58%，回答警察执法公正度"一般及以下"的居民认为社区"非常安全""比较安全""一般及以下"的比例分别为22.35%、50.59%和27.06%（见表19）。从整体态势上看，对警察执法的公平公正感与总体安全感关系密切。对其进行卡方检验，P值等于0.000，说明警察在执法过程中越能公平公正地对待执法对象，被调查者的安全感会越好，对警察执法的公平公正感与总体安全感呈显著相关关系。这就要求警察把为公为民的执法理念和严谨负责的执法程序贯穿到每一个执法过程中，让人民群众能够通过每一个案件感受到公平正义。

表19 对警察执法的公平公正感与总体安全感之间的关系

单位：%

变量	评价	总体安全感		
		非常安全	比较安全	一般及以下
对警察执法的公平公正感	公正	73.99	25.64	0.37
	比较公正	43.54	53.88	2.58
	一般及以下	22.35	50.59	27.06

注：卡方检验为Pearson chi2（6）=257.2786，Pr=0.000。

快递行业的管理。当问及快递员现场检查邮寄物品情况时，回答"全都会检查"的占25.58%，"大多数会检查"的占27.17%，"检查与否比例相当"的占2.25%，"偶尔检查"的占12.17%，"不检查"的占11.58%，"未邮寄"的占21.25%。由此可见，快递物品的当场检查率并不高，存在一定的安全风险隐患。物流行业随着经济发展而迅速兴起的同时，应该辅之以完备的法律法规、政策措施和行业规范，以实现物流行业的有效监管和安全隐患的有效规避，在每一个环节实现"监督留痕"和"责任捆绑"。与此同时，对"邮寄快递时，快递员要求查验身份证与否"问题进行描述分析。回答"全都会要求"的占25.42%，"大多数会要求"的占18.39%，"要求与不要求比例相当"的占1.84%，"偶尔要求"的占11.87%，"不要求"的占22.24%，"未邮寄"的占20.23%。由此可见，实名制在快递邮寄过程中尚未实现全面的执行，快递寄送行业存在一定的安全防范漏洞。

网络空间的安全交易秩序。统计结果显示，有22.41%的网络用户在网购时与商家产生矛盾，49.83%的用户没有遇到网购矛盾纠纷，其中70.07%有矛盾的买家表示有畅通的渠道来解决问题，但是仍然存在29.93%的用户表示并没有畅通的渠道来维护利益、表达诉求。所以网络空间的矛盾纠纷化解机制有待探索建立，加强网络空间安全和网络交易秩序维护，对于维护网络安全环境具有重要意义。

银行业重点场所。对"在银行办理汇款业务时，银行工作人员是否与收款人进行身份确认"这一问题进行描述分析，填答"都会有""大多数会有""一般""偶尔会有""不会有""未办理"的比例分别为61.77%、13.52%、3.67%、0.75%、2.42%和17.86%。该问题反映了银行系统自身的规范程度较高，安防责任意识整体较好。

在医院的整体安全防范能力问题上，统计结果显示，认为医院安全防范能力"强"的占45.08%，"一般"的占52%，"弱"的占2.92%。医院作为重要的社会公共服务场所，是社会秩序的重要"体温表"和"显示器"。然而，统计结果显示认为医院安全防范能力"一般"的比重仍高达52%，由此突出了医院安防能力建设所面临的严峻挑战。

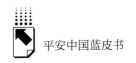

对北京居民生活所面临的主要困难进行统计分析时发现，选择"买不起房子"的占49.71%，"交通拥堵"的占47.19%，"收入太低"的占42.62%，"看病难"的占34.10%，"子女上学问题"的占20.95%，"生意不好做"的占19.71%，"难以找到稳定的工作"的占19.50%，"没有困难"的占12.45%，"生活不习惯"的占11.43%，其他原因占10.40%。由此可见，住房、交通、经济收入、医疗、教育等这些事关人基本生存和发展的重要社会议题成为影响人们获得感、幸福感和安全感的最大桎梏，这些问题的存在给社会安全带来了现实风险隐患及挑战。在对丰台区大红门镇一个社区进行调研时，居委会主任李××讲道：

> 当前社区工作为"人民美好生活"提供服务的能力普遍不足。当社区居民向居委会寻求帮助、提出各项具体诉求时，常常因为可配置资源的匮乏而难以及时地回应和处理居民的日常生活问题，社区居民的需求产生和被回应之间形成了一个时间差，这种时间差使得居民产生"心理不适"和"挫折感"，导致居民对现在的社区工作认同感较低，群众工作时常面临难以开展的困境。

为此，提升社会安全感和促进社会稳定的关键抓手之一便是进一步扎实推进社会保障和救济工作，以解决居民日常生活问题为突破口，有效回应居民诉求，将"为人民美好生活提供服务"融入安全治理实践。

此外，对外来人口自身融入感的描述分析也是一个重要方面。

首先，对于"我喜欢我现在居住的城市/地方"这个问题的统计是对"外来人口对城市的喜好程度"的检验，其中"完全不同意""不同意""基本同意""完全同意"的占比依次为2.5%、7.5%、58.96%和31.04%（见表20）。由此可见，有90%的人是喜欢北京这座城市的。对"外来人口对城市的喜好程度"与总体安全感进行相关分析，回答"很喜欢"的居民认为北京"非常安全""比较安全""一般及以下"的分别占63.09%、34.90%和2.01%，回答"喜欢"的居民认为北京"非常安全""比较安全"一般及以下"的分别占 36.52%、57.80% 和 5.67%，回答"不喜欢"的居民认为北京"非常安全""比较安全""一般及以下"的分别占 36.11%、58.33% 和 5.56%（见表21）。从整体态势上看，外来人口对于城市的喜好程度与北京整体安全感关系密切。对其进行卡方检验，P 值等于 0.000，说明外来人口对北京这座城市越喜欢，安全感越高，外来人口对于城市的喜好程度与北京社区居民整体安全感呈显著相关关系。由此可见，主观心理上的认同感与偏好，对安全感的培育有一定的积极意义。

表20 外来人口自身融入感描述分析

说法	同意程度	
A 我喜欢我现在居住的城市/地方（外来人口对城市的喜好程度）	1. 完全不同意（2.5%）	2. 不同意（7.5%）
	3. 基本同意（58.96%）	4. 完全同意（31.04%）
B 我关注我现在居住城市/地方的变化	1. 完全不同意（2.08%）	2. 不同意（5.21%）
	3. 基本同意（60%）	4. 完全同意（32.71%）
C 我很愿意融入本地人当中，成为其中一员	1. 完全不同意（1.52%）	2. 不同意（6.71%）
	3. 基本同意（59.52%）	4. 完全同意（32.25）
D 我觉得本地人愿意接受我成为其中一员（外来人口所感受的本地人接受外来人口的程度）	1. 完全不同意（2.16%）	2. 不同意（16.23%）
	3. 基本同意（56.49%）	4. 完全同意（25.11%）
E 我感觉本地人看不起外地人	1. 完全不同意（12.69%）	2. 不同意（38.92%）
	3. 基本同意（37.85%）	4. 完全同意（10.54%）
F 我的生活习惯与本地市民存在较大差别（外来人口生活习惯与本地市民差异）	1. 完全不同意（14.28%）	2. 不同意（39.83%）
	3. 基本同意（36.15%）	4. 完全同意（9.74%）
G 我觉得我已经是本地人了	1. 完全不同意（7.61%）	2. 不同意（33.91%）
	3. 基本同意（31.30%）	4. 完全同意（27.17%）

表21 外来人口对城市的喜好程度与总体安全感之间的关系

单位：%

变量	评价	北京整体安全感		
		非常安全	比较安全	一般及以下
外来人口对城市的喜好程度	很喜欢	63.09	34.90	2.01
	喜欢	36.52	57.80	5.67
	不喜欢	36.11	58.33	5.56

注：卡方检验为 Pearson chi2（6）= 32.5629，Pr = 0.000。

其次，"我觉得本地人愿意接受我成为其中一员"这个问题的设定是用以描述"外来人口所感受的本地人接受外来人口的程度"，其中"完全同意""基本同意""不同意""完全不同意"占比依次为25.11%、56.49%、16.23%和2.16%。由此可见,有81.6%的居民认为本地人愿意接受自己成为他们其中的一员,也反映了他们有一定的信心或期望能够加入本地人的群体。对"外来人口所感受的本地人接受外来人口的程度"与北京总体安全感进行相关关系分析,认为本地人"完全愿意接受"的居民认为社区"非常安全""比较安全""一般及以下"的分别占58.62%、38.79%和2.59%,认为本地人"愿意接受"的居民认为社区"非常安全""比较安全""一般及以下"的分别占44.06%、51.72%和4.21%,认为本地人"不愿意接受"的居民认为社区"非常安全""比较安全""一般及以下"的分别占32.43%、58.11%和9.46%,认为本地人"完全不愿意接受"的居民认为社区"非常安全""比较安全""一般及以下"的分别占40.00%、60.00%和0(见表22)。值得注意的是,认为本地人"完全不愿意接受"的居民仅占回答此问题居民的2.16%,样本量较小。从整体态势上看,外来人口所感受的本地人接受外来人口的程度与北京总体安全感关系密切。对其进行卡方检验,P值等于0.009,说明外来人口越认为本地人能够接受他们,安全感越好,外来人口所感受的本地人接受外来人口的程度与总体安全感呈显著相关关系。由此可见,这种外来人口的"自我印象白描"和自我感受与安全感具有内在一致性。这是因为群体的认可和接受往往能够实现情绪的安抚和心态的平衡,对群体认可的期待成为一种激励导向,有利于安全感的形塑。

表22　外来人口所感受的本地人接受外来人口的程度与总体安全感之间的关系

单位:%

变量	类型	总体安全感		
		非常安全	比较安全	一般及以下
外来人口所感受的本地人接受外来人口的程度	完全愿意接受	58.62	38.79	2.59
	愿意接受	44.06	51.72	4.21
	不愿意接受	32.43	58.11	9.46
	完全不愿意接受	40.00	60.00	0.00

注:卡方检验为Pearson chi2(6)= 16.9769,Pr = 0.009。

最后，"我的生活习惯与本地市民存在较大差别"这个问题的设定是用以描述"外来人口生活习惯与本地市民差异"的，其中"完全不同意""不同意""基本同意""完全同意"的占比依次为14.28%、39.83%、36.15%、9.74%，由此可见，有54.11%（超过50%）的人认为自己在生活习惯上与本地市民并无差异。对"外来人口生活习惯与本地市民差异"与北京总体安全感进行相关分析，回答"完全不存在差异"的居民认为社区"非常安全""比较安全""一般及以下"的分别占62.12%、37.88%和0，回答"不存在差异"的居民认为社区"非常安全""比较安全""一般及以下"的分别占46.99%、48.63%和4.37%，回答"存在差异"的居民认为社区"非常安全""比较安全""一般及以下"的分别占35.93%、58.08%和5.99%，回答"存在较大差异"的居民认为社区"非常安全""比较安全""一般及以下"的分别占53.33%、40.00%和6.67%（见表23）。从整体态势上看，外来人口生活习惯与本地市民差异度和总体安全感关系密切。对其进行卡方检验，P值等于0.008，说明外来人口生活习惯与本地市民差异越小，安全感越好，外来人口生活习惯与本地市民差异和总体安全感呈相关关系。要认识到，差异的背后隐含着适应与融入的问题，也就是认同与共识的问题，外来人口与本地人口之间的差异越小就意味着共性越多，越能够实现情感和心理上的"抱团"和依赖。

表23 外来人口生活习惯与本地市民差异和总体安全感之间的关系

单位：%

变量	评价	总体安全感		
		非常安全	比较安全	一般及以下
外来人口生活习惯与本地市民差异	完全不存在差异	62.12	37.88	0.00
	不存在差异	46.99	48.63	4.37
	存在差异	35.93	58.08	5.99
	存在较大差异	53.33	40.00	6.67

注：卡方检验为 Pearson chi2（6）= 17.3387，Pr = 0.008。

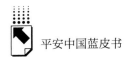
社会稳定风险评估听证会。统计结果显示，仅有 15.75% 的人参加过社会稳定风险评估听证会。社会稳定风险评估是重大决策或项目实施前对有可能影响社会稳定的因子进行评估预测和征集采纳民众意见的过程，与人民群众利益密切相关，所以社会稳定风险评估听证会制度的落实有待加强。

由于"交通场站的安全防范能力是否充足"问题涉及地铁站、公交站、火车站、汽车站、机场 5 个交通场站，故采取表格的形式进行展示（见表24）。统计结果显示，民众认为地铁站、火车站和机场的安防力量最为充足，占比分别为 88.19%、86.72% 和 82.05%。汽车站与公交站的安防力量相对较弱，认为其安防力量充足的占比分别为 79.76% 和 77.92%，更是有 16.37% 的民众认为公交站的安防力量不充足。这样的统计结果是与实践生活中各个场站安防力量的配置是呼应的。地铁站、火车站、机场作为北京人流量、集散量相对较大的枢纽点，人群密集，客运、货运繁忙，是重要的公共安全场所和敏感节点位置，在安防力量的配置上相对较为充足。公交站和汽车站则为突出其便捷性，点位设置分散，从而对安防力量的配置提出了较高的要求，但实践中往往因为达不到相关配置要求而造成安全防范能力较弱。为保证交通场站和运输安全，应进一步开展治安隐患排查工作，强化安全管理措施，强化车内动态实时监控和安全提示，加强应急培训与演练，以"技术 + 管理"促进交通场站安全防范能力的提升。

表24　交通场站安防力量是否充足

单位：%

交通场站类别	是	否	没去过
地铁站	88.19	4.10	7.71
公交站	77.92	16.37	5.71
火车站	86.72	4.12	9.16
汽车站	79.76	8.73	11.50
机场	82.05	1.34	16.61

个人信息泄漏。在数据时代，各种"留痕"使得个人信息发生大量泄漏。当问及"您最近一年个人信息是否发生过被泄露的情况？"统计结果显示，反映"经常被泄漏"的占比为29.77%，"偶尔有泄漏"的占39.72%，"未泄露"的占30.52%。由此可见，信息泄漏占比高达69.49%，互联网安全问题日益成为严峻挑战。对此，加强立法、促进网络监管技术的升级换代、促进行业自律和加强自我隐私保护意识，是促进个人信息保护的有效途径。

（四）北京市单位安全感

运用STATA软件对单位安全情况进行简要的描述分析，通过数据统计发现，本次调查对象有固定职业单位的占71.11%。在这71.11%有固定职业的工作人员中，认为自己所在单位视频监控系统"非常有效""比较有效""一般及以下"的分别占37.56%、43.19%和19.24%；关于自己所在单位过去5年是否发生过安全生产事故，回答"发生过""未发生过""不清楚"的比例分别为6.94%、66.35%和26.71%；关于被追责情况，回答"被追责""未被追责""不清楚"的比例分别为67.80%、18.64%和13.56%；在单位是否组建过专业应急队伍的问题上，有41.36%的被调查者认为自己所在单位"组建了应急队伍"，另外23.27%的被调查者认为自己所在单位"未组建过应急队伍"；在"单位是否定期对各岗位的安全状况进行检查"的问题上，有65.45%的被调查者认为单位"定期对各岗位的安全状况进行检查"，有10.11%的被调查者认为单位"未定期对各岗位的安全状况进行检查"；在"单位是否开展过安全警示教育"的问题上，有69.10%的被调查者认为自己所在单位"开展过安全警示教育"，12.34%的被调查者认为自己所在单位"未开展过安全警示教育"。从单位安全感的描述性分析结果来看，北京单位整体安全状况较好，但在单位定期安全检查、应急队伍建设、安全教育、视频监控体系等安全防范工作方面仍有较大的提升空间。

（五）北京市校园安全感

在北京校园安全感状况部分，主要分为两个方面展开。一是对北京校园安全

感状况进行描述分析；二是对北京校园开展的安全教育情况进行分析。

1. 北京市校园安全感状况分析

本次调查中有55.45％的被调查对象有孩子或有近亲属的孩子在北京上学，其中就读于幼儿园的占29.24％，中小学的占50.67％，大学的占20.09％。为了直观地反映北京市幼儿园、中小学、大学各自面临的不同安全隐患，笔者将问卷中涉及的校园安全问题均呈现在表25中。从中可以看出北京市校园整体安全系数较高，按照不同类型，校园安全状况由高到低依次是幼儿园、中小学校园、大学校园。幼儿园整体安全状况最好，其面临的最主要安全问题是"校园食品安全问题"，在被调查对象中，有9.23％的被调查者认为幼儿园存在食品安全问题，其他安全问题尚不显著；中小学校园安全存在一定问题，在被调查对象中，认为存在"学生心理健康危机""校园斗殴、欺凌行为""校园周边文化娱乐场所引发的不安全行为""校园盗窃行为"的比例相对较高，占比分别为9.2％、11.54％、8.31％和7.14％；大学某些校园安全问题同样较为突出，主要体现在"校园盗窃行为""人际关系危机""校园文化娱乐场所引发的不安全行为""大学生心理健康危机""校园欺诈行为""校园食品安全问题""大学生涉黄""性侵或性骚扰行为"方面，且比例均超过10％，占比分别为30.60％、30.60％、25.37％、21.64％、20.15％、17.91％、11.94％和11.19％。可见，大学校园呈现安全隐患种类多、形式复杂的特点，应成为北京市校园安全治理的重心所在。

表25 北京市幼儿园、中小学校园、大学校园安全情况

单位：%

学校类别	有无下列校园安全问题	有	无
幼儿园	教师体罚虐待学生行为	1.03	98.97
	威胁儿童行为	1.03	98.97
	校园食品安全问题	9.23	90.77
	校园基础设施安全问题	3.59	96.41
	上学期间走失	1.55	98.45

学校类别	有无下列校园安全问题	有	无
中小学校园	校园斗殴、欺凌行为	11.54	88.46
	教师体罚学生行为	2.08	97.92
	性侵或性骚扰行为	0.89	99.11
	校园周边文化娱乐场所引发的不安全行为	8.31	91.69
	校园盗窃行为	7.14	92.86
	校园欺诈行为	2.37	97.63
	学生心理健康危机	9.2	90.80
	校园食品安全问题	5.65	94.35
	校园基础设施安全问题	2.69	97.31
	上学期间走失	0.91	99.09
大学校园	校园斗殴、欺凌行为	8.96	91.04
	性侵或性骚扰行为	11.19	88.81
	校园文化娱乐场所引发的不安全行为	25.37	74.63
	校园盗窃行为	30.60	69.40
	校园欺诈行为	20.15	79.85
	人际关系危机	30.60	69.40
	大学生心理健康危机	21.64	78.36
	国外敌对势力渗透	6.72	93.28
	涉及邪教问题	5.22	94.78
	传销	7.46	92.54
	大学生涉黄	11.94	88.06
	大学生涉毒	5.97	94.03
	大学生涉赌	6.72	93.28
	校园食品安全问题	17.91	82.09
	校园基础设施安全问题	9.09	90.91

2. 北京市校园开展安全教育情况分析

为了掌握北京市校园安全教育开展情况，对涉及学校教育的问题进行列联分析，发现在被调查对象中，有95.02%的人认为学校"开展过安全教育"，4.98%的人认为学校"未开展过安全教育"。其中被调查者认为幼儿园"开展过安全教育"的占比为97.42%，"未开展过安全教育"的占比为2.58%；被调查者认为中小学"开展过安全教育"的占比为97.01%，"未

开展过安全教育"的占比为2.99%；被调查者认为大学"开展过安全教育"的占比为86.57%，"未开展过安全教育"的占比为13.43%。对大学、中小学、幼儿园开设安全教育情况进行排序，依次是幼儿园、中小学、大学，可以发现，北京市校园安全教育情况整体较好，但仍需加强，尤其是在大学生的安全教育方面，应当牢牢把握时代潮流，了解新时代青年一代的思想动态，有针对性地加强各种形式和各种主题的安全教育宣传活动，筑牢大学校园安全防范阵地。

四 提升北京安全感的对策建议

（一）构建北京社区差序风险预测预防格局

近年来，随着立体化社会治安防控体系建设的深入推进，社会治安防控预测、预警、预防能力明显提升，在确保国家长治久安、人民安居乐业等方面取得了显著成效。但在现代化社会中，安全治理面临高度不确定性、不可预测性和难以量化的社会风险，北京社区安全治理实践依然存在搜集多元基础信息能力不足、信息分析研判深度不够和各治理主体协调运行不畅等诸多问题，这些问题直接引发了对社区安全风险的应对不足，从而对北京社区安全治理实践造成诸多困难与挑战，影响社区居民的安全感受。对此，应尝试构建北京社区差序风险预测预防机制以应对安全风险挑战。

构建社区差序风险预测预防机制，需要在理顺国家治安资源和社会治安资源关系的基础上，实现纵向、横向的"差序共治"，达到"牵引主体明确，合作主体多元"的目标。纵向上，明确国家治安资源和社会治安资源的关系及预测预警预防的具体分工；横向上，实现国家治安资源和社会治安资源的合作、耦合。最终实现国家治安资源和社会治安资源的融合互嵌，充分发挥社会治安资源的效用，同时对社会治安资源进行有序监管，以共同助力社区安全稳定治理目标的实现。

1. 建立信息整合机制，增强预测能力

首先，注重社区中琐碎信息的搜集与分析。提升社会治安防控的预测能力，需要强大的基础信息支撑。当前，北京社会治安防控体系已经有较为完善的基础信息采集和风险识别能力。但在搜集整合多元琐碎信息方面还存在很大差距，这就要从更基础的社会大众日常生活实践着手，了解日常生活状况，挖掘日常生活风险要素，探索现代科技和信息系统难以触及的社会治安风险区域。人的活动遍布社会领域的方方面面，但概括起来，主要包括吃、住、行、消、乐等方面，涉及供水供电供气信息、住房住宿信息、交通差旅信息、消费娱乐活动信息等。在具体操作过程中，一方面，公安机关要与其他政府部门、社会组织及相关企业保持紧密沟通联系，拓宽基础信息采集的渠道和路径；另一方面，特别要发挥社区民警、社区干部、物业人员、业委会委员以及社会大众的作用，依托多元治理主体关注大众日常生活状态，深入了解其人员情况、家庭结构、风俗习惯以及社会关系等内容，将零散的、临时的、随机的但可能成为风险的信息梳理出来，进而为信息资源的深度应用奠定扎实的数据基础。

其次，建立各业务部门"整合会商"机制，确保基础信息准确性。在信息化建设过程中，各个政府业务部门都在积极构建自己的大数据信息系统，纷纷向基层社区"要信息、找数据"，各自为战、多头指挥问题极为突出。以北京市社区警务中普查社区视频监控为例，各业务主管部门分别要求社区民警上报视频监控相关信息，有的部门要求上报位置，有的部门要求上报朝向，有的部门要求上报品牌型号，这就使社区民警重复做了三次信息采集和上报工作。这种布置工作的断裂与分割严重打击了民警开展基础信息采集工作的积极性，导致社区民警疲于应对，基础信息失真问题严重。对此，建议上级各部门对同类型的任务要求"打包布置"，打破"业务壁垒"和"信息烟囱"，避免重复性工作，摆脱基层社区信息采集工作人员疲于提供重复数据信息的尴尬困境，进而切实提高基础信息采集的准确性和有效性。在此基础上，还要鼓励基层社区主动探索搜集不同类型琐碎信息的多元路径，梳理和分析相关数据可能产生的社会治安问题，并探寻此类问题发生发

展的根源，尝试在一定时空场域内进行风险预测，进而主动实施阻断犯罪成因和切断风险源发展等具体策略。

2. 提高信息分析研判水平，强化预警能力

一是创新信息分析研判技术。充分利用统计分析和数据挖掘技术对各类信息进行动态分析研判，掌握行为特征，发现异常情况，如犯罪统计信息、重点人员活动轨迹分析信息等。具体来讲，要注重云计算、智能传感、遥感、卫星定位、地理信息系统等技术的创新和应用，强调数字化、网络化、智能化。积极利用"热力图"技术加强人流检测，利用电子围栏和视频监控设备进行动态化管控，积极运用物联网技术，实现对车辆、船舶及危险物品的精确定位、轨迹追踪和动态监控，以此对诸多风险进行早期预警，实施有效防控。另外，还可以借鉴一些地方建设"地网""天网"的做法，积极参与智慧城市建设，运用信息化手段处理、分析和管控，切实提高社会治安治理效率。

二是实现传统群众工作和现代网络技术的统一。要切实提升预警能力，单纯依靠传统工作方式或现代网络技术的某一方面都不能有效实现，这就要倡导"脚板＋指尖"模式，以现代技术增强传统治理方式的威力，以传统方式弥补现代科技的不足，使两者成为新时期社会治安防控体系的"双引擎"。例如，在危爆物品管理上，既要加强对从业单位的管理，督促落实安全管理责任，又要积极采取物联网技术加强流向全程监控；在重要基础设施安全防范上，既要依法强化部门和单位的安保责任，落实人防、物防和技防等措施，又要抓紧采取视频监控、自动报警等科技手段，提高整体预警防范能力。

3. 构建"差序共治"格局，提升预防能力

一是构建公安牵引、多元合作的"差序共治"格局。将"实现政府治理和社会调节、居民自治良性互动"作为加强社会治安治理体系建设的重要目标，需要摆脱"都管、都管不好"的工作困境。对此，尝试提出责任主体明确、多元协调参与的"差序共治"社会治安预防体系，其基本内涵是以公安机关为核心牵引力量，以认同共识和互惠关系为联结纽带和支撑机

制，充分发挥基层政府、基层党组织、专业化市场与社会组织等主体力量以及主管领导、社区民警、社区精英、社区业主以及广大社区居民等关键个体的作用，通过制度化建设和设计，既多元合作，又责任明确，全面提升社会治安整体预防能力。

二是建立专业化监管预防体系。单纯依靠国家政府力量不能满足对各类风险要素的预防需求，这就需要国家政府将相关治理权力和资源配置给市场企业或社会组织，如互联网公司、行业协会、第三方评估机构等。然而，市场企业与社会组织作为组织团体，有其特定的理性利益计算目标，在具体预防工作中，可能出现"选择性服务"问题，也就是选择那些有利于其组织目标的事务，而规避那些不利于自身组织目标的事务，这就会导致形成新的风险要素与危机困境。对此，国家政府要在充分发挥社会、市场等专业优势力量的前提下，提升政府监管能力，建立专业监管标准体系，推进预防体系完整严密。

简言之，搜集整合多元琐碎信息、提高信息分析研判水平以及构建"差序共治"格局是完善防范各类风险的不同阶段，但彼此间要强调融合嵌入，确保社会治安防控体系整体协调有序运行，为维护社区安全稳定、提升社区居民安全感奠定基础。

（二）创新完善社会动员新路径

党的十九大报告中指出，要打造共建共治共享的社会治理格局，加强社区治理体系建设，推动社会治理重心向基层下移，发挥社会组织作用，实现政府治理和社会调节、居民自治良性互动。然而，当前北京市基层政务人员、基层派出所在基层社会治安治理实践中"不会做""不愿做"社会动员工作的问题十分突出，这就不能有效地发挥社会力量参与社会治安治理，创新完善立体化社会治安防控体系的任务难以切实实现，民众的安全感也就难以获得坚实的保障。因此，新时代的社会治安治理不能仅限于以公安机关为核心牵引的政府组织内部的行为调整，要将治理视野拓展到社会领域，充分考虑与市场企业、社会组织和社会大众的合作关系。

1. 构建社会动员新机制

第一，督促企业构建安全防范激励机制，消除企业运营安全隐患。企业安全防范水平是展示企业形象和企业运行能力的关键标准，无论对于企业有序生产运营，还是对于社会整体安全稳定都具有重要意义。基层派出所作为国家专业化治安力量，不仅要做好安全监管的本职工作，同时还要帮助企业做好自身秩序的维护工作，推动企业人力、物力和财力资源向安全防范工作汇聚，例如支持和推动商场构建安全防范激励机制，增加企业效益。另外，还可以通过授予相关单位组织"社会治安治理先进单位"等荣誉称号，提升其企业形象和运营品质，进而激发其参与社会治安治理的主动性和创造性，实现合作治理的长久稳定发展。

第二，探索缴纳治安保证金策略，督促企业商户提升安全防范水平。实现平安北京建设的宏伟蓝图目标需要广大社会力量的合作参与，然而，只是通过法治和情感交流还不能满足社会动员的需求，不能充分将社会力量调动起来，还需要充分运用"市场逻辑"。北京可参考借鉴地方治安治理实践中创新出的治安保证金制度，规定各个商户按照经营规模缴纳一定比例的治安保证金，如果商户没有按照相关规定履行安全责任，则按照治安保证金制度的相关管理办法扣除一定金额，基层派出所将扣除的经费设为"治安防控奖励基金"，奖励在治安防控工作中贡献突出的单位和个人。如此，一方面可以动员商户根据不同治安风险的变化提升自身防范能力，促使商户增强安全责任意识，积极应对各类安全隐患和安全困境，主动响应基层派出所在治安防控工作中的相关部署要求；另一方面可以及时组织化地激励突出贡献者，进一步激发各单位和成员参与社会治安治理的动力。

2. 突出"关键组织"和"关键人物"的新动力

第一，党建引领，以组织化调控破解动员困境。当前，社区居民的异质性、价值观的多元化以及相互之间的文化区隔等给基层社区动员工作带来了极大的困难。只是通过现有的法律规定和制度规范难以应对错综复杂的矛盾、纠纷和冲突，这就需要充分发挥基层党组织的组织化调控作用，从"文本治理"迈向"实践治理"。具体来讲，一方面，挖掘和激活以基层党组织为代表的传统资源活力，在我国社会转型期国家治理体系面临变迁的情况下，不断构建和完善基层党组织自身的治理结构、治理网络和治理形式；另一方面，基层党组织要主动把社会变迁过程中出现的现代治理力量和资源（如业主委员会、行业协会、保安公司等）纳入国家治理体系，并力图培育现代治理结构。要创新应用组织化调控的方式打破壁垒，如建立"党建联合会"来整合社会治安治理力量，以此实现治理主体相互合作、治理资源相互融通。

第二，引领"餐后百步走"等趣缘共同体参与平安巡防。趣缘关系是因人们的兴趣而结成的一种社会团结形式，对于社会动员工作具有重要价值。在社区空间日益陌生化和疏离化的背景下，趣缘成为现代社区治理体系中的一个重要联结载体，对于满足人民美好生活的需求和强化社区居民的安全感具有重要意义。因趣缘关系结成的趣缘群体具有组织性和灵活性的双重特性，因为具有共同的兴趣爱好，他们相互之间较容易形成情感认同和信任关系。对此，要充分发挥趣缘共同体在维系社会秩序、促进社会治安治理中所具有的天然优势，如抓住"餐后百步走""全民健身热"这些趣味点，号召组织居民志愿者成立社区平安巡防志愿队，并给予相关激励，将居民趣缘与平安建设、兴趣体验和社会责任有效结合，共筑安全治理体系，提升北京社区平安建设水平。

第三，发挥"网红""明星"影响力，以趣味宣传提升民众参与兴趣。宣传具有阐释、激励、鼓舞、引导等多种功能，多维度的宣传手段和群众喜闻乐见的宣传形式，对于提高群众对平安建设的知晓率，推动群众积极参与社会治理十分关键。在现代社会，社会大众常常通过网络等渠道发表意见、围观社会问题、反映利益诉求等，但是也存在对安全防范知识了解不足、对公安机关等社会治理主体认识不清等问题，对社会治理产生了一定消极影响。派出所应积极适应新时代的信息化、科技化发展，结合群众喜闻乐见的大众文化，积极拓展宣传载体，开发创新幽默、灵活、贴近群众日常生活的宣传形式，如通过微博、抖音 App 等短视频自媒体平台拍摄录制"有趣""炫酷""易于圈粉"的纪录片、宣传片，宣传与社会治安有关的趣味知识和正能量故

事；将网络人气高的"网红"甚至具有公益精神的"明星"纳入社会治安治理体系，通过其本身对"粉丝"和"追随者"的影响力，实现宣传动员的延伸，以此提升群众对社会治理的认知程度，动员群众以实际行动切实参与到社会治理的实践中来。

3. 以服务为支点推动社会动员工作延伸

要将为人民美好生活提供服务融入社会治安治理实践和社会动员工作之中，赋予基层社区资源配置能力，提高社区直接回应居民诉求的水平。具体来讲，可以通过加强公共设施建设，促进社会大众在日常生活公共空间的逗留时间，增加相互沟通交往，构建现代熟人社区，实现社会大众参与社会治安应急管理；融合政府、企业和社会组织，提供"物美价廉"的法律咨询、基础医疗、居家养老服务、青少年培训和家政服务等，进而促进社会大众日常生活与社会治安应急管理紧密相连；有序构建社会大众网络信息平台，促进一定地域空间内社会大众的沟通互动。最终目的是通过这些服务举措的落地拉近府民之间的距离，塑造广大社区居民对国家治安治理主体的认同，从而使其能够主动配合以公安机关为主的国家专业化治安力量，进行社会治安秩序的维护，真正将"共建共治共享"的口号精神落到实际行动中来。

第一，以专业性安全知识服务提升民众认同度。公安机关在风险评估、隐患排查、秩序维护等方面拥有强大的专业优势，所管辖区域的相关单位组织或个人在寻求紧急帮助或安全服务时，要尽全力予以保障和支持，不只是被动救援，在主动服务上也要狠下功夫。北京市诸多企事业单位缺乏对风险隐患的专业洞察，在安全防范能力建设方面表现得十分"外行""麻木"，"不知防范""不会防范"的困境时有发生。公安机关作为国家专业化的治安力量应充分依托自身的专业化知识，对企事业单位、群众等进行教育指导，帮助其排查并有效规避各类安全风险，用专业技能、规范形象树立政府权威，赢取群众的信任认同，切实保护群众利益，同时提升群众对政府工作的认可和参与社会治安治理的积极性。

第二，以非正式交流挖掘服务需求，建立情感联结。单单依靠理性制度规范建立的府民关系常常使双方缺乏情感交流而难以彼此认同、相互信任。

通过实地调查发现，非正式交流可以有效地促进双方建立情感联结，在这种情感驱动下，双方更容易感知和了解彼此的优势与不足，实现优势互补。以北京社区警务工作为例，基层派出所应当主动摸排，进行风险预估，预判和感知企业单位在社会治安治理方面的困难和需求，进而找准发力点，主动出击，以更加精准高效的服务切实帮助企业单位解决治理困难，使警察和民众之间建立情感联结，从而推动社会力量自发自觉、高效有力地配合相应的治安治理工作，充分挖掘和发挥不同治理主体的治理优势和效能，织就全民参与的"高致密度"社会治安防控网络。

（三）迈向"特色务实"的治安治理模式创新

自中华人民共和国成立以来，中国共产党始终坚持以人民为中心的发展思想，并将其视为巩固党的执政基础的首要前提。党的十八大以来，面对纷繁复杂的形势和矛盾，面对人民群众更多更高的发展诉求，以习近平同志为核心的党中央明确提出以人民为中心的发展思想，推进"五位一体"总体布局和"四个全面"战略布局，促进了一系列民生问题的解决和发展。可以说，坚持以人民为中心的发展思想，才确保了人民群众在思想上对中国共产党执政地位的认同，在行动上保持对党的路线、方针、政策的自觉践行，从而保障了中国特色社会主义事业的不断进步和发展。无论是当前的社会治安治理实践，还是平安社会的建设，都离不开以人民为中心的主旨贯彻。在此背景下完成平安北京建设的重要任务，要着力把握好以下三点。

1. 着力厘清"本土风险"和"本土需求"

习近平总书记在党的十八届五中全会中曾指出："今后5年，可能是我国发展面临的各方面风险不断积累甚至集中显露的时期。"① 简明概括地指出了新时代我国社会风险的多样性和复杂性。对此，党的十九大报告做出了"坚决打好防范化解重大风险攻坚战"的战略部署，而处于社会风险聚集和

---

① 习近平：《在党的十八届五中全会第二次全体会议上的讲话（节选）》，《人民日报》2016年1月1日，第1版。

爆发关键点的警务工作则迎来了前所未有的挑战。为此，新时代的治安治理模式创新必须紧紧围绕"本土风险"进行探索，着力厘清本土的政治安全风险、新技术风险、经济金融风险、公共安全风险、网络安全风险等。同时，新时代我国社会的主要矛盾已经发生根本性变化，人民日益增长的美好生活需要和发展不平衡不充分之间的矛盾已经成为社会的主要矛盾。当社区居民提出各项具体诉求时，常常因为可配置资源的匮乏而难以及时地回应和处理，导致居民对社区治理实践认同感较弱。为此，在社会治安治理模式创新时要踏踏实实地贴近人民群众，认真厘清人民群众在日常生活中急需的全时空获得平安、零距离接受服务、多元化化解纠纷等"本土需求"，确保治安治理工作始终围绕"为了人民的治安"这一基本原则运转。

2. 切实挖掘多元治理资源

多元治安治理资源的整合不能是形式上创新，而是要不辞辛苦、脚踏实地地调查、了解和挖掘。在现代社会，单纯依靠以公安机关为代表的国家治安治理主体已经不能满足人民群众多层次、多元化的安全需求，迫切需要借助一些市场企业、社会组织和社会公众的力量来共同完成。在此，我们建议，各级政府机关和政务部门在挖掘本土治理资源时应引入科研院校和专家学者的力量，科研院校和专家学者的技术支撑和智力优势不能集中在形式创新上，而应该把重心放在"经验研究"上，真切地挖掘多元治理资源，为夯实和完善社会治安防控体系注入动力。与此同时，要充分挖掘组织化资源和制度化资源，实现两者高度的融合互嵌，确保国家治安资源与社会治安资源有序地维护社会治安秩序。具体来讲，就是要充分发挥组织化调控的作用，通过党的组织网络和政府的组织体系，不断建立和完善执政党主导的权力组织网络，使社会本身趋向高度的组织化，最终通过组织来实现国家治理目的。与此同时，随着国家治理方式从总体性支配转向技术性治理，基层党组织对社会的控制能力日趋弱化，再加上社会成长过程中利益冲突和风险挑战不断涌现，国家对基层社会的治理体系和治理能力面临空前的危机和挑战。在国家重构基层治理体系和治理能力的过程中，制度规范所发挥的功能日趋明显，促进国家治理的法治化水平不断提高，利用制度化资源进行秩序调控开始成为与组织化调控并行的一种新型社会治理调控方式。我们所希冀的是在组织化调控与制度化调控的"双重运行"体系下，充分发挥多元治安治理资源的优势，确保中国转型期秩序的稳定和社会建设的平稳进行。

3. 重塑与人民群众的血脉联系

实地研究发现，在忙于"形式创新"过程中，国家治安治理主体"不会做""不愿做""没时间做"群众工作的问题十分突出。习近平总书记强调"群众路线是我们党的生命线和根本工作路线"。实践中群众路线已经成为构建政府与群众互动机制的本土化制度资源，发挥着政治代表、利益聚合、政治参与和政治沟通的功能。为此，新时代的社会治安治理模式创新一定要以重塑与人民群众的血脉联系为根本出发点，做好群众工作。具体来看：一是挖掘传统，重塑集体记忆，形成人民群众的共同意识和情感联结；二是顺应时代，建立网络互动平台，促进人民群众的互动交流；三是提供服务，满足美好生活需求，吸引人民群众关注社会安全；四是动情入理，关注情感情绪，调动人民群众参与治理的热情。

总体来讲，新时代社会治安治理工作创新要坚决杜绝"形式创新"，真切实现"四个满意"，做到"人民满意""党委满意""上级满意""民警满意"的嵌入融合。为此，各级机关和部门在不断探索社会治安治理创新经验过程中，一定要紧抓人民满意这一主线，将"人民满意"作为"四个满意"的核心，开展具有本土特色且务实有效的治安治理模式创新。

参考文献

1. 周延东：《嵌入联结领域：后单位社区安全治理的新框架》，《公安学研究》2018年第2期。
2. 周凯：《社会动员与国家治理：基于国家能力的视角》，《湖北社会科学》2016年第2期。
3. 唐皇凤：《社会转型与组织化调控》，武汉大学出版社，2008，第4页。
4. 成伯清：《社会建设的情感维度——从社群主义的观点看》，《南京社会科学》

2011 年第 1 期。

5. 狄金华、钟涨宝：《从主体到规则的转向——中国传统农村的基层治理研究》，《社会学研究》2014 年第 5 期。

6. 汪勇、周延东：《情感治理：枫桥经验的传统起源及现代应用》，《公安学研究》2018 年第 3 期。

7. J. J. Vail, "Insecure Times: Conceptualising Insecurity and Security," in J. Vail, J. Wheelock and M. Hill（eds）. *Insecure Times: Living with Insecurity in Contemporary Society.* NewYork: Routledge.

8. 马勇、吴爽：《居民城市安全感现状及其原因分析——以新疆某市为例》，《兵团教育学院学报》2016 年第 1 期。

9. 王汉生、吴莹：《基层社会中"看得见"与"看不见"的国家——发生在一个商品房小区中的几个"故事"》，《社会学研究》2011 年第 1 期。

10. 李志强、曹杰：《城镇过渡型社区公共安全治理研究新视野——基于"结构－场域"的分析》，《江苏社会科学》2017 第 5 期。

11. 〔美〕肯尼斯·J. 格根：《关系性存在——超越自我与共同体》，杨莉萍译，上海教育出版社，2017，第 8 页。

12. 安东尼·吉登斯：《现代性的后果》，田禾译，黄平校，译林出版社，2000，第 18～22 页。

专题报告

Special Report

B.9
域外首都安全维护比较研究

李江涛*

摘　要： 首都是国家的重要代表，其在城市安全治理方面，产生了不同于一般城市的特殊安全需求。本报告以美国首都华盛顿、英国首都伦敦和日本首都东京作为域外首都代表，对其相应安全维护经验予以阐述。经过整理分析可知，以社区为单位的首都安全治理模式、全民参与的恐怖主义防范模式、首都城市活动的多元安全防范模式，都是特大型、标志性城市安全供给客观要求下的必然选择，相关经验和理念，可为中国首都北京的安全治理提供参考与借鉴。

关键词： 首都安全　比较研究　模式

＊ 李江涛，法学博士，中国人民公安大学治安与交通管理学院讲师，首都社会安全研究基地校园安全研究中心主任。

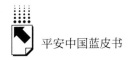

首都是一类特殊的城市，其特殊性在于，除了具备一般城市的基本功能，还被赋予国家政治中心的功能。首都作为各个国家对外展示的窗口，其在城市安全治理方面产生了不同于一般城市的特殊安全需求。在 20 世纪 90 年代，Saska Sassen 在其著作《世界城市》中指出，美国、英国和日本等国已经形成了成熟的、具有代表性的世界城市，故本报告选择美国首都华盛顿、英国首都伦敦和日本首都东京作为域外首都代表，对其相应安全维护经验予以分别论述①。

一 域外首都安全问题的基本类型

（一）恐怖主义严重威胁各国首都安全

当今国际社会恐怖主义蔓延，各国首都面临恐怖主义威胁，比如 1995 年日本奥姆真理教极端教徒在首都东京和横滨地铁站里释放沙林毒气，最终导致数十人死亡、数百人受伤的惨剧。美国 "9·11" 事件发生之后，国际上针对各国首都的恐怖主义活动更为猖獗，恐怖活动事件数量飙升，形式多样复杂，对各国首都的安全构成越来越严重的威胁。比如，发生在 2005 年 7 月 7 日英国首都伦敦的连环爆炸事件，不仅造成了严重的人员伤亡，而且让欧洲人丧失了安全感，对人们的心理冲击难以估量②。

首都具有大型活动多、外国人员多等特点，更容易被恐怖分子选定为恐怖活动实施地。通过分析，可以看出近年发生在世界各国首都的恐怖暴力活动具有如下特点。第一，首都举办的大型体育活动、庆祝性活动较多，针对此类活动的恐怖活动多具有明确的政治目的。比如，2016 年 12 月，在德国首都柏林发生的针对圣诞集会的车辆冲撞人群事件，其背后便有明确的政治动机。第二，首都区域内的大型商场、广场等人员聚集地（点）多，针对不特定

① Saska Sassen. *The Global City* ［M］. Princeton University Press, 1991：288.
② 独木：《伦敦地铁爆炸催动中国反恐》，《人民公安》2005 年第 19 期，第 13～15 页。

对象的恐怖袭击发生可能性高。比如，2017 年 4 月 7 日，瑞典首都斯德哥尔摩发生利用卡车冲撞步行街的恐怖活动，就是以商业场所作为恐怖袭击对象的，实施者试图借此造成群死群伤的恐怖效应。第三，由于首都存在大量外国使领馆和和古迹景区，同时也是外国游客主要的入境旅行目的地，在此处制造恐怖活动可产生更大的国际影响，这些都提升了首都被选为恐怖袭击地的可能性。比如，2015 年 3 月 8 日，突尼斯首都突尼斯城发生针对外国游客的恐怖袭击事件，该事件导致不同国家的多名游客死亡，造成了广泛的国际影响。

（二）暴力犯罪对各国首都构成共同挑战

由于各国首都聚集着大量人口，极易引发各种暴力犯罪，目前，对暴力犯罪的打击和管控已成为各国首都共同面临的治理难题。联合国发布的《全球人类住区报告》认为，人类在城市中主要面对三种威胁，其中首要威胁便是城市暴力犯罪，城市暴力犯罪不仅对公共秩序构成重大挑战，同时严重影响到广大居民的安全感①。针对首都暴力犯罪高发的问题，部分学者研究认为观光娱乐业和暴力犯罪之间有一定的相关性，许多娱乐场所，特别是适合年轻人游玩的场所，通常会是暴力犯罪的高发地，而首都一般存在大量此类游乐场所，暴力犯罪随之伴生②。

多个国家首都长期以来深受暴力犯罪的困扰。根据伦敦警察厅公开的数据，2016 年共有 1844 名 25 岁以下的伦敦居民受到持刀暴力伤害，这个数字达到了 2012 年以来的最高值。对于此类持凶暴力犯罪，虽然英国司法部门已经出台了更为严苛的刑罚措施，但是，此种暴力犯罪在伦敦的高发态势在短时间内难以控制。

（三）群体性事件在多国首都蔓延

各国首都多为本国政治经济中心，是国家议会和最高行政机关的办公所

---

① United Nations. *Enhancing Urban Safety and Security*：*Global Report on Human Settlements*，2007.
② Botterill，D.，Jones，T.，et al.，*Tourism and Crime*：*Key Themes*. Oxford：Goodfellow Publishers，2010.

在地，常面临多方利益的聚焦与冲突，容易成为群体性事件发生地，且其事件溢出效应高于普通城市。具体分析，首都一般居住着大量人口，面临失业、贫富分化等社会问题，各种社会问题在此集聚发酵，非常轻微的社会矛盾都有可能被无限放大，若处置不当便会引发群体性事件。近年来，多个国家首都的群体性暴力骚乱事件教训深刻。比如，2015 年 5 月瑞典首都斯德哥尔摩的一处移民聚集区发生持续近一周的骚乱，严重影响首都安全稳定；希腊首都雅典 2010 年 12 月发生严重群体性骚乱，抗议者与防暴警察发生暴力冲突；2011 年 8 月英国首都伦敦发生严重社会骚乱事件，之后向周边多个城市蔓延。这些群体性事件给各国首都造成了巨大的人员和财产损失。

同时，由于首都具有较高的城市开放性，区域居民的族裔成分多样，不同族裔群体间仇视性暴力犯罪发生率呈增长态势，控制不同族裔群体之间的特定暴力犯罪已成为各国首都面临的挑战①。仇视性暴力犯罪不仅会对城市安全和居民安全感产生严重负面影响，若是处置不力还会演变成为严重的群体性事件，比如在英国脱欧公投之后的数周内，集中发生多起群体性、仇视性的种族和宗教犯罪。短期来看，各国首都内不同族裔混居共处的趋势不会改变，由此带来的群体性事件安全威胁仍将长期存在。

二 域外首都安全维护的经验与反思

（一）华盛顿的城市安全维护

1. 社区共治协调制度

华盛顿市，即哥伦比亚特区，作为美国首都，一直是由参议院提名、总统任命的市长以及市政委员会负责管理，1973 年通过的《哥伦比亚特区自

---

① https：//www.nnw.org/publication/its - small - world - crime - prevention - ethnic - communities，浏览日期：2019 年 10 月 10 日。

治法》(*District of Columbia Home Rule Act*) 对市政委员会颁布地方法规的权限进行了具体规定，明确其安全治理职责。为了遏制首都暴力恶性案件发生率不断增高的趋势，2016 年华盛顿哥伦比亚特区市政委员会通过了《社区共治促进法案》(*Neighborhood Engagement Achieves Results Act*)，该法案没有继续支持之前以强力惩罚犯罪为特征的高压控制治理模式，而是采用了以社区干预为基础的犯罪预防策略①。

根据《社区共治促进法案》要求，首都警察局必须重视社区警务，提高无偏见性执法能力，熟知社区内不同族裔人群的文化习惯；同时，社区警官应当与辖区内的心理和精神疾病患者加强沟通联系，通过使其接受医学治疗和实施社会服务等方式，降低该类人群实施违法犯罪的数量。在该法案实施一年后，2017 年华盛顿哥伦比亚特区凶杀案件的发生率已经较 2016 年有较大下降，几乎达到历史最低水平，这充分证明了《社区共治促进法案》所推动的社区共治协调制度的有效性。

华盛顿在首都全市社区中全面推广"邻里守望"(Neighborhood Watches)计划。"邻里守望"计划主张通过电话网络和邮件群系统，在本社区居民之间建立社交联系，最终共同构建可以及时报警的"守望"防御网。同时，该计划鼓励社区代表和其他"邻里守望"成员协助社区警员，积极参与社区安全治理，并把本社区的治安情况及时向其他社区成员通报，让社区代表成为联系普通社区成员和社区民警的纽带。为了更好地实施"邻里守望"计划，华盛顿哥伦比亚特区警局还专门编制培训教材，对基层社区警员和相关社区人员进行定期培训，以便其能顺利在社区组建"守望"组织。

2. 恐怖主义活动的整体防控策略

美国首都华盛顿有大量重要的政治、文化、经济建筑设施，这些都可能成为恐怖活动的潜在实施地，受到恐怖主义的持续威胁。为应对此类恐怖主

---

① Lynch, M., "Theorizing the Role of the 'War on Drugs' in US Punishment," *Theoretical Criminology*, 2012, 16 (4): 175.

义威胁，华盛顿政府向市民传达"城市主人公"理念，通过实施"iWATCH"项目，鼓励市民对疑似恐怖主义行为进行举报，并为之专门设立实名网络和匿名电话举报渠道，畅通情报渠道。另外，该区政府在市民中广泛开展"守望首都"（Capital Watch）计划，对"恐怖疑似行为识别"和"恐怖袭击发生后的制止与逃生"等项目进行持续教育宣传，在全社会普及恐怖主义防控知识，汇集广泛社会力量①。

目前以社区作为基本犯罪控制单元的观点，在美国学界已经得到普遍认可，美国联邦调查局专门设立社区拓展计划（Community Outreach Program），鼓励警员进行广泛的社区联系，鼓励警员对社区内的相关管辖案件进行合并处理。在具体的犯罪控制体系层面，"9·11"事件之后，联邦调查局华盛顿分局扩张了调查范围，其不仅可对首都范围内所管辖的案件进行常规处置，还可向海外派出大量调查探员，这些措施对情报收集和恐怖活动调查起到了重要作用。

美国首都华盛顿的恐怖主义防范任务由多个部门负责，在打击恐怖主义活动方面，美国国土安全部和联邦调查局均将华盛顿大都会区作为整体防控区域，以利于统一指挥，通过警务区域协调机制，弥补地方警察系统之间分块管辖所带来的不足。在装备方面，为提高警员的恐怖袭击处置能力，特区警察局配有防生物武器装备和防化学武器装备；特区政府还专门成立了"特别应对处置组"（The Special Threat Action Team，STAT），组员均需要经过严格的反恐怖训练，能够充分应对各种恐怖主义活动。为了协调不同安全机构的防恐措施，特区还建立了"联合行动指挥中心"（Joint Operations Command Center），该指挥中心可以对恐怖袭击的情报信息进行汇总，直接调取全市的公共视频监控进行影像分析比对，已经成为首都华盛顿哥伦比亚特区紧急情况下的安全指挥中心。

---

① See Citizen's Guide to Suspicious Activity. https：//mpdc. dc. gov/sites/default/files/dc/sites/mpdc/page_ content/attachments/CitizensGuide_ SuspActivity_ SINGLE. pdf，浏览日期：2019年7月23日。

（二）东京的城市安全维护

1. 社区预防主导的东京治安防控体系

东京一直维持着较低的犯罪率，恶意伤害、盗窃等刑事案件发案数量远低于其他发达国家。根据日本学者对首都东京社区居民的调查发现，民众自身安全感和城市整体犯罪率之间并非直接的线性关系，发生于居住社区内部的犯罪对居民安全感的影响最直接①。在日本，社区犯罪预防志愿者广泛存在于社区中，成为社区治安的重要维持力量，这种机制促进了社区居民安全感的形成。

日本人口密集，东京区域内的人口更为稠密，由于现代社会节奏快，传统意义上的社区"熟人"聚集属性发生改变，社区居民之间联系减少，"陌生人"社区在首都人口稠密区更为突出。增加社区居民之间的社交联系，成为建立东京居民安全感的重要方式。以日本东京的足立区（Adachi Ward）为例，该区坐落在东京的东北部，拥有 67.8 万人口，为增加本区域居民的安全感，该区举办了大量社区内部活动，借此拉近社区内部居民之间的联系，此举不仅降低了该区的整体犯罪率，也普遍增加了社区居民的安全感。

2. 面向社区的综合警务体制

日本一直被认为是治安良好的国家，理由之一便是因为日本特有的"交番"制度。"交番"，也被称为派出所岗亭，广泛分布于社区之间，已经成为日本社区治安警务的基础。在日本，每个警察署将其管辖区分成区块，各区块设"交番"，作为社区巡逻警察的勤务节点，截至 2017 年 11 月，东京共有 826 处"交番"。"交番"原则上由警察 24 小时交替执勤，以社区为单位进行治安管理，其功能已经从最开始的巡逻转变为轻微案件调处、社区居民走访、犯罪后早期接警处置等。东京作为日本首都，外国人在此聚集工作，警务工作中存在大量涉外内容，为了能够与外国人进行顺利沟通，东京

---

① Hino, K., Uesugi, M., Asami, Y., "Official Crime Rates and Residents Sense of Security Across Neighborhoods in Tokyo, Japan," *Urban Affairs Review*, 2016, 54 (1). 该文还讨论了不同罪犯年龄、不同犯罪种类对居民安全感的影响，囿于篇幅限制，不再做进一步介绍。

的部分"交番"常驻1名以上具备外语交流能力的警察执勤,若具备外语交流能力的警察因其他事务外出,也可使用具备翻译功能的平板电脑与外国人员进行沟通,以此应对首都大量涉外警务活动的语言翻译需求。

日本东京警视厅自2003年起推进"犯罪抑制综合对策",该综合对策不仅强调打击犯罪,同时重视通过新媒体和数字化手段对犯罪预防手段进行广泛宣传,将增强广大市民的犯罪防范能力纳入整体警务范围,建立全民防范理念。东京刑事犯罪受理件数自2003年起连续13年下降,2015年与二战后刑事犯罪最严重的2002年相比,刑事犯罪受理件数整体下降了约55%[①]。"犯罪抑制综合对策"以犯罪源头控制为出发点,运用多种宣传手段,动员和鼓励社会多方力量参与犯罪预防、犯罪打击、罪犯改造等环节,收效明显。

3. 专业化的应急处突力量

对于任何城市而言,安全已经是一个与之息息相关的概念,而首都则面临更为复杂和多元的安全需求,这便在首都安全部门内部催生了不同的专业化应对主体。针对安保防恐、大型活动保卫等特殊安保事项,东京警视厅内部专门成立各专业警种,以提供专业化安全保障。例如,在警视厅内部成立警备处置机动队,承担诸如东京市内政府机关等重要场所设施的警戒、马拉松等民众聚集活动中的引导管理等警备安保任务。同时,面对即将举办的2020年东京夏季奥运会,警视厅专门成立无人机处置警队、东京国际机场恐怖活动对应警队等各专门警队,增强日常防御能力,其专业化程度较地方警察更为明显。为推进社会整体安全防恐体系建设,东京警视厅还与相关行政机构、民间企业共同建立"合作应对恐怖主义协调会议"机制,共享情报信息,构建应对恐怖主义事件的联合体系。

随着访日外籍人数急剧增长,外籍高风险人员入境问题也成为东京需要面对的挑战。东京警视厅除了利用在东京国际机场设置外籍人员审查中心等方式加强入境环节审查之外,还与出入境管理局和海关等相关机构以及派驻

---

① 数据来源于日本东京警视厅网站。

他国的海外调查机构协作，不断加大入境外籍人员背景审查力度。同时，为了防止外籍人员延期滞留，东京警视厅也加大了对企业和民众的指导和宣传力度，防止出现外籍人员非法就业和非法滞留等现象。

（三）伦敦的城市安全维护①

1. 伦敦防范恐怖主义策略

美国"9·11"事件发生后，伦敦警察厅高度重视反恐工作，在首都全社会加强反恐治理，取得了一定效果。但是，2017年3月22日，伦敦市中心议会大厦外再次发生恐怖袭击事件，一名男子开车途经议会大厦旁的威斯敏斯特大桥，随意冲撞桥上行人，随后撞击议会大厦护栏，并试图持刀闯入议会大厦，后被警察击毙，造成多名人员伤亡。本次恐怖袭击是英国自2005年伦敦地铁爆炸恐怖袭击后遭遇的最为严重的一起恐怖袭击事件，也从侧面反映出英国的整体防恐形势依然严峻。

面对恐怖主义威胁，英国在全国开展了"对抗恐怖行动"（Action Counters Terrorism）计划，鼓励全社会居民协助警方打击恐怖主义犯罪，在全社会对恐怖主义防范进行广泛宣传。同时，伦敦警察厅大力开展社区防恐体系建设，通过基层社区治安官及时搜集社区异常活动情报，社区居民也可以对社区内部人员的异常行为直接进行举报，以提高防范恐怖主义的早期预警能力。整个英国社会的恐怖主义防范计划立足4个方面：预防（prevent），预防公民成为恐怖主义袭击对象，或者预防公民实施恐怖主义行为；追捕（pursue），全力阻止恐怖主义袭击发生；保护（protect），加强抵御恐怖主义袭击的各种防护措施；准备（prepare），降低恐怖主义发生后造成的影响和危害。

值得一提的是，包括首都伦敦在内的英国各地私营保安业十分发达，英国保安业管理局对保安从业人员设定了具体的培训内容和要求，规定私营保安公司保安员培训内容必须涵盖应对恐怖主义袭击的课程。所以，当恐怖袭

---

① 本节大部分数据和事实陈述来源于伦敦市政府和伦敦警察厅网站，不再一一标注。

击发生后，袭击地周边保安员常能够第一时间到达袭击发生现场，并进行前期紧急处置和救助，这无疑为首都伦敦增加了一道防恐安全屏障。

2. 伦敦的公共警务改革计划

伦敦警察厅是英国最大的地方警察机关，共有43000多名警察在其中工作；伦敦目前约有880万居民，在伦敦市内发生的公共安全案件数量占整个英国发案数量的1/5，面对如此之高的治安防范压力，和其他国家首都一样，伦敦警察局也面临严重的警力不足问题。由于财政经费紧张，整个伦敦市区在过去几年减少了100余个警务站点，裁减了2800余名警察，这让伦敦警察厅的整体警力更为捉襟见肘。为改变警力不足的状况，伦敦市表示将会增加伦敦市警察系统的财政预算，扩充伦敦警察厅警力。同时，少数族裔对伦敦政府的安全治理手段经常持怀疑态度，为扭转此类状况，伦敦警察厅计划逐步提高伦敦警员中非洲裔和其他少数族裔警员比例（目前比例为12.9%），以提升伦敦居民对伦敦警察厅的支持度。

值得一提的是，伦敦市专门设立了"伦敦城市警务与犯罪治理办公室"（Mayor's Office for Policing and Crime），该办公室由市长直接领导，对伦敦的警务活动进行全面监督，同时规定，该办公室必须定期向市民公布"伦敦警务与犯罪治理计划"。最新公布的"伦敦警务与犯罪治理计划"中重申了社区警务对于首都伦敦整体警务的基础和核心作用，该计划声明将向每个社区派驻基层治安官（Dedicated Ward Officer），在警力资源上予以倾斜，以提高基层社区的整体见警率和社区居民的安全感。按照该计划，要在伦敦629个社区中每个社区配备两名基层治安官，基层治安官将对社区中的高危安全风险人群进行持续追踪，维护基层治安秩序，最终实现社区警务内部解决的基层常态治安模式。

3. 伦敦的城市活动安保经验

首都是多数大型活动的举办地，在2016年，伦敦警察厅共对3500场次大型活动进行了治安管控，如此大规模的公共警务活动对伦敦整体警力造成巨大压力。伦敦警察厅为应对公共大型活动治安管控的需求，成立专门城市活动管理与处置小组，对150场抗议示威和55场纪念活动进行专业管控。

　　值得一提的是，伦敦治安警力投入等级的确定，必须经过"伦敦战略威胁和风险评估"（London Region Strategic Threat and Risk Assessment, STRA）之后才能确定。每季度，"伦敦战略威胁和风险评估"都必须重新进行，伦敦警察厅的区域犯罪报告也需要被不同机构充分讨论，有资格参加评估与讨论的机构有伦敦公共安全机构、英国运输警察局、警察学院、英国内政部以及其余利益代表相关主体。在确定最终治安防控等级时，必须考虑到伦敦本地安全力量的现状和能力等因素，综合各方因素后最终决定伦敦治安防控等级，以此等级指导伦敦下一阶段防控措施和投入级别，防止无休止地进行"黑洞式"安保投入。

　　为提高国家影响力，首都通常成为不同国家体育赛事举办的首选地，这些体育赛事的举办虽然提高了国家和首都的知名度，但不可否认的是，也给首都带来了巨大的安保压力，而其中奥运会安保常常是对一个城市安全治理能力的重要考验。英国首都伦敦就承受了 2012 年夏季奥运会的巨大安保压力，此届奥运会共有 10500 名运动员参加，所有比赛共售出 800 多万张门票。在该届奥运会开幕前，就受到多次恐怖袭击威胁，但伦敦奥组委依然决定将主要的安保任务委托给 G4S 私营安保公司进行。虽然 G4S 公司在奥运会筹备初便提前介入整体安保活动，但是在奥运会开幕前的最后两周，G4S 公司以安保人员不足为由，要求伦敦奥组委增加临时安保人员招募经费，以招募更多安保人员。在伦敦奥组委同意额外增加安保开支后，G4S 公司仍然无法及时完成临时安保人员的招募。面对此种困境，伦敦警察力量被要求增援奥运会安保，但也无法彻底满足安保需求，最后英国政府增派军队参与伦敦奥运会的安保工作。值得欣慰的是，此次夏季奥运会期间伦敦整体治安状况良好，赛会期间伦敦犯罪率比 2011 年同期大幅降低①。但是，留给英国政府的教训也是深刻的，多位学者对将"安保筹码"完全押注至私人安保公司的决定提出了批评。奥运会结束后，英国下议院内政事务委员会在对伦

---

① https：//www. telegraph. co. uk/sport/olympics/news/9472567/Olympics - saw - crime - fall - in - London. html，浏览日期：2019 年 7 月 2 日。

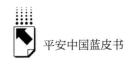

敦 2012 年奥运会进行事后评估时认为，G4S 公司没有及时完成补充安保人员的招募，批评私营安保公司过多地关注自身私营企业的身份，社会责任承担不足。

三　域外首都安全维护对北京的启示

（一）以社区为单位的首都安全治理模式

在首都安全治理体系中，其安全治理的范围和类目数量远大于普通城市，若是仍按照条线化的治理体系运行，就会造成大量的安全治理成本耗损在程序性环节，精细化公共安全治理便不可能实现。本报告所选择的 3 个国家的首都，都将社区防控体系建设作为首都安全治理的首选方式，这种选择是各国经验的选择，也代表着首都"社区安全"治理理念得到广泛认可。值得强调的是，由于首都的政治地位具有特殊性，其社会安全问题更容易发酵和外溢，针对首都普通治安案（事）件的处置时间窗口要明显小于其他普通城市，而社区治理具有警务前置和预警功能，这就解释了多国首都为何不谋而合地大力实施社区安全治理计划。

社区治理是各国首都安全治理的核心，加强社区内部联系是首都治理最有效的手段①。不同国家都实施了不同的强化社区联系计划，如德国实施了"城市社区整合项目"，英国实施了"街区复兴国家战略"，这些计划的目的都是加强街区之间的联系，充分构建城市治安的基础治理单元②。与此相反的是，多个前南联盟加盟共和国曾一度以"高压打击犯罪"作为社会安全治理的首要方式，忽视社区安全治理这一有效手段，结果首都整体安全治理效果并不理想，经历这些教训后，最终这些国家又重新确立了社区安全治理

① Kearns, A., Forrest, R., "Social Cohesion and Multilevel Urban Governance," *Urban Studies*, 2000, 37 (5 – 6): 995 – 1017.
② Wissink, B., Hazelzet A., "Social Networks in 'Neighbourhood Tokyo'," *Urban Studies*, 2012, 49 (7): 1527 – 1548.

与打击犯罪相结合的治安防控路径①。

华盛顿市的社区共治计划、伦敦的社区治安官警务改革、东京的社区居民参与预防犯罪机制，这三者都充分体现出社区安全单元的理念。该理念核心重点有二：其一，增加社区居民之间的联系，通过组织社区居民网上讨论和网下交流的诸多活动，强化社区居民的内部"安全共同体"意识，同时，保持基层安全治理机关与社区志愿者的经常联系，借助社区志愿者的号召力和影响力来搭建社区居民内部安全维护体系，此举可将社会安全治理整体构架延伸至社区"末梢"；其二，下沉基层社区警力，通过对社区直接派驻警员，一方面能够及时引导社区内部安全自治机构的形成，另一方面可以及早处理本社区治安案件，提高警务安全服务的时效性，把握最佳处置时间窗口。

（二）全民参与的恐怖主义防范模式

当代国际恐怖主义影响之大、危害波及面之广、造成后果之恶劣，已经超过以往任何一种非传统安全威胁。美国"9·11"事件标志着国际恐怖主义和反恐怖斗争进入了一个新的发展阶段，专门针对普通民众的恐怖活动已经成为涉恐的主要方式，"独狼式"袭击所占比例不断增高，防范难度不断加大，全民参与恐怖主义防控已经成为必然选择。在全民参与的恐怖主义防范模式中，多国首都政府都专门对普通公民的防恐责任进行宣传引导，譬如伦敦政府提出"防范恐怖就是保护自己"的口号。通过此举，一方面增加首都居民的群体安全责任感，调动民众参加防范恐怖主义的积极性；另一方面，借此对潜在的恐怖主义分子进行心理震慑。

由于恐怖主义活动通常后果严重，会造成大量的人员和财产损失，较之其他类型犯罪，其预警和预防的重要性自然不言而喻。而对恐怖主义活动的预警常常需要进行大量的情报信息采集工作，若此类情报信息采集任务完全

---

① Mesko, G., Sotlar, A., Tominc, B., "Urban Security Management in the Capitals of the Former Yugoslav Republics," *European Journal of Criminology*, 2013, 10 (3): 284 – 296.

由政府公共安全部门承担，则需要耗费巨大的人力成本，还可能会收效甚微。可见，全民参与的防恐模式是在警力有限的情况下，增强全社会恐怖防范预警能力的必然选择。华盛顿市通过广泛开展"邻里守望"和"守望首都"计划，充分调动普通民众参与恐怖活动预警和防范的积极性，伦敦和东京则在全市范围内对恐怖主义活动特点进行宣传，通过多种途径向大众普及恐怖主义嫌疑人员的活动特点，开设电话、网站等多种报警和举报途径，这些方式都有效地将普通民众引入各国首都恐怖主义防控预警体系，有效地扩张了防恐信息情报网络。

（三）首都城市活动的安全防范模式

首都治安防控投入的层次化和精细化改革。首都作为国家政治经济中心，在辖区内频繁举办各种经济文化活动，由此产生大量的公共安全保障需求，但是，此类安全保障需求常常与有限的警力之间产生供需矛盾，这便要求针对不同的治安威胁等级，投入与之相匹配的防控力量。伦敦警察厅实现安保投入精细化，定期会同多个安全机构共同进行"伦敦战略威胁和风险评估"，在考虑本地安全力量现状和能力等因素后，最终决定治安防控等级，此防控等级将会影响和决定后续整体社会治安防控强度、大型活动安保投入等事项。值得强调的是，在首都如此巨大的安保需求面前，这种治安风险评估和防控力量的评估后精细化投入机制，可在保证安全风险可控的基础上，有效避免防控投入力量的过度浪费，值得借鉴和推广。

首都城市安全防范需要充分借助第三方安保力量。由于城市举办各种活动具有不定期性，这就会造成城市整体安全保障需求量的动态波动和特定时间点（段）的供给不足问题，而首都作为各种大型活动的经常举办地，对此种需求总量波动和不足尤为敏感。伦敦市警察体系在面对自身安全供给能力的不足时，选择将部分安全防范需求直接外包给第三方私营安保机构。例如在 2012 年伦敦夏季奥运会，伦敦奥组委便将主要的安保任务委托给 G4S 保安服务公司实施。同样，为应对即将到来的 2020 年奥运会，东京奥组委也将相应的安保需求委托给日本安保企业联合体（Joint Venture Group），以应对奥运会伴随的巨大安保需求①。当然,将整个城市活动的安保需求完全委托给私营安保公司会带来一定风险,如在伦敦奥运会开幕前夕 G4S 公司就出现了保安员不足的严重问题,但是这种风险可以通过增加私营安保企业委托数量、利用公共警察力量进行安保兜底等方式予以化解。不可否认的是,借助私营保安力量满足城市活动安保需求的模式已经逐步成为共识。

他山之石,可以攻玉。经过梳理,可以看到不同国家首都的安全体系建设有着部分相似点和相同点,这些"不约而同"绝非偶然,其是特大型、标志性城市安全供给客观要求下的必然选择,相关经验和理念可为中国首都北京的安全治理提供参考与借鉴。

参考文献

1. Saska Sassen. *The Global City*. Princeton University Press, 1991:288.
2. 独木:《伦敦地铁爆炸催动中国反恐》,《人民公安》2005 年第 19 期。
3. United Nations. *Enhancing Urban Safety and Security:Global Report on Human Settlements*, 2007.
4. Botterill, D. , Jones, T. , etal. , *Tourism and Crime:Key Themes*. Oxford:Goodfellow Publishers, 2010.
5. https://www. nnw. org/publication/its – small – world – crime – prevention – ethnic – communities, 浏览日期:2019 年 10 月 10 日。
6. Lynch, M. , "Theorizing the Role of the "War on Drugs" in US Punishment," *Theoretical Criminology*, 2012, 16 (4):175.
7. Hino, K. , Uesugi, M. , Asami, Y. , "Official Crime Rates and Residents Sense of Security Across Neighborhoods in Tokyo, Japan," *Urban Affairs Review*, 2016, 54 (1).
8. Kearns, A. , Forrest, R. , "Social Cohesion and Multilevel Urban Governance," *Urban Studies*, 2000, 37 (5 – 6):995 – 1017.
9. Wissink, B. , Hazelzet, A. , "Social Networks in 'Neighbourhood Tokyo'," *Urban Studies*, 2012, 49 (7):1527 – 1548.

---

① https://tokyo2020. org/en/news/sponsor/20180404 – 01. html, 访问日期:2019 年 8 月 3 日。

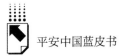
10. Mesko, G., Sotlar, A., Tominc, B., "Urban Security Management in the Capitals of the Former Yugoslav Republics," *European Journal of Criminology*, 2013, 10 (3): 284 – 296.

11. Brent, J. Cohen., "Implementing the NEAR Act to Reduce Violence in D. C. ," https：//www. dcpolicycenter. org/publications/implementing – near – act – reduce – violence – d – c/, 浏览日期：2019 年 7 月 25 日。

12. Citizen's Guide to Suspicious Activity. https：//mpdc. dc. gov/sites/default/files/dc/sites/mpdc/page_ content/attachments/CitizensGuide_ SuspActivity_ SINGLE. pdf, 浏览日期：2019 年 7 月 23 日。

附　录

Appendices

B.10

附录1：平安北京建设发展评估
指标体系及得分（2019）

一级指标(得分)	二级指标(得分)	三级指标(得分)
社会治理 （84.51分）	党委领导治理(100分)	是否建立党委领导责任制(100分)
		市委常委会会议是否讨论平安建设议题(100分)
	政府主导治理(100分)	市政府在平安北京建设中的定位是否明确(100分)
		是否定期召开全市平安建设相关会议(100分)
		政府相关部门是否公开平安建设相关信息(100分)
		是否将平安建设纳入年度考核(100分)
	人民团体、社会组织、企事业单位参与社会治理（67分）	人民团体参与社会治理情况(70分)
		社会组织参与社会治理情况(70分)
		企事业单位参与社会治理情况(60分)
	首都群防群治（70.38分）	群防群治参与力量情况(75.05分)
		群防群治品牌建设情况(58.07分)
		群防群治成果(78.01分)

续表

一级指标(得分)	二级指标(得分)	三级指标(得分)
社会治安防控 (82.46分)	社会面治安防控(80.33分)	街面巡逻防控情况(70.22分)
		公共交通场所防控情况(92.44分)
		学校、单位、银行、医院防控情况(81.70分)
	重点行业治安防控(81.23分)	旅馆业、印章业等行业、场所治安管理情况(85.39分)
		物流寄递业安全管理情况(58.85分)
		枪支、管制刀具、危爆物品管理情况(98.07分)
	乡镇(街道)和村(社区)治安防控(54.17分)	网格化管理情况(70.95分)
		综合管理服务平台建设情况(35.72分)
		社区警务实施情况(50.26分)
	机关、企事业单位内部安全防控(85.80分)	单位治保制度建设情况(85分)
		单位视频监控系统普及应用情况(77.67分)
		水电气热等基础设施运营单位安全防范情况(95分)
	信息网络防控(81.61分)	信息网络管理制度建设情况(95分)
		手机网络实名制落实情况(95分)
		个人信息安全保护情况(50.38分)
	首都外围防控(91.17分)	多元勤务查控机制建设情况(95分)
		环京外围公安检查站覆盖情况(82.22分)
		首都外围防控效果(95分)
	社会治安防控效果(90分)	刑事警情数量(90分)
		治安警情数量(90分)
		刑事案件数量(立案、结案)(90分)
		治安案件数量(立案、结案)(90分)
安全生产 (90.09分)	安全生产责任体系(96.77分)	党委、政府领导责任是否明确(100分)
		部门监管责任是否落实(100分)
		企业主体责任是否落实(100分)
		责任追究制度是否落实(87.06分)
	安全生产风险防控机制(96.40分)	政府是否建立实施安全风险评估与论证机制(100分)
		政府是否制定生产安全事故隐患分级和排查治理标准(100分)
		政府安全生产行政执法工作状况(90分)
		企业是否定期开展风险评估和危害辨识(91.98分)
		企业是否开展安全生产标准化创建(100分)

续表

一级指标(得分)	二级指标(得分)	三级指标(得分)
安全生产 (90.09分)	安全生产指标完成情况 (80.00分)	安全生产事故起数(100分)
		安全生产死亡人数(100分)
		亿元地区生产总值生产安全事故死亡率(100分)
		工矿商贸就业人员十万人生产安全事故死亡率 (100分)
		道路交通万车死亡率(0分)
		铁路交通事故死亡人数(0分)
		火灾(消防)十万人口死亡率(100分)
		安全生产举报投诉情况(100分)
	安全生产应急管理 (87.99分)	政府是否建立安全生产应急救援指挥平台(80分)
		政府是否出台安全生产应急管理的标准和规范文件(100分)
		政府是否建立应急救援联动机制(100分)
		安全生产应急救援队伍(78.40分)
		安全生产事故应急预案(76.74分)
		安全生产应急救援保障能力(90分)
		企业安全管理人员配备状况(84.76分)
	安全宣传教育（89.28分）	政府开展安全宣传教育状况(100分)
		是否将安全生产纳入干部培训内容(100分)
		企业是否定期开展安全知识教育(84.85分)
		企业是否定期开展应急演练(72.25分)
矛盾纠纷化解 (77.68分)	社会矛盾源头预防和排查化解(79.64分)	是否定期开展矛盾纠纷排查化解(41.95分)
		矛盾纠纷排查分级负责制度建设情况(100分)
		矛盾纠纷排查督办回访制度(100分)
		群众利益表达渠道是否畅通(76.62分)
	矛盾纠纷多元调解 (75.70分)	矛盾纠纷多元调解组织建设情况(72.52分)
		矛盾纠纷多元调解覆盖范围(55.63分)
		矛盾纠纷多元调解创新(100分)
	重大决策社会稳定风险评估(78.94分)	重大决策社会稳定风险评估机制建设情况(100分)
		重大决策社会稳定风险评估的覆盖范围(100分)
		重大决策社会稳定风险评估是否纳入首都立法情况(100分)
		重大决策社会稳定风险评估落实情况(15.75分)
	信访法治化建设（70分）	信访网络综合服务平台建设情况(100分)
		逐级上访制度建设情况(100分)
		信访地方性立法情况(0分)

续表

一级指标(得分)	二级指标(得分)	三级指标(得分)
人口服务管理 (81.07分)	常住人口调控(100分)	常住人口数量变化(100分)
		常住人口增速变化(100分)
	流动人口登记与管理 (76分)	流动人口基础信息采集登记(70分)
		流动人口动态监测制度(70分)
		流动人口数量变化(90分)
	居住证制度实施情况 (75.71分)	居住证办理是否便民(81.61分)
		居住证持有者享受公共服务情况(69.81分)
	出租房屋治理(70分)	出租房屋管理制度建设(80分)
		违法出租治理效果(60分)
	特殊人群服务管理(79 分)	重点人员管控(70分)
		重点青少年服务(80分)
		服刑人员帮扶(90分)
平安建设保障(97分)	法治保障(100分)	平安建设地方性立法情况(100分)
		平安北京建设规范性文件情况(100分)
	人员保障(100分)	北京警力配备情况(100分)
		专业队伍建设情况(100分)
		社会力量参与情况(100分)
	财务装备(100分)	平安建设经费投入情况(100分)
		平安建设硬件设施建设情况(100分)
	科技支撑(100分)	公共安全视频监控系统建设情况(100分)
		大数据深度应用(100分)
		信息资源共享融合情况(100分)
		信息安全防护建设(100分)
	宣传教育(70分)	是否将平安建设相关内容纳入领导干部培训(60分)
		是否将平安建设相关内容纳入中小学教育内容(60分)
		是否在全市范围内开展与平安建设有关的应急演练(85分)
安全感(81.97分)	总体安全感(85.12分)	公众对首都安全状况的总体感受(85.12分)
	公共场所安全感(81.39 分)	公众对车站、广场、公园、商场等公共场所安全状况的主观感受(81.39分)
	单位安全感(75分)	公众对所在工作单位安全状况的主观感受(75分)
	社区安全感(70.36分)	公众对所居住社区安全状况的主观感受(70.36分)
	校园安全感(92.73分)	公众对中小学校园安全状况的主观感受(92.73分)

附录2：平安北京建设发展评估
调查问卷（2019）

平安北京建设发展评估调查问卷（2019）

尊敬的先生/女士：

您好！非常感谢您参加我们的调查，本调查旨在了解当前平安北京建设实际情况，进一步加强和完善平安北京建设。本次调查是不记名的，回答无所谓对错，也不会影响他人对您的评价，您可以完全根据自己的实际情况作答。如果遇到不好回答或不适用的情况，请以最相近的场景或最接近的情况作答即可。本次调查结果仅供研究，我们将严格遵守《统计法》相关规定，绝不会泄露您的任何个人信息。感谢您的支持与配合！

中国人民公安大学
平安北京建设发展评估课题组
2019 年 4 月

样本点村/居委会编码：□□□□□□□□□□□□（调查员不填写）

个人编码：□□□□□（调查员不填写）

以下部分由调查员填写：

受访者地址：_____区_____乡镇/街道_____村/居委会

调查员（签名）：_____联系电话：_____

调查完成日期：_____年_____月_____日

A　个人基本信息

A1. 性别（不读）：

　　1. 男　　　　2. 女

A2. 您的出生年月是：□□□□年□□月。

A3. 您的婚姻状况是：

　　1. 未婚　　　　2. 已婚　　　　3. 离婚　　　　4. 丧偶

A4. 您的受教育程度是：

　　1. 研究生　　　2. 大学本科　　3. 大学专科　　4. 高中（中专）

　　5. 初中　　　　6. 小学及以下

A5. 您觉得您目前的身体状况怎么样？

　　1. 很健康　　　2. 比较健康　　3. 一般　　　　4. 不太健康

　　5. 不健康

A6. 您个人上个月的收入是：□□□□□□元。

A7. 您的户籍所在地是否为北京？

　　1. 是（跳答 A9 题）　　　　　2. 否

A8. 您是否办理了暂住证/居住证？

　　1. 是　　　　　　　　　　　　2. 否

A9. 您初来北京的时间是□□□□年□□月。

A10. 您当前所居住的地域类型是：

　　1. 城区　　　　　　　　　2. 郊区或城乡接合部

　　3. 远离郊区的乡镇　　　　4. 农村

A11. 您目前居住在什么样的社区中？

　　1. 商品房社区　　　　　　2. 经济适用房社区

　　3. 机关事业单位社区　　　4. 工矿企业社区

　　5. 未经改造的老城区　　　6. 经过改造的老城区

　　7. 城中村或棚户区　　　　8. 城乡接合部

9. 农村社区　　　　　　　10. 其他

A12. 您现在的主要职业是什么？

1. 国家机关、党群组织、企业、事业单位负责人

2. 专业技术人员

3. 一般公务员、办事人员和有关人员

4. 商业、服务业人员

5. 农、林、牧、渔、水利业生产人员

6. 生产运输设备操作人员及有关人员

7. 无固定职业及其他职业

8. 不工作

B　首都社区安全状况

B1. 在您所居住的社区中，居民出租房屋的比例高不高？

1. 很高　　　　　　2. 一般　　　　　　3. 很少或者没有

B2. 近5年，您所居住的社区是否发生过以下违法犯罪？

类型	是	否	不知道（不读）
A 杀人	1	0	9
B 性侵、猥亵	1	0	9
C 入室盗窃	1	0	9
D 一般盗窃（比方说，盗窃电动车、盗窃自行车等）	1	0	9
E 抢夺或抢劫	1	0	9
F 电信诈骗	1	0	9
G 非法集资	1	0	9
H 邪教活动	1	0	9
I 传销	1	0	9
J 涉黄行为	1	0	9
K 涉毒行为	1	0	9
L 涉赌行为	1	0	9
M 打架斗殴	1	0	9
N 破坏公私财物（比方说，划车、砸玻璃、破坏绿植、健身器材等）	1	0	9

B3. 在您所居住的社区中，您会经常看到戴有红袖标的治安志愿者吗？

　　1. 经常见到　　2. 偶尔见到　　3. 见不到（跳答 B5 题）

B4. 您认为上述治安志愿者力量开展下列维护社会治安工作的效果如何？

类型	好	一般	不好	没有（不读）
A 巡逻防控	1	2	3	9
B 提供破案线索	1	2	3	9
C 矛盾纠纷化解	1	2	3	9

B5. 您晚上独自行走在所居住的社区中会觉得害怕吗？

　　1. 很害怕　　2. 比较害怕　　3. 一般　　4. 不太害怕　　5. 不害怕

B6. 您是否了解自己所在社区会定期或是在重大时间节点（如"两会"）进行矛盾纠纷排查？

　　1. 了解　　2. 不了解

B7. 您是否认可下列治安志愿者组织的工作效果？

治安志愿者组织	认可	一般	不认可	不知道（不读）
A 西城大妈	1	2	3	9
B 东城守望者	1	2	3	9
C 丰台劝导队	1	2	3	9
D 海淀网友	1	2	3	9
E 朝阳群众	1	2	3	9
F 石景山老街坊消防队	1	2	3	9
G 其他组织（请注明：_____）	1	2	3	9

B8. 您所居住社区的视频监控系统运行是否有效？

　　1. 非常有效　　2. 比较有效　　3. 一般　　4. 不太有效　　5. 无效

B9. 您所居住社区是否设有以下负责主体？

社区负责主体	有	没有	不清楚
A 物业公司	1	2	3
B 业主委员会	1	2	3
C 网格长	1	2	3

B10. 您对您所居住社区中居民的认识程度怎么样？

    1. 基本都认识   2. 大部分认识   3. 大约认识一半

    4. 认识一小部分   5. 基本不认识

B11. 当您跟社区中的下列人员接触时，您认为他们的礼貌程度如何？

社区相关人员	非常礼貌	比较礼貌	一般	不太礼貌	不礼貌
A 社区民警	1	2	3	4	5
B 居委会主任	1	2	3	4	5
C 邻居	1	2	3	4	5

B12. 您在您所居住的社区是否发生过下列类型的矛盾纠纷（可多选)？

    1. 婚姻家庭纠纷   2. 邻里纠纷   3. 房屋、宅基地纠纷

    4. 损害赔偿纠纷   5. 以上均没有

B13. 如果您遇到矛盾纠纷，您更倾向于选择哪几种方式解决？（可多选，限选 3 项）

    A. 与对方协商和解   B. 找居委会干部调解

    C. 找业委会干部调解   D. 找物业公司人员调解

    E. 找人民调解员调解   F. 直接报警

    G. 向人民法院提起诉讼   H. 其他

B14. 您认为下列主体在矛盾纠纷化解中是否有效发挥作用？

主体	有效	一般	无效	未参与（不读）
A 社区民警	1	2	3	9
B 社区居委会	1	2	3	9
C 社区业委会	1	2	3	9
D 物业公司	1	2	3	9
E 治安志愿者	1	2	3	9
F 相关社区居民	1	2	3	9

B15. 您向社区居委会反映问题的渠道是否通畅？

    1. 很通畅   2. 比较通畅   3. 一般通畅

    4. 不太通畅   5. 不通畅

B16. 据您观察，您所居住社区的社区警务室开放的频率如何？

　　1. 经常开放　　2. 偶尔开放　　3. 不开放

　　4. 不清楚（不读）

B17. 近3年来，在您所居住的社区中社区民警是否曾经去您家里入户调查或走访？

　　1. 是（请注明：有_____次）　　2. 否

B18. 总体来看，您认为您所居住社区的治安状况怎样？

　　1. 很好　2. 比较好　3. 一般　4. 比较差　5. 很差

C　社会公共空间安全状况

C1. 近5年，您的手机、钱包或其他贵重物品在公共场所（比方说，商场等）被盗窃过吗？

　　1. 是（请注明：被盗过_____次）　　2. 否

C2. 您晚上独自行走在社区外面的街道、广场等地方，您会觉得害怕吗？

　　1. 非常害怕　2. 比较害怕　3. 一般　4. 不太害怕　5. 不害怕

C3. 在您所居住社区之外的乡镇或街道中，您会经常看到戴有红袖标的治安志愿者吗？

　　1. 经常见到　　2. 偶尔见到　　3. 见不到

C4. 在您所居住的街道或乡镇中，您会经常见到警察或警车吗？

　　1. 经常见到　　2. 偶尔见到　　3. 见不到

C5. 您能区分警察、辅警与保安吗？

　　1. 能　　　　2. 不能

C6. 在您自己或亲朋好友所接触的北京警察执法过程中，您认为受到公正对待了吗？

　　1. 非常公正　　2. 比较公正　　3. 一般

　　4. 不太公正　　5. 不公正　　6. 未接触（不读）

C7. 您或您的亲朋好友有没有在北京见到过有人携带下列危险物品？

种类	有	没有
A 枪支	1	0
B 管制刀具	1	0
C 危险物品（比方说,易燃易爆、化学物品等）	1	0

C8. 近一年，您在北京邮寄快递时，快递员是否现场检查邮寄物品？

　　1. 全都会检查　　2. 大多数会检查3. 检查与否，比例相当

　　4. 偶尔检查　　　5. 不检查　　　6. 未邮寄（不读）

C9. 近一年内，您在北京邮寄快递时，快递员是否要求您提供身份证件？

　　1. 全都会要求　　2. 大多数会要求3. 要求与不要求，比例相当

　　4. 偶尔要求　　　5. 不要求　　　6. 未邮寄（不读）

C10. 您在北京最近一次办理旅店入住手续时，旅店执行登记旅客信息情况如何？

　　1. 所有入住人员均严格登记

　　2. 同行人员一人或少数人登记，其余人员未登记

　　3. 不要求登记　4. 没住过（不读）

C11. 您在北京进入歌厅或舞厅时，有无遇见过纠纷？

　　1. 有遇见过　　　2. 没有遇见过　　3. 没进过歌厅或舞厅（不读）

C12. 您是否在网购时与商家产生矛盾纠纷？

　　1. 是　　　　　　2. 否（跳答 C13 题）

　　3. 未网购（不读）

C13. 当您网购商品与商家产生矛盾纠纷时，是否有通畅的渠道来解决问题？

　　1. 是　　　2. 否

C14. 当您去银行办理汇款业务时，银行工作人员会跟您进行收款人确认吗？

　　1. 都会　　　2. 大多数会　　3. 一般　　　4. 偶尔会

337

5. 不会　　　　9. 未办理（不读）

C15. 您认为北京市医院的整体安全防范能力如何？

1. 强　　　　2. 一般　　　　3. 弱

C16. 您通过政府网络收集平台办理过就业、劳动、社会保障、治安管理或医疗卫生等相关业务吗？

1. 办过　　　　2. 没办过

C17. 您认为在北京办理居住证是否方便？

1. 办理过，方便　　　　　　2. 办理过，不方便

3. 未办过

C18. 您在北京面临的主要困难有哪些？（可多选）

A. 没有困难　　B. 生意不好做　　C. 难以找到稳定的工作

D. 买不起房子　E. 被本地人看不起

F. 子女上学问题　　　　　　G. 收入太低

H. 看病难　　　I. 交通拥堵　　J. 生活不习惯　　K. 其他

C19. 您是否同意以下说法？

说　法	同意程度
A 我喜欢我现在居住的城市/地方	1. 完全不同意　2. 不同意　3. 基本同意　4. 完全同意
B 我关注我现在居住城市/地方的变化	1. 完全不同意　2. 不同意　3. 基本同意　4. 完全同意
C 我很愿意融入本地人当中，成为其中一员	1. 完全不同意　2. 不同意　3. 基本同意　4. 完全同意
D 我觉得本地人愿意接受我成为其中一员	1. 完全不同意　2. 不同意　3. 基本同意　4. 完全同意
E 我感觉本地人看不起外地人	1. 完全不同意　2. 不同意　3. 基本同意　4. 完全同意
F 我的生活习惯与本地市民存在较大差别	1. 完全不同意　2. 不同意　3. 基本同意　4. 完全同意
G 我觉得我已经是本地人了	1. 完全不同意　2. 不同意　3. 基本同意　4. 完全同意

C20. 近 5 年，您是否参加过社会稳定风险评估（比方说，涉及居民的环境安全、集体财产安全等）的听证会？

    1. 是　　　　　2. 否

C21. 您认为北京市下列交通场站的安防力量是否充足？

交通场站类别	是	否	没去过（不读）
A 地铁站	1	0	9
B 公交站	1	0	9
C 火车站	1	0	9
D 汽车站	1	0	9
E 机场	1	0	9

C22. 当您自驾或乘坐车辆进京时，是否接受过交通卡口的治安检查？

    1. 全都检查　　2. 大部分都检查 3. 检查、不检查各占一半

    4. 偶尔检查　　5. 不检查　　　　6. 没到过交通卡口（不读）

C23. 您最近一年个人信息是否发生过被泄露的情况？

    1. 经常被泄露　　　2. 偶尔有泄露　　　3. 未泄露

D　学校、单位安全状况

D1. 您或您的亲属是否有孩子在北京上学？

    1. 是　　　　　2. 否（跳答 D5 题）

请选择一个您最熟悉的孩子，回答 D2 – D4 题。

D2. 您或您亲属的孩子在北京就读学校的类型为？

    1. 幼儿园（回答 D3 题 A 部分）　　2. 中小学（回答 D3 题 B 部分）

    3. 大学（回答 D3 题 C 部分）

D3. 据您了解，您或您亲属的孩子在校园当中是否存在下列安全问题？

学校类别	校园安全问题	是	否
A 幼儿园	1 教师等工作人员虐待学生行为(比方说,体罚、侮辱性语言等)	1	0
	2 猥亵儿童行为	1	0
	3 校园食品安全	1	0
	4 校园基础设施安全问题(比方说,失火、触电、中毒、交通、消防等)	1	0
	5 在上学期间走失	1	0
	6 其他(请注明:_____)	1	0
B 中小学校园	1 校园斗殴、欺凌行为	1	0
	2 教师体罚学生行为	1	0
	3 性侵或性骚扰行为	1	0
	4 校园周边文化娱乐场所引起的不安全问题	1	0
	5 校园盗窃行为	1	0
	6 校园欺诈行为	1	0
	7 中小学心理健康危机	1	0
	8 校园食品安全问题	1	0
	9 校园基础设施安全问题(比方说,失火、触电、中毒、交通、消防等)	1	0
	10 在上学期间走失	1	0
	11 其他(请注明:_____)	1	0
C 大学校园	1 校园斗殴、欺凌行为	1	0
	2 性侵或性骚扰问题	1	0
	3 校外文化娱乐场所引起的不安全问题	1	0
	4 校园盗窃行为	1	0
	5 校园欺诈行为	1	0
	6 人际关系危机	1	0
	7 大学生心理健康危机	1	0
	8 国外敌对势力渗透	1	0
	9 涉及邪教问题	1	0
	10 传销	1	0
	11 大学生涉黄	1	0
	12 大学生涉赌	1	0
	13 大学生涉毒	1	0
	14 校园食品安全	1	0
	15 校园基础设施安全问题(比方说,失火、触电、中毒、交通、消防等)	1	0
	16 其他(请注明:_____)	1	0

D4. 据您了解，您或您亲属的孩子所在学校是否开展过安全教育？

　　1. 是　　　　　2. 否

D5. 您所在的单位类型是什么？

　　1. 机关事业单位2. 国有及国有控股企业　　　3. 集体企业

　　4. 个体工商户　　5. 私营企业　　6. 外资企业　　7. 合资企业

　　8. 其他　　　　　9. 无单位（跳答 D13 题）

D6. 您所在单位的视频监控体系是否有效运行？

　　1. 非常有效　　2. 比较有效　　3. 一般　　　4. 不太有效

　　5. 无效

D7. 您所在单位过去 5 年是否发生过安全生产事故？

　　1. 是　　　　　2. 否（跳答 D9 题）

　　3. 不清楚（不读，跳答 D9 题）

D8. 您所在单位发生安全生产事故后，相关责任人是否被追责？

　　1. 是　　　　　2. 否　　　　　3. 不清楚（不读）

D9. 您所在单位是否组织过应急演练？

　　1. 是　　　　　2. 否　　　　　3. 不清楚（不读）

D10. 您所在的单位是否有应急救援队伍？

　　1. 是　　　　　2. 否　　　　　3. 不清楚（不读）

D11. 您是否听过安全生产举报投诉电话（中心）？

　　1. 是　　　　　2. 否　　　　　3. 不清楚（不读）

D12. 您是否了解本单位的应急预案？

　　1. 是　　　　　2. 否　　　　　3. 不清楚（不读）

D13. 您所在单位是否有专职安全管理人员？

　　1. 是　　　　　2. 否　　　　　3. 不清楚（不读）

D14. 您所在的单位是否定期对各岗位的安全状况进行检查？

　　1. 是　　　　　2. 否　　　　　3. 不清楚（不读）

D15. 您所在的工作单位是否开展过安全警示教育活动？

　　1. 是　　　　　2. 否　　　　　3. 不清楚（不读）

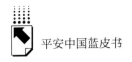
D16. 总的来讲，您觉得北京总体安全状况如何？

      1. 非常安全   2. 比较安全   3. 一般

      4. 不太安全   5. 不安全

谢谢您参与我们的调查！希望您能告诉我们您的联系方式，以便我们将来联系回访。我们将会严格遵守相关法律规定，为您所提供的信息保密。再次感谢您的理解与配合！

E1. 您的姓名：＿＿＿＿＿＿＿。

E2. 您的手机号码：□□□□□□□□□□□。

E3. 您的固定电话：□□□□□□□□。

调查结束，祝您平安幸福！

Abstract

The construction of Safe Beijing is an important part of Safe China and the capital stability is the foundation of national stability. Under the comprehensively deepening reform of the party and state institutions, response to the new situation and new requirements, the Beijing Municipal Party Committee and Municipal Government took the lead in setting up the Municipal Committee of Safe Beijing construction Leading Group. The group innovates and improves the coordination mechanism for the construction of safety construction, deepens the construction of Safe Beijing, and promotes the formation of problems. It promotes a good pattern of governance, work linkage, and security joint creation. By assessing the development of Safe Beijing construction, it can objectively reflect the reality of the construction of Safe Beijing, identify weak links, and propose targeted improvements. In this assessment, the research group completed the evaluation index system of Safe Beijing construction and updated questionnaire under the guidance of the principles of scientific, normative and easy-to-operate. The research group continued to use random sampling methods to completed 1, 200 questionnaires in 60 communities of urban area in Beijing, and conducted 13 interviews. The data of questionnaires, statistics and network crawling completed the evaluation of 149 indicators of the evaluation index system.

This report is composed of four parts: general report, sub report, special report and appendix. The general report mainly introduces the new development and improvement of evaluation index system, overall situation of the evaluation and makes some targeted recommendations. The sub report mainly evaluates and analyzes seven aspects of Beijing's social governance, social security prevention and control, safety production, dispute resolution, human services management, the guarantee mechanism of Safe Beijing and the security sense of Beijing. The special report mainly conducts a comparative research on the security maintenance of the

capitals of the United States, Japan, and the United Kingdom. The appendix are the indicator system score table and questionnaire.

The assessment results show that the overall score of Safe Beijing in 2019 is 85. 12 points which in excellent grade. It shows that the construction of Safe Beijing is solid and effective. Both objective data and subjective feelings are excellent, the construction has been recognized and accepted by citizens. Specifically, 'safety production' and 'security construction' are in excellent grades. Compared with 2018, the score of 'safety production' has been greatly improved. It reflects that the safety production work in Beijing in 2019 has achieved remarkable results. Five indicators which are 'social governance' 'crime prevention and control' 'conflict and dispute resolution', 'population service management' and 'security sense' are in good grades. The assessment also shows that conflict and dispute resolution and the crime prevention and control in community are the weaknesses of the Safe Beijing construction in 2019. In the next step, the construction of Safe Beijing will focus on improving the capacity of mutual building, governing and sharing, strengthening the innovation of social mobilization mechanism, reshaping the blood connection with the people, improving public participation in all areas of social governance, and enhancing the identification and recognition of Safe Beijing construction. Focus on strengthening the public security prevention and the control in Community security, guarding security risks in key areas, expanding channels for expressing appeals, strengthening the ability of resolving conflicts and disputes, and improving the ability of the investigation of safety production risks, risk assessment and emergency management.

This report is the research result of the project Annual Report on the Development of Safe Beijing (18JDGLA051), which was undertaken by the Center for Capital Social Safety of the People's Public Security University of China, sponsored and published by the Office of Philosophy and Social Science Planning of Beijing. The Center for Capital Social Safety (hereinafter referred to as the Center) was established in 2004, Under the guidance of the overall national security concept, it devotes itself to creating a new type of high-end think tank for social safety, providing decision-making consultation and intellectual support for the maintenance of the security and stability of Beijing. The Center entered the University Think Tank top 100 of CTTI in 2018. This book is the landmark of the Center's long-term concern for the research on social safety of Beijing.

The research and creation of this report has been concerned and helped by many parties. For example, the Beijing Philosophy and Social Sciences Planning Office has given strong support, the Social Sciences Literature Publishing House has given professional guidance, and many experts and scholars in the field of social safety have given serious guidance. The 2018 Master's degree graduates of public security of People's Public Security University of China helped to complete the society. Yan Nan, Zhang Jialing, Yao Zhaojun, Wang Kaitong, Fan Jiahua, Fan Guanzhong and other students have also paid hard work for questionnaire design and manuscript proofreading. We would like to express our heartfelt thanks to all the authors who participated in the preparation of this report, the graduate students who participated in data collection and social surveys, and the editors who carefully edited the publication of this report.

Keywords: Safe Beijing; Index System; Social Governance; Crime Prevention and Control; Sense of Security

Contents

Ⅰ　General Report

Abstract: The assessment results show that the overall score of Safe Beijing in 2019 is 85. 12 points which in excellent grade. It shows that the construction of Safe Beijing is solid and effective. Both objective data and subjective feelings are excellent, the construction has been recognized and accepted by citizens. Specifically, "safety production" and "security construction" are in excellent grades. Compared with 2018, score of "safety production" has been greatly improved. It reflects that the safety production work of Beijing in 2019 has achieved remarkable results. Five indicators which are "social governance" "crime prevention and control" "conflict and dispute resolution", "population service management" and "security sense" are in good grades. The lowest score of the first-level indicators in this year is "conflict and dispute resolution". It shows that the conflict and dispute resolution is the weakness of the Safe Beijing construction in 2019.

Keywords: Safe Beijing; Index System; Social Governance; Crime Prevention and Control; Sense of Security

Ⅱ   Topical Reports

Abstract：The situation of social governance in Beijing can be measured by the four secondary indicators and the twelve tertiary indicators of the leadership of the Party Committee, the dominant of the government, the participation of people's organizations, social organizations, enterprises and institutions as well as mass prevention and treatment in the capital. According to the significance of each subject to social governance, the report determines the focus and makes the evaluation through the methods of network retrieval, document collection, questionnaire survey and so on. The evaluation results show that under the leadership of the Party Committee, the government has played a strong leading role, people's organizations, social organizations, enterprises and institutions have all participated in social governance to varying degrees, mass prevention and treatment in the capital has achieved certain results and the pattern of social governance in Beijing has been initially formed. But at the same time, there are some problems such as the long-term institutional mechanism for people's organizations, social organizations, enterprises and institutions to participate in social governance has not been well established, the participation in social governance by mass prevention and treatment in the capital has been insufficient, mass prevention and treatment brand building still needs to be strengthened and other issues. It is necessary to adjust and improve the system mechanism and so on in order to better realize the social governance pattern of co-construction, co-governance and sharing.

Keywords：Social Governance; the Leadership of the Party Committee; the Dominant of the Government; Social Participation; Mass Prevention and Treatment

B. 3　Survey Report on the Crime Prevention and Control of

Beijing（2019）　　　　　　　　　　　　　　*Dai Rui* / 065

Abstract：There are seven 2nd grade indicators set under the 1st grade indicator of crime prevention and control, in which six 2nd grade indicators, for example, crime prevention and control on the street, crime prevention and control of the business that should be permitted by police organ, crime prevention and control of the community, crime prevention and control inside enterprise and public institution, crime prevention and control of the internet, crime prevention and control in the periphery of the capital. Reflect the circumstance of the construction of crime prevention and control, which indicate the actual state of crime prevention and control. The indicator the effect of crime prevention and control indicate the effect of crime prevention and control. Seven 2rd grade indicators are dived into 22 3rd indicators. The data source of evaluation come from internet survey, statistics and the questionnaires. The ways of internet survey include internet search, search on the official internet, search of official document, telephone inquiry etc. The ways of statistics include inquiry of the statistic yearbook, search on the internet, the questionnaires is carried out by person. The score of the 1st grade indicator of crime prevention and control is 82. 46. Two of the lowest scores of 2nd grade indicators are crime prevention and control of the community whose scores are 54. 17 and 80. 33. This two 2nd grade indicators hinder the total score of the 1st grade indicator of crime prevention and control. To resolve this problem, it's necessary to enhance the community policing, street patrolling, improve the crime prevention and control of the logistics, strength the control on public and private information on internet.

Keywords：Crime Prevention and Control；the Construction of the Net of Crime Prevention and Control；the Effect of Crime Prevention and Control

B. 4   Survey Report on the Safety Production of Beijing (2019)

Liu Xiaodong, *Liu Yi* / 100

Abstract: Safety production is an important part of safe Beijing construction. In this report, the first-level indicator "safety production" is decomposed into 5 second-level indicators, including "safety production responsibility system", "safety production risk prevention and control mechanism", "safety production index completion situation", "safety production emergency management" and "safety propaganda and education". They are further refined into 28 three-level indicators. Through the network search, questionnaires and interviews, we analyze the data obtained comprehensively, and the total score of "safety production" is 90. 09 points. On the whole, the safety production situation in Beijing has improved a lot in 2018, and the number of safety production accidents and the number of deaths have dropped significantly. However, the situation is still severe in some regions and industries. The enterprise's safety production emergency management capabilities, investigation and management of hidden dangers, supervision and inspection of law enforcement, and other aspects still need to be strengthened. This report suggests that in the next phase of safety production, it is necessary to improve the implementation of the safety production responsibility system, conduct in-depth urban safety hazard investigation and management, enhance the urban safety risk assessment and control capabilities, and promote the integration of safety production and emergency management.

Keywords: Safety Production; Emergency Management; Risk Assessment; Independent Duty

B. 5   Survey Report on the Social Contradictory Dispute

Neutralizing of Beijing (2019)   *Liu Wei* / 158

Abstract: Resolution of contradictions and disputes is an important part of the

construction of safe Beijing in the new era, and it's an inevitable requirement for the development of comprehensive social security management. This report divides the first-level indicators of "conflict and dispute resolution" into four second-level indicators, namely, "prevention and resolution of the source of social contradictions", "multi-mediation of contradictions and disputes", "risk assessment of social stability in major decision-making" and "construction of the rule of law in letters and visits", the second-level are detailed into 14 third-level indicators. The total score of conflict resolution was 77.68 by using the methods of network search, questionnaire survey and interview, and synthesizing relevant data. In view of the overall situation, the prevention, investigation and resolution of the source of social contradictions in the construction of safe Beijing are well carried out, and the construction of multi-dimensional mediation of contradictions and disputes and the legalization of letters and visits needs to be strengthened. In the work of resolving contradictions and disputes in safe Beijing, under the background of constructing the pattern of social governance of co-construction, co-governance and sharing, it is necessary to promote local legislation, strengthen the organic connection and supporting guarantee between top-level design and grass-roots infrastructure construction, integrate modern science and technology, pay attention to the combination of professionalism and diversification orientation, enhance the participation of different subjects in society, smooth the channels of public interest expression, and improve the relevant standard system and supervision system.

Keywords: Conflict Resolution; Multi-mediation; Risk Assessment of Social Stability in Major Decision-making; Legalization of Letters and Visits

Abstract: The management of population services is an important part of the construction of Safe Beijing. In 2018, Beijing achieved good results in the management of population services such as resident population regulation and special population service management. At the same time, there were also insufficient protection of floating population rights, and the management pressure of rental housing was still very large, as well as special population control such as mental illness need to be strengthened and other issues. In the future, the management of population services in the construction of Safe Beijing needs to implement and gradually expand the rights and interests of floating population; establish a normal management mechanism for rental housing; accelerate the construction of community rehabilitation institutions to achieve effective control of mental patients.

Keywords: Population Regulation; Floating Population; Rental Housing; Residence Permit

B. 7 Survey Report on the Guarantee Mechanism of Safe Beijing
(2019) *Yu Xiaochuan, Chai Zhiyao and Zhang Jialing* / 226

Abstract: The guarantee mechanism of safe Beijing is the strong backing of Beijing safe construction. Beijing achieved good results in the guarantee mechanism of safe Beijing, including "legal guarantee" "personnel guarantee" "finance and equipment" and "scientific support". At the same time, there are also some problems, such as weak implementation of publicity and education, especially the problem of safe Beijing's brand development is prominent. The construction of Safe Beijing has remarkable characteristics. In the future, the guarantee of the Beijing's safe construction should focus on defining the brand orientation of the construction of safe Beijing, and constantly improve the ability to promote the building of Safe Beijing by using Safe Beijing construction's thinking and way. We should perfect the brand development mechanism of safe Beijing construction, strive to enhance the independent innovation ability of safe Beijing construction brand, and realize the brand identification and definition of safe Beijing construction. Also, we ought to form a good atmosphere to publicize and promote the safe Beijing construction brand in the whole society.

Keywords: Legal guarantee; Personnel Guarantee; Finance Equipment; Scientific Support; Publicity and Education

B. 8　Survey Report on the Security Sense of Beijing（2019）

Zhou Yandong, *Fan Guanzhong* / 266

Abstract: Beijing has a better sense of overall security, with the best "campus security" and the lowest "community security". The overall security situation in rural areas is much better than that in urban, suburban or urban-rural areas and towns far from the suburbs. The worst security is "far from the suburbs". Through the analysis of the contingency analysis, it is found that the basic situation of the residents such as education level and physical health status is positively correlated with the sense of security. In addition, through the deconstruction of multiple dimensions, the author analyzes and discusses the relationship between community security, public place security, unit security, campus security and Beijing's overall security and the specific real dilemma, and proposes targeted countermeasures. We will build a community differential risk forecast prevention and prevention pattern in Beijing community, innovate and improve the new path of social mobilization, and move towards a "characteristic and pragmatic" model of public security governance.

Keywords: Security; Beijing; Contingency Analysis

Ⅲ　Special Report

B. 9　Comparative Study on the Security Maintenance of

Extraterritorial Capitals　　　　　　　　　　*Li Jiangtao* / 311

Abstract: The capital is an important representative of the country, and it has created special security requirements different from those of ordinary cities in terms of urban security governance. This article describes the security maintenance experience in Washington D. C. , the capital of the United States, London, the capital of the United Kingdom, and Tokyo, the capital of Japan. After sorting out and analyzing, it can be seen that the community-based capital security governance model, the model of common prevention of terrorism, and the diversified security mode of capital city activities are the inevitable choice under objective requirements in the large-scale, iconic urban security supply system. Relevant experience and models can be referenced and used in Beijing security governance system.

Keywords: Capitals Security; Comparative Study; Pattern

Ⅳ   Appendices

❖ 皮书起源 ❖

"皮书"起源于十七、十八世纪的英国，主要指官方或社会组织正式发表的重要文件或报告，多以"白皮书"命名。在中国，"皮书"这一概念被社会广泛接受，并被成功运作、发展成为一种全新的出版形态，则源于中国社会科学院社会科学文献出版社。

❖ 皮书定义 ❖

皮书是对中国与世界发展状况和热点问题进行年度监测，以专业的角度、专家的视野和实证研究方法，针对某一领域或区域现状与发展态势展开分析和预测，具备原创性、实证性、专业性、连续性、前沿性、时效性等特点的公开出版物，由一系列权威研究报告组成。

❖ 皮书作者 ❖

皮书系列的作者以中国社会科学院、著名高校、地方社会科学院的研究人员为主，多为国内一流研究机构的权威专家学者，他们的看法和观点代表了学界对中国与世界的现实和未来最高水平的解读与分析。

❖ 皮书荣誉 ❖

皮书系列已成为社会科学文献出版社的著名图书品牌和中国社会科学院的知名学术品牌。2016年，皮书系列正式列入"十三五"国家重点出版规划项目；2013~2019年，重点皮书列入中国社会科学院承担的国家哲学社会科学创新工程项目；2019年，64种院外皮书使用"中国社会科学院创新工程学术出版项目"标识。

权威报告・一手数据・特色资源

皮书数据库
ANNUAL REPORT(YEARBOOK)
DATABASE

当代中国经济与社会发展高端智库平台

所获荣誉

- 2016年，入选"'十三五'国家重点电子出版物出版规划骨干工程"
- 2015年，荣获"搜索中国正能量 点赞2015""创新中国科技创新奖"
- 2013年，荣获"中国出版政府奖・网络出版物奖"提名奖
- 连续多年荣获中国数字出版博览会"数字出版・优秀品牌"奖

成为会员

通过网址www.pishu.com.cn访问皮书数据库网站或下载皮书数据库APP，进行手机号码验证或邮箱验证即可成为皮书数据库会员。

会员福利

- 已注册用户购书后可免费获赠100元皮书数据库充值卡。刮开充值卡涂层获取充值密码，登录并进入"会员中心"—"在线充值"—"充值卡充值"，充值成功即可购买和查看数据库内容。
- 会员福利最终解释权归社会科学文献出版社所有。

数据库服务热线：400-008-6695
数据库服务QQ：2475522410
数据库服务邮箱：database@ssap.cn
图书销售热线：010-59367070/7028
图书服务QQ：1265056568
图书服务邮箱：duzhe@ssap.cn

社会科学文献出版社 皮书系列
SOCIAL SCIENCES ACADEMIC PRESS (CHINA)

卡号：323572192796

密码：

基本子库
SUB DATABASE

中国社会发展数据库（下设 12 个子库）

全面整合国内外中国社会发展研究成果，汇聚独家统计数据、深度分析报告，涉及社会、人口、政治、教育、法律等 12 个领域，为了解中国社会发展动态、跟踪社会核心热点、分析社会发展趋势提供一站式资源搜索和数据分析与挖掘服务。

中国经济发展数据库（下设 12 个子库）

基于"皮书系列"中涉及中国经济发展的研究资料构建，内容涵盖宏观经济、农业经济、工业经济、产业经济等 12 个重点经济领域，为实时掌控经济运行态势、把握经济发展规律、洞察经济形势、进行经济决策提供参考和依据。

中国行业发展数据库（下设 17 个子库）

以中国国民经济行业分类为依据，覆盖金融业、旅游、医疗卫生、交通运输、能源矿产等 100 多个行业，跟踪分析国民经济相关行业市场运行状况和政策导向，汇集行业发展前沿资讯，为投资、从业及各种经济决策提供理论基础和实践指导。

中国区域发展数据库（下设 6 个子库）

对中国特定区域内的经济、社会、文化等领域现状与发展情况进行深度分析和预测，研究层级至县及县以下行政区，涉及地区、区域经济体、城市、农村等不同维度。为地方经济社会宏观态势研究、发展经验研究、案例分析提供数据服务。

中国文化传媒数据库（下设 18 个子库）

汇聚文化传媒领域专家观点、热点资讯，梳理国内外中国文化发展相关学术研究成果、一手统计数据，涵盖文化产业、新闻传播、电影娱乐、文学艺术、群众文化等 18 个重点研究领域。为文化传媒研究提供相关数据、研究报告和综合分析服务。

世界经济与国际关系数据库（下设 6 个子库）

立足"皮书系列"世界经济、国际关系相关学术资源，整合世界经济、国际政治、世界文化与科技、全球性问题、国际组织与国际法、区域研究 6 大领域研究成果，为世界经济与国际关系研究提供全方位数据分析，为决策和形势研判提供参考。

法律声明

"皮书系列"（含蓝皮书、绿皮书、黄皮书）之品牌由社会科学文献出版社最早使用并持续至今，现已被中国图书市场所熟知。"皮书系列"的相关商标已在中华人民共和国国家工商行政管理总局商标局注册，如LOGO（ ）、皮书、Pishu、经济蓝皮书、社会蓝皮书等。"皮书系列"图书的注册商标专用权及封面设计、版式设计的著作权均为社会科学文献出版社所有。未经社会科学文献出版社书面授权许可，任何使用与"皮书系列"图书注册商标、封面设计、版式设计相同或者近似的文字、图形或其组合的行为均系侵权行为。

经作者授权，本书的专有出版权及信息网络传播权等为社会科学文献出版社享有。未经社会科学文献出版社书面授权许可，任何就本书内容的复制、发行或以数字形式进行网络传播的行为均系侵权行为。

社会科学文献出版社将通过法律途径追究上述侵权行为的法律责任，维护自身合法权益。

欢迎社会各界人士对侵犯社会科学文献出版社上述权利的侵权行为进行举报。电话：010-59367121，电子邮箱：fawubu@ssap.cn。

社会科学文献出版社